百年上海与中国共产党

忻 平 主编

价值观教育和国家建设

1949—1956年上海高校政治课研究

丰 箫 著

上海人民出版社 学林出版社

　　本丛书得到上海市教委上海高校智库内涵建设项目"高等学校智库建设—党史国史研究数据库"（2018年）、上海高校高原学科建设计划上海大学"中国史"以及上海高校马克思主义理论高峰学科项目的资助，特此致谢！

总　序

　　2007 年 3 月 30 日，时任中共上海市委书记习近平带领上海市领导班子成员共同瞻仰了中国共产党"一大"会址。在认真观看珍贵的历史资料后，习近平深情地说："中国共产党诞生在上海，这是上海的骄傲，我们有幸在上海工作，既感到十分光荣，更倍感责任重大。"① 时隔十二年，中共中央总书记习近平来到上海调研，他强调："上海是党的诞生地，党成立后党中央机关长期驻扎上海。上海要把这些丰富的红色资源作为主题教育的生动教材，引导广大党员、干部深入学习党史、新中国史、改革开放史，让初心薪火相传，把使命永担在肩，切实在实现'两个一百年'奋斗目标、实现中华民族伟大复兴的中国梦进程中奋勇争先、走在前列。"② 建党百年之际，总书记的殷切嘱托为深入开展中国共产党在上海革命斗争史研究、深入发掘上海红色资源提供了根本依据。

　　2020 年 1 月 8 日，习近平总书记在"不忘初心、牢记使命"主题教育总结大会上的讲话中指出："从石库门到天安门，从兴业路到复兴路，我们党近百年来所付出的一切努力、进行的一切斗争、作出的一切牺牲，都是为了人民幸福和民族复兴。"③ 总书记的讲话进一步明确了上海是中国共产党百年奋斗史的起点，是中国共产党人初心开始的地方。中国共产党在上海孕育和诞生、中共中央机关长期驻扎在上海，这是近代以来上海城市发展、多元文化生长、人才聚合等多种历史因素合力的结果，其中蕴含了深刻的历史必然性。

---

① 《习近平的 4 次"一大"会址之行》，《新民晚报》，2017 年 11 月 1 日第 3 版。

② 《习近平：深入学习贯彻党的十九届四中全会精神　提高社会主义现代化国际大都市治理能力和水平》，《人民日报》，2019 年 11 月 4 日第 1 版。

③ 《习近平在"不忘初心、牢记使命"主题教育总结大会上的讲话》，《人民日报》，2020 年 1 月 9 日第 2 版。

1843年上海开埠以来，伴随着城市现代化和工业文明的发展，上海因其特殊性而成为全国最早的先进生产力展示之地、工人阶级集聚之地、先进文化荟萃之地和马克思主义传播之地。上海是近代中国的经济中心、工业中心、商业中心、文化中心、通讯中心、航运中心。作为近代中国工业文明的摇篮，上海是工人阶级最集中的地方。1919年全国工人总数达200万人，上海工人总数已经达51万人，产业工人数量达18万人①，因此毛泽东称"上海是中国工人阶级的大本营"②。追求新知、反对旧制度，成为中国共产党的思想意识形态的社会基础。

20世纪初，上海更演变为全国文化中心，不同思潮在此激荡，教育、新闻、出版等各类文化产业迅猛发展。五四新文化运动中心转移到上海以后，各类先进的中国知识分子集聚上海，译书办报，他们从信奉无政府主义转而研究和信仰马克思列宁主义，协力促进了马克思主义在中国尤其在上海的广泛传播。1920年8月，陈望道首译《共产党宣言》在上海出版后，掀起了马克思主义和社会主义传播的热潮。整个民国时期，马克思主义著作多在上海翻译出版。可以说，红色基因在江南文化、海派文化的基础上落地生根、开花结果，形成了红色文化，开启了创建中国共产党的历程。

上海向来被称为"十里洋场""魔都上海"，但许多人不清楚的是，上海更是中国的红色源头。新、老渔阳里和中共一大会址、博文女校、《新青年》编辑部、《共产党》月刊编辑部、又新印刷所等在内的"红色一平方公里"则是上海的红色源头与核心。中国共产党在这里成立，中国共产党的历史从这里开始，中国共产党的精神家园在这里形成。这里是一个新型无产阶级政党酝酿、筹备、诞生的地方，党在这里指挥中国革命、从这里出发踏上长征的征程。毫无疑问，中国共产党诞生在上海具有历史的必然性，中国共产党的初心可以在上海的百年历史中追寻源头。

20世纪初的上海也是中国共产党人革命活动的主要场域。1920年2月，陈独秀由北京秘密返回上海，入住法租界老渔阳里2号，风云一时的《新青年》编辑部也随之迁至于此。一大批早期共产主义者在此汇集与活动。同年

---

① 沈以行、姜沛南、郑庆声主编：《上海工人运动史（上卷）》，沈阳：辽宁人民出版社，1991年版，第19页。

② 此文来源于1949年5月29日新华社社论《祝上海解放》，该社论为毛泽东亲笔修改。中共上海市委党史研究室编：《浴火新生：上海解放图录》，上海：上海辞书出版社，2009年版，第188—189页。

8月，中国共产党上海发起组在老渔阳里2号（今南昌路100弄2号）成立，实现了党的发起和初建。十八大后中央党史研究室编印的《中国共产党的九十年》中明确写道："上海的组织一开始就叫中国共产党，北京的组织则称为中国共产党北京支部。它们都是不久后组成统一的中国共产党的地方组织。"① 老渔阳里成为孕育中国共产党的"秘密花园"，上海发起组在这里指导全国各地党组织的筹建和各类工作。中国共产党的第一次代表大会和第二次代表大会都是在此筹备组织的。1921年7月23日，中国共产党各地方组织的代表们第一次共同聚集在法租界望志路106号（今兴业路76号）召开了党的一大，共同选举了中央局和党的书记陈独秀，通过了《中国共产党第一个纲领》，标志着全国性的中国共产党组织在上海正式成立。

党的一大后，新生的中央局迁回老渔阳里，这里就成为最早的党中央机关所在地。新渔阳里6号（今淮海中路567弄6号）是上海社会主义青年团的发起和初建之地，后来成为团中央的驻扎之地，也成为外国语学社这个党培养青年干部的场所。

自1921年7月中共一大召开到1933年1月临时中央政治局被迫迁往江西苏区，中共中央机关在上海12年，除了三次短暂迁离外，中共中央领导机关一直驻扎于上海，以上海为中心指导全国各地的革命斗争。众所周知，新民主主义革命时期召开过的党的七次全国代表大会中，一大、二大、四大等三次大会都是在上海召开。即便在莫斯科召开中共六大期间，上海仍设有留守中央负责处理党的日常工作。②

上海从来不是政治中心，但是百年来，几乎所有的政治大事件都首先在上海发生。中国共产党在上海诞生，中国国民党也是在上海改组更名。抗日战争期间，上海既是抗战文化的发源地，又是全国抗日救亡运动的发起地和中心地，还是第二次国共合作的最早谈判地。解放战争爆发后，上海成为中国共产党领导下爱国民主运动和人民革命第二条战线的主要阵地之一，上海风起云涌的革命斗争有力推进了解放战争的胜利进程。正如毛泽东所述：上海是中国工人阶级的大本营和中国共产党的诞生地，在长时期内它是中国革

---

① 中共中央党史研究室：《中国共产党的九十年（新民主主义革命时期）》，北京：中共党史出版社、党建读物出版社，2016年版，第28页。

② 中共上海市委党史研究室：《1921—1933：中共中央在上海》，北京：中共党史出版社，2006年版，第1页。

命运动指导中心。在中国革命主力由城市转入乡村以后，上海仍然是中国工人运动、革命文化运动和各民主阶层爱国民主运动的主要堡垒之一。[①]

中华人民共和国成立后，上海成为国家最为重要的社会主义建设和重工业制造基地之一，同时，也积极支援着全国的建设，涌现出一大批先进人物和典型事迹。改革开放以来，尤其20世纪90年代浦东开发开放，上海从后卫变成前锋，承载着完成国家战略任务、走在时代前列、努力践行改革开放排头兵、创新发展先行者的使命。

百年上海史是中共党史、新中国史、改革开放史和社会主义发展史的一个缩影和典型。从过去、现在到未来，上海的历史发展与中国共产党的发展史相互交织，通过这扇窗口，可以探究中国共产党奋斗历程及中国各项政策的实施成果。上海百年与中国共产党的关系密不可分，目前已成为中外学界均十分关注的热门课题。

伟大的革命实践拓展了上海的红色文化底蕴，红色文化贯穿于上海发展的全过程。红色是上海这座社会主义现代化大都市的底色，红色基因在此孕育、发展并渗透进这座繁华都市的血脉深处。回顾百年上海史与中国共产党的奋斗史，中国共产党领导中国革命、建设和改革的历程丰富了上海的红色文化资源，延续和积淀了上海的红色基因。十年前，上海市委党史研究室统计上海共有红色遗址657处，现存444处。近年来，很多遗址仍在修复和重建中，截至今天，现存为600处左右。根据目前最新的统计数据表明，上海的红色遗址、革命和进步历史遗址超过了一千处。[②]这些红色文化资源镌刻下上海的红色印记，承载着薪火相传的红色基因。百年上海红色文化的历史完整性是上海文化的一大特色，这一重要课题同样长期吸引着学术界的关注。

为了进一步研究上海和中国共产党领导的伟大斗争实践过程的关系及其历史地位和作用，传承与赓续上海的红色基因，我们组织编写了这套"百年上海与中国共产党"系列丛书。史学研究既要研究历史事件，也要研究与事件相关联的原因，这是历史学的基本研究方法。本套丛书以百年上海和中共

[①] 中共上海市委党史研究室编：《浴火新生：上海解放图录》，上海：上海辞书出版社，2009年版，第188—189页。

[②] 《学者调研新考订出400处革命纪念地 上海红色文化遗址突破一千处》，人民网：http://sh.people.com.cn/n2/2018/0702/c134768-31763788.html。

党史、新中国史、改革开放史和社会主义发展史关系的"四史"为背景，以一百年党史为核心，以上海的政治、经济、社会和文化的历史发展为研究上海红色历史的前提，以党史作为思政课教学研究的重要内容，以中国共产党在各个领域的探索和实践作为研究党史的重要载体。

第一，从本套丛书总体来看，是以"百年上海与中国共产党"为主题，涉及上海百年与党史中许多具有创新性的专题。

第二，从历史发展来看，中国共产党在上海创建具有历史必然性，其关键在于那个特殊的历史转折年代，上海独特的地缘政治格局、上海的经济、文化和社会结构，为党的诞生提供了其他地方难以觅见的环境，也为中共中央驻在上海十二年提供了得天独厚的条件。因此，上海的政治、经济、社会和文化等自然在研究范畴之内。同时，党史是高校思想政治理论课的重要内容，也是本丛书的重要内容之一。

第三，百年来，在革命、建设、改革三大历史时期，上海都发挥了独特的作用。归纳、深化、弘扬这些作用与影响，就是出版本系列丛书的目的所在。

本系列丛书研究的时段不一，题目各异，作者多是年轻人，他们开阔的视野，新颖的角度、丰富的内容，多元的思维方法，反映了今天年轻学者的研究特点。

郑智鑫的《上海与中国共产党早期革命活动：一个城市社会生态的视角》从城市社会生态的视角考察中国共产党在上海建党及其早期革命活动，由此来理解中国革命。近代上海因其极为特殊的地位，无疑是考察城市社会生态与中共早期革命活动之间关系的最佳范本。作者基于上海城市经济基础、政治空间、文化条件中包含的多方面要素，分析探讨了中国共产党在上海的诞生和中共中央在上海十二年间开展活动所处的外部社会生态环境。

张坤的《城市转型与人口治理：1949—1976年上海动员人口回乡研究》以大量一手档案、报刊等原始资料为据，从历史变迁角度对1949—1976年上海动员人口回乡现象的历史过程作了较为系统的梳理。动员人口回乡是在社会主义建设时期政府以动员的方式，将城市外来人口和部分城市人口迁回原籍农村从事农业生产的一种历史现象。规模大、牵涉面广、持续时间长是基本特点。包括摊贩、游民、娼妓、乞丐、职工和工人、知识青年、退休人员、外来人口等在内的几乎所有上海存在过的职业和人群都有过的回乡现象。这也是了解新中国历史的一个视角。

张学娟的《新中国成立初期干部制度化建设研究：以1949—1956年上海为例》立足于中华人民共和国成立初期的政权建设背景，从制度与制度化理论视角，分析1949—1956年间上海干部制度化建设历程以及如何围绕当时的党和政府的中心工作，加强干部队伍制度化建设的具体措施。从一个侧面反映出中华人民共和国成立初期党在城市干部队伍建设中的努力。

丰箫的《国家建设和价值观教育：1949—1956年上海高校政治课研究》，以1949—1956年上海市高校政治课为中心，重点研究中华人民共和国成立初期上海高校进行价值观教育的主要情况。该书详细分析了中华人民共和国成立初期上海高校价值观教育的主要组织、措施的建设历程，并从教育的主体——教师和学生两个层面进行个案和群体分析，多视角剖析教育观的实施过程、特点、结果和影响；分析了中华人民共和国初期社会主义价值观教育的方式、效果，以及存在的不足和原因，为我们解析了当时的价值观教育的经验以及国家建设和价值观教育的关系，为当前高校思政教育和价值观教育提供有益的借鉴。

本套丛书得以顺利出版是团队全体成员共同努力的结果，丛书的作者大多是学界新锐，他们的作品具有很强的创新性。同时，学无止境，年轻作者的成果难免存在挂一漏万之处，竭诚欢迎各位专家学者批评指正。

忻平

2020 年 10 月 15 日

目　录

表格目录

绪　论

一、选题缘由

（一）现实意义

价值观教育是塑造和影响人们价值观的重要形式。从国际范围来看，许多国家都高度注重价值观教育。美国是很早就重视价值观教育的国家。如美国政治学家约瑟夫·奈（Joseph Nye）所述："自从建国初期开始，美国人就一直为将我们的价值观与我们的其他相结合而绞尽脑汁。"[①] 早在 20 世纪二三十年代，价值观教育就成为美国学校教育的重要组成部分，公民教育得到普遍认可。1937 年，美国教育委员会在《对学生特征的看法》的报告中提出："教育机构的指导思想是教育机构有责任考虑学生作为一个完整的人去发展而不仅仅是对他进行智力训练。"[②] 由此可见，美国学界也将价值观教育作为学校教育和国家教育相结合的重要且不可或缺的内容。

同样，其他发达国家也非常重视价值观教育，只是名称有所差异。有的国家用公民教育概念，有的直接用价值观教育的表述和内容。1990 年，英国国家教育委员会发表了《公民教育》文件。1996 年，英国"教育和社会价值观国家论坛"（The National Forum for Values in Education and the Community）创立，明确了学校教育中的核心价值观。[③] 同年，印度博乐门古默丽思世界

---

①　［美］约瑟夫·S. 奈著，郑志国等译：《美国霸权的困惑——为什么美国不能独断专行》，北京：世界知识出版社，2002 年版，第 158 页。

②　转引自任志宏、赵平：《美国高校学生工作的借鉴与启示——〈学生工作中的关键问题——挑战与机遇〉述评》，《北京教育（德育）》，2010 年第 5 期。

③　School Curriculum and Assessment Authority. *The National Forum for Values in Education and the Community*. Final Report and Recommendations. London：SCAA，1996.

精神大学（BKWSU）发起"生活价值观教育计划"，得到联合国教科文组织的支持，有 70 多个国家参与。1999 年，澳大利亚政府出台《阿德雷德宣言》，强调对学生进行必需的价值观教育；同年，普京在互联网上发表了文章《千年之交的俄罗斯》，提出了"俄罗斯思想"。2004 年，澳大利亚政府宣布在财政预算中拿出 2.97 亿澳元，用于推进价值观教育计划。澳大利亚的学校价值观教育国家框架（National Framework for Values Education in Australian Schools）明确提出："每个学校必须树立一个旗杆，使澳大利亚的旗帜飘扬在旗杆上，展示价值观教育框架在学校中的优先地位。"[①] 价值观教育在各国都有极其重要的现实意义，明确价值观教育的重要地位已成为各国的通行做法。

2020 年，"新冠"病毒肆虐全球，各国在应对疫情的过程中，都注意到加强价值观教育的重要性，尤其是对青少年的价值观教育。2020 年 4 月 15 日，俄罗斯《论据与事实》周报发表著名国务活动家、周报分析中心主任维亚切斯拉夫·科斯季科夫的文章《病毒令所有国家重新评估价值观》，文章称：新冠疫情的暴发让一些问题变得越来越突出，即未来世界秩序问题，将影响到世界政治力量对比和欧洲传统的民主价值观。[②] 中国李兰娟院士提出，希望国家逐步为青年一代树立正确的人生导向和正确的人生价值观。《人民日报》专门采访了李兰娟、张伯礼、黄璐琦等院士，在"新青年"专栏中也对抗疫中涌现的各行各业的青年的优秀事迹进行了大量报道，营造了良好的价值观教育环境。

就中国而言，党和政府一直高度重视价值观教育。进入 21 世纪后，随着全球化的发展，西方国家的价值观通过网络和媒体等平台涌入我国，对我国民众尤其是青少年价值观的塑造有着不可忽视的影响。国家价值观教育的任务就更为迫切，因而我国出台了一系列重要措施。2013 年 12 月，中共中央办公厅印发《关于培育和践行社会主义核心价值观的意见》，提出要充分认识培育和践行社会主义核心价值观的重要意义和指导思想，把培育和践行社会主义核心价值观融入国民教育全过程，落实到经济发展实践和社会治理中，加强社会主义核心价值观宣传教育，开展涵养社会主义核心价值观的实

---

① DEST. *National Framework for Values Education in Australian Schools*. Canberra：Department of Education，Science and Training，2005.

② 《俄媒文章：疫情令世界各国重塑价值观》，参考消息网，http://column.cankaoxiaoxi.com/2020/0420/2408025.shtml。

践活动，加强对培育和践行社会主义核心价值观的组织领导。^① 大学生正处于世界观、人生观和价值观形成的关键时期，容易受到各种价值观的影响。高校培育和践行什么样的价值观，说到底是解决培养什么人、怎样培养人的问题。培育和践行社会主义核心价值观是一项长期的系统工程，需要进行长效机制建设。

　　大学作为培育社会主义事业建设者和接班人的重要阵地，如何正确培育和践行社会主义核心价值观是我们当前需要解决的一个重要课题。2019 年 10 月，中共中央、国务院印发了《新时代公民道德建设实施纲要》，提出在全社会大力弘扬社会主义核心价值观，不断提升公民道德素质，促进人的全面发展，培养和造就担当民族复兴大任的时代新人。^②2019 年 11 月，中国共产党第十九届四中全会审议通过的《中共中央关于坚持和完善中国特色社会主义制度、推进国家治理体系和治理能力现代化若干重大问题的决定》，提出要坚持马克思主义在意识形态领域指导地位的根本制度，坚持以社会主义核心价值观引领文化建设制度。^③2020 年 3 月，中共中央、国务院印发《关于构建现代环境治理体系的指导意见》，将提高公民环保素养作为健全环境治理全民行动体系的重要举措。^④ 由此可见，价值观教育与社会发展、文明进步密切相连，也日益得到我国党和政府的重视。

　　在我国高校价值观教育中，思想政治工作承担着重要使命。以习近平同志为核心的党中央把高校思想政治工作摆在突出位置，并做出一系列重大决策部署。2016 年 12 月 7 日至 8 日，全国高校思想政治工作会议召开。习近平出席会议并发表了重要讲话。他强调，高校思想政治工作根本在于做人的工作，中心环节在于立德树人，核心在于全面提高人才培养能力。^⑤2018 年

---

① 《中共中央办公厅关于培育和践行社会主义核心价值观的意见》（中办发〔2013〕24 号），载教育部思想政治工作司组编《加强和改进大学生思想政治教育重要文献选编（1978—2014）》，北京：知识产权出版社，2015 年版，第 644—647 页。

② 《中共中央　国务院印发〈新时代公民道德建设实施纲要〉》，中国文明网：http://www.wenming.cn/ziliao/wenjian/201910/t20191027_5297706.shtml。

③ 《中共中央关于坚持和完善中国特色社会主义制度　推进国家治理体系和治理能力现代化若干重大问题的决定》，中国政府网：http://www.gov.cn/zhengce/2019-11/05/content_5449023.htm。

④ 《中共中央办公厅　国务院办公厅印发〈关于构建现代环境治理体系的指导意见〉》，中国文明网，http://www.wenming.cn/ziliao/wenjian/jigou/zhonggongzhongyang/202003/t20200303_5454595.shtml。

⑤ 《习近平谈全国高校思想政治工作要点》，央视网：http://news.cctv.com/2016/12/09/ARTIpLqQSZCLXX17PuXFYw3J161209.shtml。

9 月 10 日，习近平在全国教育大会上指出，思想政治工作是学校各项工作的
生命线，各级党委、各级教育主管部门、学校党组织都必须紧紧抓在手上。①
上海市高等教育改革和发展"十三五"规划提出，以全员育人和创新创业为
主线，不断优化高等教育分类发展布局和多样化人才培养结构；以推动高等
教育改革为动力，建立健全现代高等教育治理体系。② 学校价值观教育主要
是通过课程教育展开的，尤其是思想政治理论课在对学生的价值观教育中居
于核心地位。2019 年 3 月 18 日，习近平主持召开学校思想政治理论课教师
座谈会，强调在大中小学循序渐进、螺旋上升地开设思想政治理论课非常必
要，是培养一代又一代社会主义建设者和接班人的重要保障。③

　　当前新形势下加强高校思政课教师队伍建设、培育大学生正确的价值观
尤为迫切。《中共中央宣传部　教育部关于进一步加强和改进高等学校思想
政治理论课的意见》（教社政〔2005〕5 号）指出："高校思想政治理论课教
师是马克思主义理论和党的路线、方针、政策的宣讲者，社会主义意识形态
和精神文明的传播者。"④ "把稳定教师队伍，提高教师素质作为当前加强和改
进思想政治理论课的一项基础性工作来抓。"⑤ 为落实党的十七大会议精神，
落实《中共中央国务院关于进一步加强和改进大学生思想政治教育的意见》
（中发〔2004〕16 号），2008 年中共中央宣传部、教育部专门下发《中共中
央宣传部　教育部关于进一步加强高等学校思想政治理论课教师队伍建设的
意见》，指出"思想政治理论课教师是高等学校教师队伍的一支重要力量"，
"要把思想政治理论课教师队伍建设纳入教育事业发展和人才队伍建设的总
体规划，加强领导，统筹安排"，依据中央对于思想政治理论课教师的培养
规划，需要"培养一批坚持正确的政治方向、理论功底扎实、善于联系实际

---

① 《习近平全国教育大会重要讲话金句速览》，人民网：http://politics.people.com.cn/n1/2018/0910/
c1001-30284629.html。

② 《市政府关于印发〈上海市教育改革和发展"十三五"规划〉的通知》，上海市人民政府：http://
www.shanghai.gov.cn/nw39327/20200821/0001-39327_49535.html。

③ 《习近平总书记在学校思想政治理论课教师座谈会上的重要讲话引发热烈反响》，央广网：http://
china.cnr.cn/news/20190320/t20190320_524548769_3.shtml。

④ 《中共中央宣传部　教育部关于进一步加强和改进高等学校思想政治理论课的意见》，中华人民共
和国教育部：http://old.moe.gov.cn/publicfiles/business/htmlfiles/moe/moe_772/201001/xxgk_80415.html。

⑤ 《中共中央宣传部　教育部关于印发〈《中共中央宣传部　教育部关于进一步加强和改进高等
学校思想政治理论课的意见》实施方案〉的通知》，中华人民共和国教育部：http://old.moe.gov.cn/
publicfiles/business/htmlfiles/moe/moe_772/201001/xxgk_80414.html。

的教学领军人物、中青年学术带头人和骨干教师，努力建设一支政治坚定、业务精湛、师德高尚、结构合理的教师队伍"。①

2019年4月3日，第七届全国高校马克思主义学院院长论坛会议召开。会议认为，高校思政课战线要深刻理解办好学校思政课的重大意义，深刻理解办好思政课关键在教师，深刻理解思政课建设要向改革创新要动力，深刻理解加强党对思政课建设领导的明确要求；要采取管用举措，按照"六个要"的素养标准建设专职为主、专兼结合、数量充足、素质优良的思政课教师队伍，按照"八个相统一"要求不断增强思政课的思想性、理论性和亲和力、针对性，切实办好思政课，努力培养德智体美劳全面发展的社会主义建设者和接班人。②2019年4月30日，在纪念五四运动100周年大会上，习近平提出："中国共产党立志于中华民族千秋伟业，必须始终代表广大青年、赢得广大青年、依靠广大青年，用极大力量做好青年工作，确保党的事业薪火相传，确保中华民族永续发展。把青年一代培养造就成德智体美劳全面发展的社会主义建设者和接班人，是全党的共同政治责任。"③2020年5月3日，习近平指出，各级党委和政府、各级领导干部以及全社会都要关心青年成长，支持广大青年建功立业。④关心青年成长、对青年进行价值观教育是中国共产党和政府的政治责任，由此可见其重要地位。

（二）学理意义

就学理而言，学术界对特定时期高校价值观及价值观教育的研究是不足的。因而本课题立足新中国初期上海高校的价值观教育，对当时高校大学生和教师群体的价值观表现以及价值观教育的过程、措施和效果进行研究，既可以对当时的高校价值观教育有更深入的研究，弥补学界研究之不足，又可以总结价值观教育的经验和不足，为当前高校价值观教育提供借鉴。

---

① 《中共中央宣传部　教育部关于进一步加强高等学校思想政治理论课教师队伍建设的意见》，中华人民共和国教育部：http://old.moe.gov.cn/publicfiles/business/htmlfiles/moe/moe_772/201001/xxgk_80380.html。

② 《第七届全国高校马克思主义学院院长论坛在北京大学召开》，中国教育新闻网：http://www.jyb.cn/rmtzcg/xwy/wzxw/201904/t20190404_222605.html。

③ 《纪念五四运动100周年大会在京隆重举行　习近平发表重要讲话》，新华网：http://www.qstheory.cn/yaowen/2019-04/30/c_1124440187.htm。

④ 《习近平：向全国各族青年致以节日的祝贺和诚挚的问候》，新华网：http://www.xinhuanet.com/politics/leaders/2020-05/03/c_1125938927.htm。

在新中国成立初期，国家就高度重视思想政治理论课（时称"政治课"）及教师队伍建设。1949 年 12 月，在第一次全国教育工作会议上，钱俊瑞提出新区学校安顿后的主要工作是进行政治与思想教育，并提出有效进行政治思想教育的五项要求。①1950 年，教育部专门召集了全国高等学校暑期政治课教学讨论会，并讨论修正了《关于高等学校政治课教学方针、组织与方法的几项原则》。②1952 年 9 月 1 日下发的《中共中央关于培养高等、中等学校马克思列宁主义理论师资的指示》提出，加紧培养高等、中等学校政治理论师资，设立由中央教育部负责筹划在中国人民大学创设马克思列宁主义研究班，要求各大行政区选择条件适当的高等学校举办马克思列宁主义研究班，培养高等学校的政治理论师资。③ 这是新生的人民政权大力进行价值观教育的强烈政治信号，也是非常有力的举措。

此后全国各地高校政治理论课不断充实，教师的培训、进修和实践等各种措施也不断常规化和制度化，高校价值观教育取得突出的成效。其中一些做法影响到今天，这些经验颇值得我们学习和借鉴。当然在课程推行和教师队伍建设过程中也出现了诸多问题，值得我们引以为戒和思考。以史为鉴，从高校价值观教育着眼，对新中国成立初期上海高校政治课、思政课教师队伍以及大学生价值观等进行深入细致的研究，对于当前价值观教育和思政课建设具有重要意义。

受到自然区位和历史等因素影响，近代以来江南地区都是经济文化繁荣之地。上海作为江南区域的重要城市，在现代教育发展方面堪为先行者，全国许多城市以其为标杆。

新中国成立初期，上海作为中国重要的集文化、教育、经济等多功能于一体的大都市，高校价值观教育的工作复杂而繁重。上海市政府、教育部门以及高校如何严格执行中央要求，如何结合上海实际情况做出适当调

---

① 《钱俊瑞在第一次全国教育工作会议上的总结报告要点（节录）》，载教育部社会科学司组编《普通高校思想政治理论课文献选编（1949—2008）》，北京：中国人民大学出版社，2008 年版，第 4 页。

② 《教育部关于全国高等学校暑期政治课教学讨论会情况及下学期政治课应注意事项的通报（节录）》，载教育部社会科学司组编《普通高校思想政治理论课文献选编（1949—2008）》，北京：中国人民大学出版社，2008 年版，第 5—7 页。

③ 《中共中央关于培养高等、中等学校马克思列宁主义理论师资的指示》，载教育部社会科学司组编《普通高校思想政治理论课文献选编（1949—2008）》，北京：中国人民大学出版社，2008 年版，第 11 页。

整，在价值观教育过程中各组织、学校等主体是何种表现，出现了什么问题，如何解决并成为经验为他省市借鉴，等等，这些重要问题都需要细致而深入的解读和分析，而当前学术界在此方面的研究尚十分薄弱。因此，对新中国初期上海的高校价值观教育进行专题研究，具有十分重要的学理意义。

二、学术综述

从广义而言，价值观包含的内容是相当广的，涉及个人、国家和社会各个层面，学术界的研究也日益广泛而深入。

（一）国外价值观研究

就价值观而言，国外研究较早，始于 20 世纪二三十年代，主要侧重于价值、价值观和核心价值观方面，所涉学科众多，如心理学、社会学、哲学、经济学、文化学和伦理学等等。1937 年，塔尔科特·帕森斯（Talcott Parsons）在《社会行动的结构》一书中提出了意志论行动理论，强调社会共同价值的重要意义，认为规范使行动与社会秩序相结合，并把价值观分为个人取向、集体取向和社会取向。[①]

20 世纪 50 年代，许多学者就价值观概念进行了一系列探讨。美国哲学家培里（R. B. Perry）提出价值兴趣论，把价值本质界定为主体任何兴趣与任何对象之间的关系。[②]克拉克洪（Clyde Kluckhohn）从操作层面对价值观的定义进行了整合，把价值观界定为一种外显的或内隐的、关于什么是"值得的"的看法。[③]苏珀（D. E. Super）认为价值观是个人想要达到的目标。[④]霍夫斯泰德（Geert Hofstede）认为价值观是一种偏爱某种情形胜过其他情形

①　[美] 塔尔科特·帕森斯著，张明德、夏翼南、彭刚译：《社会行动的结构》，南京：译林出版社，2003 年版。

②　Perry R. B.. *Realms of Value*. Cambridge：Harvard University Press，1954.

③　Kuckhohn C. *Values and Value-orientations in the Theory of Action*：*An Exploration in Definition and Classification.* Cambridge：Harvard University Press，1951：133.

④　Super D.E. A life-span，life-space approach to career development. *Journal of Vocational Behavior*，1980，16（3）：282—298.

的普遍倾向。①

价值观既有个人内在属性，也有社会外在属性。20世纪80年代以来，以施瓦茨（Schwartz）为代表的价值观研究从需要和动机出发来解释价值观的深层内涵，试图构建一个具有普遍文化适应性的价值观心理结构。施瓦茨认为价值观个体生物禀赋、社会经验的独特组合，是合乎需要的超情境的目标，在一个人的生活中或其他社会存在中起着指导作用。②综合价值观的内外属性，美国学者罗克奇（Rokeach）将价值观分为终极性价值观和工具性价值，认为价值观是指一般的信念，它具有动机功能，是评价性、规范性和禁止性的，是行为和态度的指导，是个人的，也是社会的现象。③斯普朗格（Eduard Spranger）提出科学型、实用型、社会型、政治型、信仰型和审美型六种价值观类型。宾克莱提出用现代分析哲学在互相冲突的价值观中做选择。斯沃茨（Elizzbeth Swartz）等人的价值观测量工具理论包含了57种价值观条目、10种普遍的价值观动机类型。④

关于价值观的形成和发展，有精神分析、行为主义、人本主义和认知学派等不同心理学派的观点。许多学者从家庭、社会等层面分析价值观的影响。毋庸置疑，在现代社会，价值观与政治、学校等的关系非常密切。美国人类学家奥格布（J. U. Ogbu）提出"学校人种生态学模式"，将经济、政治、认知和行为结构整合为一个整体的分析框架，关键概念是"适应"，在此基础上，人与环境取得联系，学校系统是一种社会机构，它与社会的其他机构相互联系，该模式强调教育行为与环境的相互作用与影响。⑤

无论承认与否，意识形态教育已然是各国学校教育的必然内容。如法国马克思主义哲学家阿尔都塞（Louis Pierre Althusser）所言："所有意识形态

---

① Hofstede G. The Cultural Relativity of the Quality of Life Concept. *Academy of Management Review*, 1984, 9（3）: 389—398.

② Schwartz S. H. Value priorities and behavior: Applying a theory of integrated value systems. In C. Seligman, J. M. Olson, & M. P. Zanna（Eds.）, *The psychology of values: The Ontario symposium*, Vol. 8. Lawrence Erlbaum Associates, Inc., 1996: 1—24.

③ Johnston C. S. The Rokeach Value Survey: Underlying Structure and multidimensional scaling. *The Journal of Psychology*, 1995, 129（5）: 583—597.

④ Schwartz S. H., Bilsky, W. Towards a Universal Psychological Structure of Human Value. *Journal of Personality and Social Psychology*, 1980, 53（7）: 550—562.

⑤ Samuel V. Review: Minority Education and Caste: The American System in Cross-Cultural Perspective by John U. Ogbu. *Explorations in Ethnic Studies*, 1980（3）: 50—52.

国家机器，无论它们是什么，促成了相同的结果；生产关系的再生产，即资本主义剥削关系的再生产。"换句话讲，意识形态教育和国家机器是密不可分的，因而学校教育必然会打上意识形态教育的烙印。"学校（还有像教会这样的其他国家机构，像军队这样的其他机器）给人传授'本领'，无非是以保障人们对占统治地位的意识形态的臣服或者保障他们掌握这种'实践'的形式进行的。"① 即便如美国教育，也有其明显的不足——不平等教育，即建立在种族和经济不平等基础上的教育。如萨缪·鲍尔斯（Samuel Bowles）和赫伯特·金迪斯（Herbert Gintis）所著《资本主义美国的学校教育》批评道："美国教育是非常不平等的，一个获得很多或很少的学校教育，其机会实质上有赖于种族或父母的经济水准。再者，虽然教育制度看得出来有一种迈向更平等的趋势——例如，黑人教育不足的缩小——但是这种趋势对经济机会的结构的冲击，即使在更好的情怀下也是非常渺小的。"因而，"二十世纪教育的历史并不是进步主义的历史，而是萌芽中的资本主义制度的'商业价值'与反映权威、特权的金字塔的社会关系被强加在学校身上的历史"。②20 世纪西方资本主义强大的经济发展能力，在一定程度上加剧了教育的不公平。对这种情况进行研究，我们才能深刻认识其意识形态教育的本质。

20 世纪 70 年代以来，迈克尔·阿普尔（Michael W. Apple）秉承美国进步主义教育的文化传统，通过将分析哲学、现象学、知识社会学、批判理论与新马克思主义理论相融合，开辟了批判教育研究的新领域。他提出"意识形态教育论"，主张将学校的课程知识放在政治、经济和文化的大语境中进行分析。阿普尔认为，意识形态可以至少归结为三类："（1）特殊和可确认的职业群体活动的相当明确的合理化或理由（如职业的意识形态）；（2）更广泛的政治策划和社会运动；（3）广泛的世界观、前景或伯格（Berger）、鲁克曼（Luckmann）等人称之为符号的世界。"③

---

① ［法］阿尔都塞著，陈越编译：《哲学与政治：阿尔都塞读本》，长春：吉林人民出版社，2003 年版，第 325 页。

② ［美］鲍里斯、季亭士著，李锦旭译：《资本主义美国的学校教育》，台北：桂冠图书股份有限公司，1989 年版，第 45、57 页。

③ ［美］迈克尔·W. 阿普尔著，黄忠敬译：《意识形态与课程》，上海：华东师范大学出版社，2001 年版，第 20 页。

（二）中国价值观研究

近代以来基于教育对于发展的重要性，国内学术界在教育现代化、教育制度等方面有大量的学术成果。国内价值观研究虽然起步晚于国外，但关于中国的价值观研究出现了大量成果，形成了一些有影响的概念和观点。

一是中国人价值观研究。传统社会中国人的价值观表现为对纲常礼序的框架理念和对人伦的重视。金耀基提出："五伦是儒家所立的角色系统，而此角色系统是建立在'身份取向'原则上的，亦即个人的行为由身份决定，特定的身份就有特定的行为。"[①]费孝通将中国传统的社会界定为"礼治"，乡土社会的中国是没有法的社会，"礼"是社会公认的合适的行为规范，是教化后主动服从的成规。[②]杨国枢将人类社会比作生活圈，中国人是比较典型的社会取向。[③]黄光国提出"人情与面子"模式。[④]文崇一提出"富贵与道德"的二分模式。[⑤]传统价值观念并不是一成不变，或者说其本身就是一个多元体系。翟学伟、屈勇指出："中国社会在传统意义上是一个伦理型的社会，但是伦理价值取向在中国人走过的历史长河中只能算是某一个阶段的价值取向，大略看来，中国人在两千多年的文明进程中经历及变换过的主导性价值取向先后有宗教意识取向、伦理取向、文化取向、政治取向和经济取向。"[⑥]

二是特殊群体价值观研究。比较典型、成果众多的是以知识分子为研究对象。如张岱年《中国知识分子的人文精神》[⑦]、余英时《中国知识分子论》[⑧]、冯建辉《命运与使命：中国知识分子问题世纪回眸》[⑨]，姜朝晖《民国时期教育独立思潮研究》[⑩]等等。这些研究虽然没有使用价值观作为关键词，但许多内容是价值观研究的内容。以价值观作为主题词研究特定群体的价值观的研究成果则非常少，主要见于学位论文，如陈小兵《民国时期教育救国

---

① 金耀基：《从传统到现代》，北京：中国人民大学出版社，1999年版，第26页。
② 费孝通：《乡土中国》，北京：北京出版社，2004年版，第71、75页。
③ 杨国枢：《中国人的社会取向：社会互动的观点》，《中国社会心理学评论》，2005年第1辑。
④ 黄光国、胡先缙：《人情与面子：中国人的权力游戏》，北京：中国人民大学出版社，2010年版。
⑤ 文崇一：《富贵与道德：再论价值的冲突与整合》，载乔建、潘乃谷主编《中国人的观念与行为》，天津：天津人民出版社，1995年版，第51—77页。
⑥ 翟学伟、屈勇：《中国人的价值观：传统与现代的一致与冲突》，《江苏社会科学》，2001年第4期。
⑦ 张岱年等：《中国知识分子的人文精神》，郑州：河南人民出版社，1994年版。
⑧ 余英时：《中国知识分子论》，郑州：河南人民出版社，1997年版。
⑨ 冯建辉：《命运与使命：中国知识分子问题世纪回眸》，北京：华文出版社，2006年版。
⑩ 姜朝晖：《民国时期教育独立思潮研究》，北京：中国社会科学出版社，2008年版。

派知识分子价值观研究》①。

三是民国价值观教育研究。随着现代高等教育的发展，民国政府已意识
到价值观教育的重要性。学界对民国研究大多关注政府办学中的训育、德
育、公民教育等。刘礼文认为，民国早期大学训育在观念上表现出由以经学
为主导向个体本位、社会本位转化，在组织管理上表现出由管控模式向自治
模式转变，在知与行上表现出强调知行合一的特点。②骆军指出，由于当时
中国缺乏公民文化的土壤，无论北京民国政府还是南京国民政府，都不是一
个民主政权，这就决定了民国时期的大学生公民意识教育是一种无根的探
索。③一些研究从学生视角对学生课堂、学生生活进行了细致的研究，可以
从微观层面揭示学生的价值观教育情况。④还有一些研究关注具体人物⑤、具
体事件⑥中体现出的价值观教育思想、国家与学校价值观教育的冲突等问题。

四是社会主义价值观研究。"社会主义核心价值观"理念提出后，引起了
社会和学术界的广泛关注，政府、学者和大众也从各个层面提出了各种建设
方案和解决措施。其一，包括社会主义核心价值观的来源与历史演进，通过
回顾我国社会主义价值观建设的历史进程，许多学者认为马克思主义应是社
会主义核心价值体系的灵魂。其二，对领导人价值观的研究。如对毛泽东人
生价值观的研究，涉及其人生价值观的理论框架、基本内容、特征、形成、
作用和局限以及意义等⑦；对邓小平的价值观的内涵、体系构成、特征等的研
究⑧。其三，对于社会主义核心价值体系的研究。学界从宏观和微观层面阐释

① 陈小兵：《民国时期教育救国派知识分子价值观研究》，陕西师范大学硕士学位论文，2011 年。

② 刘礼文：《民国早期大学训育研究》，南京邮电大学硕士学位论文，2014 年，摘要第 I 页。

③ 骆军：《民国时期的大学生公民意识教育研究》，《武汉大学学报（哲学社会科学版）》，2011 年第
2 期。

④ 孙崇文：《学生生活图景：世俗内外的教育冲突》，北京：教育科学出版社，2008 年版。施扣柱：
《青春飞扬——近代上海学生生活》，上海：上海辞书出版社，2010 年版。刘云杉：《学校生活社会
学》，南京：南京师范大学出版社，2000 年版。刘训华：《困厄的美丽——大转局中的近代学生生活
（1901—1949）》，武汉：华中科技大学出版社，2014 年版。

⑤ 吴文华：《刘湛恩任职沪江大学校长期间的救国理念与实践》，华中师范大学硕士学位论文，2017
年。李玉莲：《上海圣约翰大学教师群体研究》，河北师范大学硕士学位论文，2013 年。

⑥ 尚季芳、靳帅：《师生冲突与南北博弈——1926 年同济大学"誓约书"风潮再探讨》，《历史教
学》，2017 年第 9 期。

⑦ 冯虞章、李崇富主编：《毛泽东人生价值理论研究》，北京：中共中央党校出版社，1993 年版。

⑧ 袁贵仁：《论邓小平的价值观思想》，《光明日报》，1999 年 7 月 23 日。宫敬才：《试论邓小平的
经济价值观》，《光明日报》，1998 年 7 月 17 日。

体系的科学内涵，解析社会主义核心价值体系的意义和构建途径，如郭建宁《社会主义核心价值观基本内容释义》、廖小平《价值观变迁与核心价值观体系的解构和建构》等①。

　　社会主义核心价值观的教育，主要落脚于学生的培育。对于大学生价值观培养的研究主要是调查分析当代大学生价值观现状，研究大学生价值观的演变，提出大学生价值观教育的内容和途径。研究视角多样化，如多元文化理论对于多元文化的价值功能、多元文化背景下大学生价值观教育的策略和方法等做出研究，研究成果有谢宏忠《大学生价值观导向——基于文化多样性视野的分析》、杨亚华《当代中国大学生价值观导向研究》和李纪岩《当代大学生社会主义核心价值观培育研究》等②。

（三）新中国成立初期价值观教育研究

　　针对中国价值观教育，国外多从社会变革和国际影响角度予以考察，专题研究较多关注知识分子，如史景迁《天安门：知识分子与中国革命》、罗伯特·杰伊·利夫顿《思想改造和极权主义心理学：中国的洗脑研究》等③。国内对于教师的研究，也大多集中于高校知识分子研究，如杨凤城《中国共产党的知识分子理论与政策研究》、林蕴晖等《凯歌行进的时期》、彭华《马寅初的最后33年》、崔晓麟《重塑与思考——1951年前后高校知识分子思想改造运动研究》等④，研究视角多为中国共产党的知识分子理论、政策，党与知识分子的关系等，具体至教师队伍方面则多流于队伍发展状况的简单叙述。

　　对于新中国成立初期思政教育的研究，一是关注思政课课程研究，如

　　① 郭建宁主编：《社会主义核心价值观基本内容释义》，北京：人民出版社，2014年版。廖小平：《价值观变迁与核心价值观体系的解构和建构》，北京：中国社会科学出版社，2013年版。

　　② 谢宏忠：《大学生价值观导向——基于文化多样性视野的分析》，北京：社会科学文献出版社，2010年版。杨亚华：《当代中国大学生核心价值观研究》，北京：人民出版社，2011年版。李纪岩：《当代大学生社会主义核心价值观培育研究》，济南：山东人民出版社，2013年版。

　　③ ［美］史景迁著，尹庆军等译：《天安门：知识分子与中国革命》，北京：中央编译出版社，1998年版。Lifton R. J. *Thought Reform and the Psychology of Totalism*: *A Study of "Brainwashing" in China*. University of North Carolina Press, 1989.

　　④ 杨凤城：《中国共产党的知识分子理论与政策研究》，北京：中共党史出版社，2005年版。林蕴晖、范守信、张弓：《凯歌行进的时期》，郑州：河南人民出版社，1989年版。彭华：《马寅初的最后33年》，北京：中国文史出版社，2005年版。崔晓麟：《重塑与思考——1951年前后高校知识分子思想改造运动研究》，北京：中共党史出版社，2005年版。

舒文《建国初期清华大学政治课研究》、刘辉《中国人民大学与建国初高校"新民主主义论"、"中国革命史"课程的开设》、李梁《浅述建国初期思想政治理论课程教材建设的基本历程》、顾晓英《建国初期高校思想政治理论课课程政策述评》、王红岩《20世纪50年代初期高等院校政治课改革述评》等①。陈红在《一九四九年至一九五二年上海地区高校思想政治教学研究》中考察了上海高校思想政治教学课程，指出政治教师作用得到凸显。② 吴小妮《新中国成立初期的思想政治理论课建设》对新中国成立初期的思想政治理论课建设的具体做法进行了总结。③ 二是关注思政教育特点研究，如李慧《建国初期大学生思想政治教育工作研究》、韩华《建国初期大学生思想政治教育的历史考察及其启示》、徐向东《建国初期高校思想政治教育工作方法的借鉴运用》、肖艳梅等《试析建国初期我国高校思想政治教育状况》等④。

其他相关研究如胡建华《现代中国大学制度的原点：50年代初期的大学改革》、王红岩《20世纪50年代中国高等学校院系调整的历史考察》、褚娇娇《建国初期上海高校党的建设研究（1949—1956）》、管蕾《建国初期院系调整研究——以上海为中心》、周良书《"清华模式"：建国初高校"创先争优"的一个成功案例》等⑤，都聚焦新中国初期某一高校或某一地区视角，研究趋向于细微化，这些都为本书的研究提供了参考。

总体而言，学术界对于价值观的研究已经取得了丰硕成果，主要研究侧

① 舒文：《建国初期清华大学政治课研究》，《长春工业大学学报（社会科学版）》，2008年第1期。刘辉：《中国人民大学与建国初高校"新民主主义论"、"中国革命史"课程的开设》，《教学与研究》，2008年第11期。李梁：《浅述建国初期思想政治理论课程教材建设的基本历程》，《考试周刊》，2010年第22期。顾晓英：《建国初期高校思想政治理论课课程政策述评》，《大家》，2010年第10期。王红岩：《20世纪50年代初期高等院校政治课改革述评》，《世纪桥》，2006年第11期。

② 陈红：《一九四九年至一九五二年上海地区高校思想政治教学研究》，《中共党史研究》，2012年第3期。

③ 吴小妮：《新中国成立初期的思想政治理论课建设》，《光明日报》，2019年9月6日。

④ 李慧：《建国初期大学生思想政治教育工作研究》，北方工业大学硕士学位论文，2011年。韩华：《建国初期大学生思想政治教育的历史考察及其启示》，《思想教育研究》，2010年第8期。徐向东：《建国初期高校思想政治教育工作方法的借鉴运用》，《高教探索》，2011年第2期。肖艳梅、安德华：《试析建国初期我国高校思想政治教育状况》，《新西部（下旬刊）》，2007年第10期。

⑤ 胡建华：《现代中国大学制度的原点：50年代初期的大学改革》，南京：南京师范大学出版社，2001年版。王红岩：《20世纪50年代中国高等学校院系调整的历史考察》，北京：高等教育出版社，2004年版。褚娇娇：《建国初期上海高校党的建设研究（1949—1956）》，华东师范大学硕士学位论文，2011年。管蕾：《建国初期院系调整研究——以上海为中心》，复旦大学硕士学位论文，2006年。周良书：《"清华模式"：建国初高校"创先争优"的一个成功案例》，《新视野》，2011年第6期。

重于三类研究对象：一是国外价值观的概念、形成和测量方式，以及价值观与政治、经济和文化的关系；二是中国人价值观的特点；三是当代社会主义核心价值观的体系和培育。对于具体时期特定领域具体群体的价值观表现、价值观教育的方式以及存在的问题和影响的研究，相对薄弱。于新中国成立初期高校价值观及价值观教育而言，虽然有的学者在研究当代价值观时会通过历史溯源的角度涉及，但大多是宏观国家层面的梳理；在研究新中国成立初期的知识分子时，学界较多关注个体或群体知识分子的境遇，或者知识分子政策和政治运动的影响，而甚少对当时的价值观表现以及价值观教育的作用进行整体研究。综合学界研究成果，我们发现关于新中国初期高校思政教育发展的一条悖论：总体评价新中国初期高校思政教育是处于较好发展状态，尤其是有许多生动有效的教育方法和措施；其中对知识分子运动式的改造具有一定的负面效应。概言之，学术界对特定时期高校价值观及价值观教育的研究是不足的，对于其时价值观教育的过程、作用和影响的考察也缺少深入细致的分析。

因而，本书立足新中国成立初期上海高校的价值观教育，聚焦高校政治课、政治课教师队伍建设，并观照学生价值观教育的感受和效果，对当时高校大学生和教师群体的价值观表现及价值观教育的过程、措施和效果进行研究，既可以更深入地研究当时的高校价值观教育，弥补学界研究之不足，又可以总结价值观教育的经验和教训，为当前高校价值观教育提供借鉴。

三、研究内容和思路方法

本书以 1949—1956 年上海市高校政治课为中心，重点研究新中国成立初期上海高校价值观的主要情况、价值观教育的主要组织和措施，以及作为主体的教师和学生的教育观教育的结果和影响，进而分析新中国初期高校价值观存在的问题、价值观教育过程的作用和影响，评析社会主义价值观教育的方式、效果及有待改进之处。

（一）研究内容
本书的研究内容主要为以下四个方面。

1. 新中国成立初期高校价值观教育的整体情况：通过概述当时高等教育的形势、任务与目标，分析当时的国内外形势，剖析当时高等教育担负的特定任务，阐释该时期高校价值观教育的特征。

2. 新中国成立初期上海高校价值观教育的具体剖析：重点对上海各高校内部价值观的情况进行具体分析，剖析校内教师和学生的价值观表现以及存在的问题，阐明价值观教育的必要性；主要分析国家和上海高校价值观教育的理念、方法、组织和措施，并评析价值观教育的效果、存在的问题和不足。

3. 价值观教育与师生主体性的认知：基于教师的案例分析，重点对上海高校教师进行案例分析，深入分析价值观教育对于教师的影响和作用；基于学生的案例分析，主要对上海高校学生进行案例分析，深入分析价值观教育对于学生的影响和作用。

4. 价值观教育与国家建设：基于上海高校的总结和反思，主要从宏观视角分析高校价值观教育的方法、效果和存在的问题，解析价值观教育和国家建设的关系，进而梳理新中国初期价值观教育对当前教育的借鉴作用。

（二）研究重点和难点

本书研究的重点和难点主要有以下三点。

1. 阐述和分析新中国初期高校价值观的概况和存在的问题，正确认识当时进行价值观教育的必要性。

2. 阐述和分析新中国初期上海高校价值观教育的组织和方式，评析其效果和存在的问题。

3. 深入解析价值观教育中教师和学生群体的认知、影响和效果。

（三）研究思路和方法

本书的研究思路主要有以下三个层面：

首先，尽可能多地掌握相关研究资料，包括档案、报刊等，分析新中国成立初期上海高校价值观概况和价值观教育的主要组织及其方式。

其次，深层次挖掘资料，运用日记、档案中的学校和个人材料，剖析价值观教育中的教师和学生的具体认识、效果和作用。

最后，将微观分析和宏观分析相结合，剖析上海高校和全国高校价值观教育的效果、存在的问题，总结经验与教训。

本书的研究方法主要如下：

1. 微观个案深入分析与宏观分析相结合，既有点的研究，也覆盖面的研究。周浩宇提出教育活动史的概念，研究重点在于教育历史上学校教师和学生的日常活动，关注教育中的微观、具体和日常活动。[①] 本书在对教师、学生的个案研究或专题研究中，进行详细、微观而具体的考察，以更清晰地展现价值观教育过程、影响以及存在的问题。

2. 以历史学研究方法为本，兼用社会学（群体利益和观念、关系和面子、深描）、政治学（教育功能选择、政治权力制约）、教育学（意识形态教育论）等学科的相关概念和方法，对资料和相关问题展开多角度的深入分析。

本书将档案、报刊和日记等多种材料结合，深入解读新中国成立初期高校价值观及价值观教育，将深层次个案研究与宏观研究有机结合起来，从实践层面全面剖析价值观教育的效果。对于新中国成立初期价值观教育的作用，本书既注重深层解析其长远的积极作用，也关注负面作用的来源，并深入剖析其在当下的变异，从而正确认识和评价中国共产党的价值观教育。

四、主要概念

（一）价值观

克拉克洪把价值观界定为一种外显的或内隐的、关于什么是"值得的"的看法。罗克奇则认为价值观是指一般的信念，它具有动机功能，不仅仅是评价性的，还是规范性的和禁止性的，是行为和态度的指导，是个人的也是社会的现象。施瓦茨认为价值观是合乎需要的超情境的目标，在一个人的生活中或其他社会存在中起着指导作用。一般而言，价值观被定义为人们关于各种事物存在价值的总的观点、看法和态度，是世界观的重要组成部分。它是主体在对客体价值认知与评价的基础上所持的基本观点，当客体与主体一

---

① 刘训华：《困厄的美丽——大转局中的近代学生生活（1901—1949）》，武汉：华中科技大学出版社，2014年版，总序第7页。

致、能够满足主体需要时，客体就具有"正价值"，反之，就是"负价值"。①
马克思说，人是一切社会关系的总和。② 因而，本书在研究价值观时，更注
重考察人们对社会各种事物、各种社会的综合认识。

（二）价值观教育

马克思非常重视劳动在教育中的作用。马克思、恩格斯总结说："为了
能够得到通晓整个生产系统的人，教育就必须让年轻人不断地接受各种形式
的生产劳动，并轮流从一个生产部门转到另一个生产部门。"马克思强调教
育要与生产劳动相结合："教育要使儿童和少年了解生产各个过程的基本原
理，同时使他们获得运用各种生产的最简单的工具的技能。"③ 马克思的教育
观是全面发展的，并认为这是一个发展的要求："当一切专门发展一旦停止，
个人对普遍性的要求以及全面发展的趋势就开始显露出来。"④ 其价值观教育
也是发展的。马克思在《经济学手稿（1857—1858 年）》中提出人类价值观
念三大范式的转变，即从"依赖性"为范式的价值观向以"独立性"为范式
的价值观转变，继而向以"自由个性"为范式的价值观转变。⑤ 基于此，深
入剖析中国价值观教育，不仅要关注价值观教育的群体性或者说集体性特
征，还必须关注价值观教育主体的自我性，即独立性和自由个性的价值观。

---

① 李德顺：《新价值论》，昆明：云南人民出版社，2004 年版，第 30 页。
② 中共中央马克思恩格斯列宁斯大林著作编译局编：《马克思恩格斯选集　第一卷》，北京：人民出
版社，1995 年版，第 60 页。
③ 高放、高哲、张书杰主编：《马克思恩格斯要论精选》，增订本，北京：中央编译出版社，2016
年版，第 425、426 页。
④ 华东师范大学教育系编：《马克思恩格斯论教育》（修订本），北京：人民教育出版社，1986 年版，
第 93 页。
⑤ 马克思、恩格斯著，中共中央马克思恩格斯列宁斯大林著作编译局译：《马克思恩格斯全集　第
四十六卷》，上册，北京：人民出版社，1979 年版，第 104 页。

第一章 改革和提高：新中国成立初期高校价值观教育的变革

　　1949年，中华人民共和国成立后，面对错综复杂的国内外环境，中国共产党作为执政党力图建构新的制度和社会。中国共产党整合社会思想、进行思想教育的原因，学术界从不同视角进行了研究分析。廖中武指出，新中国社会中存在各类不同思想，为了使全国人民的思想统一起来，团结一致进行国家建设，就必须教育人民群众学习马克思主义的基本原理，使人民群众在各项社会运动中增进对国家的感情，积极融入新中国建设工作。① 韩华认为，中国共产党坚持以马克思主义为指导，立足于从旧中国到新中国的变化和从新民主主义向社会主义的过渡，整合不同人群的价值观念，着力为人们的思想和行为提供价值标准。② 对于价值观教育的内容和方式，学术界也有不同的观点。牟德刚认为，在新中国成立后，党内队伍暴露出了忽视理论的经验主义错误思想观念，这种思想观念影响着党员的思想行为，给工作展开带来极大的不便。③ 美国学者魏斐德指出，毛泽东重视舆论的倾向、重视意识形态领域的问题、重视对党员马克思列宁主义方面的训练。④

　　关于思想教育，其教育形式不可避免地采取思想灌输的形式，才能树立国家需要的价值观。正如法国学者卡罗尔指出，党对人民进行的无产阶级教

---

① 廖中武：《建国初期社会主义政治文化的特点与成因分析》，《洛阳师范学院学报》，2010年第1期。

② 韩华：《建国初期中国共产党加强主导价值观建设的历史分析》，《贵州社会科学》，2014年第4期。

③ 牟德刚：《建国初期的马克思主义理论教育及其启示》，《东岳论丛》，2007年第6期。

④ ［美］魏斐德著，李君如等译：《历史与意志：毛泽东思想的哲学透视（典藏本）》，北京：中国人民大学出版社，2013年版，第5—6页。

育所采取的形式是严肃的、反复的、不厌其烦的思想灌输。① 对知识分子的批判和教育，学界存在不一致的认识。不少学者对新中国初期的思想政治运动持肯定态度。杨俊认为对《武训传》的批判旨在在广大知识分子、干部队伍中发动一场宣传和确立马克思主义历史观、世界观的思想政治教育运动，以端正他们的思想，巩固新的国家政权。② 陈辉指出，在马克思主义逐渐成为主流意识形态的时代，开展的批判运动是为了清除不合时宜的思想，对人民进行新的科学理念教育，从而达到整合社会思想的目的。③ 有学者提出异议，认为人们在政治运动中展现出的认同，未必是真正的认同，而是多有仪式化的特征。

如何正确认识价值观教育和政治运动之间的关系？本章从高校价值观教育着手，分析新中国成立初期中国共产党进行高校价值观教育的背景、过程、存在的问题及其解决的方法，重点关注新中国成立初期不同时段价值观教育方法和内容的变革，以期理清政治运动和价值观教育之间的深层次关系。

一、价值观教育：新形势、新问题

新中国成立初期，国家对于高校思想政治教育方法和内容一步步趋于明确和具体，是与其时高等教育的发展以及全国形势的发展密切结合的。新中国成立前夕，周恩来指出："我们现在还在进行解放战争，教育的发展还不能求快，要稳步前进。即使全国解放了，联合政府成立了，困难也必定很多。所以，我们的教育计划一定要切合实际。各项工作，孰轻孰重，孰前孰后，人才怎样集中，设备怎样充实，这些问题都要大家来考虑，大家来研究。我们在这方面缺乏经验，但我们还是有办法的。"④ 对于教育的发展，中央有清醒的认识：主要基调是稳步前进；即使全国解放了，也会存在非常多

---

① ［法］K. S. 卡罗尔著，刘立仁、贺季生译：《毛泽东的中国》，贵阳：贵州人民出版社，1988 年版，第 183 页。

② 杨俊：《新中国成立初期的一场思想政治教育课——关于批判〈武训传〉事件的研究与思考》，《政治学研究》，2011 年第 1 期。

③ 陈辉：《建国初期〈红楼梦〉研究的批判运动》，《江苏大学学报（社会科学版）》，2006 年第 4 期。

④ 中央教育科学研究所编：《周恩来教育文选》，北京：教育科学出版社，1984 年版，第 3—4 页。

的困难。缺乏实践经验的中国共产党，必须制定符合实际的教育计划。

基于形势需要，新中国成立前新解放区 ① 高校的主要目标，在于保持正常的教学；因而其时教育的政策以求稳为主，政策的要求比较宽泛。1948年 6 月，中共中央宣传部提出新解放区高等学校政策，规定"开始时可取消'公民课'，其余课程照旧，然后供给新政治、国语、历史课本，其余仍照旧"。除了南京国民政府时期的意识形态课程，其余课程照旧安排，同时对于价值观教育关系非常密切的政治、国语、历史三门课程制定新的教材。这说明，当时中共中央对于新解放区的教育确实采取了循序渐进的方法。是年7 月，中共中央提出新解放区学校"现在开始只做可以做到的事，例如取消反动的政治课程，公民读本及国民党的训导制度，其余一概仍旧，教员只去掉极少数的反动的分子，其余一概争取继续工作，逃了的也要争取回来"②。"现在开始只做可以做的事"，这句话虽然直白浅显，但是非常务实，新解放区的各项工作应是非常烦琐复杂的，因而不可好高骛远，要脚踏实地，做一些可以实际能够执行的政策，所以还比较强调对于原有课程的保留；明确了要取消的内容只有三类——政治课程、公民读本和训导制度，这比前面所列单独的课程要更为具体一些，对不符合要求的课程、教材以及教育方法都进行了梳理；还明确了教师队伍管理政策，主要对教师实行争取政策，因而要求比较宽松，除了"极少数的反动分子"都要保留，尤其是"逃了的也要争取回来"，表明中共中央对于教育的重视，非常清楚教师资源的珍贵和匮乏，因此为了保证教学的正常进行，必须采取宽松的方式来保证师资。

新中国成立后，为了与旧教育相隔断，强调思想学习和教育改革的重要性，中共中央明确提出教育要符合新民主主义性质。1949 年 12 月第一次全国教育工作会议上，费孝通提出对旧式教育进行改革的必要性："没有人觉得现在所有的高等教育不加改造是能配合得上革命形势的发展的。旧社会所遗留下来的高等教育基本上是反映旧政治经济的，在教学方法上有理论与实

---

① 1947 年 7 月全国土地会议后，各解放区贯彻会议精神，深入进行土地改革。这时的解放区被称为"老解放区"，即陕甘宁、晋绥、晋察冀、晋冀鲁豫、华北等地区；1947 年至 1949 年解放的鄂豫皖、豫皖苏、豫陕鄂、江汉、桐柏等地区，即为"新解放区"。

② 《中央宣传部关于对中原新解放区知识分子的指示（一九四八年六月二十日）》，载中央档案馆编《中共中央文件选集　第十四册（一九四八——一九四九）》，北京：中共中央党校出版社，1987 年版，第 181、199 页。

践脱节的缺点，而且学生中的工农成分极少。不经过改革是不能符合国家建设需要的。老解放区的高等教育中革命运动中成长，教学内容和方法固然适合实际的需要，理论与实际结合得比较好，但是还得在原有基础上提高一步，才能适合建设现代工业国的需要——一致的认识就是新民主主义的高等教育还要大家努力来创造。"① 费孝通明确提出老解放区的高等教育和新中国成立后的教育有非常大的差异，老解放区的教育与革命运动相生，新中国成立后的教育必须与国家建设相适应。

老解放区教育的实践性比较强，成效也比较明显："抗日战争需要大批干部。解放区为了适应这个需要，就办了很多干部训练班和学校，改变了旧的学制和课程，缩短了学业期限，教的、学的是抗战需要的课程，训练了不知多少抗日干部。单就晋察冀边区说，八年中就训练了八万五千多干部，分配到军事、政治、经济、文化各种事业中，起着骨干和先锋作用，对抗战作了很大的贡献。"② 老解放区的教育方法比较务实，时间短、效率高。但是老解放区的教育也有明显的不足，主要表现在：其教育完全是在战争状态下的应时方法和形式，教育主要侧重于干部教育和培养，课程设置全是与战时密切相关，课程设置时间也比较短暂。因此，在这种情况下，老解放区的教育经验就不适合完全无调整地推广到新解放区。同时，新解放区和老解放区的情况也千差万别，因而新式教育的方法和理论的研究也是教育改革的重要方面。

鉴于前述教育的基本政策，思想政治教育就成为当时教育改革的重中之重。如果进行新的思想政治教育，中共中央也有全面的考量，确保教育的有效性。在第一次全国教育工作会议上，钱俊瑞在总结报告中提出，根据各地经验，有效进行思想政治教育要注意五点："第一，理论学习必须密切结合学生的思想实际。第二，必须抓住重点。第三，发扬自由思考，善于民主启发，正确运用批评与自我批评。第四，对不同的具体对象，主张发扬其自身力量，里应外合逐步提高。第五，学习与劳动生产、群众斗争、参观活动等相结合。"③ 从这五点可以看出，新的教育比较注重理论与实践结合，尤其是

---

① 费孝通：《费孝通文集　第六卷》，北京：群言出版社，1999 年版，第 214 页。
② 教育科学研究所筹备处编：《老解放区教育资料选编》，北京：人民教育出版社，1959 年版，第 56 页。
③ 《钱俊瑞在第一次全国教育工作会议上的总结报告要点（节录）》，载教育部社会科学司组编《普通高校思想政治理论课文献选编（1949—2008）》，北京：中国人民大学出版社，2008 年版，第 4 页。

将结合学生思想实际放在首位，强调抓住重点；其次还注重思考，主张将启发式教育与批评式教育相结合；同时强调具体对象具体分析；并强调活动的丰富性，将学习与劳动生产、群众斗争和参观活动等方式结合。由此可见，中共中央不但将思想政治教育改革做了全盘考量，还特别注重方式、方法。

　　思想政治教育改革之所以作为教育改革的重中之重，是因为其关系着学生价值观的树立。要培育新的价值观，就必须设置新的课程。就政治课而言，因为原有的公民课被取消，开设新的政治课被提上日程。1949年8月10日，华北人民政府高等教育委员会召开常委会第三次会议，提出设置新的政治课："关于各大学课程改革方面，决定各大学院校全校共同必修课为辩证唯物论与历史唯物论（包括社会发展简史）、新民主主义论（包括中国近代革命运动简史）两种。"① 这里明确规定"辩证唯物论与历史唯物论""新民主主义论"两门政治课是各大学的必修课。

　　除了规定必修的政治课，设置选修课科目也提上日程。1949年10月8日，华北人民政府高等教育委员会颁布了《华北专科以上学校一九四九年度公共必修课过渡时期实施暂行办法》，除了"辩证唯物论与历史唯物论""新民主主义论"两门课，还增加了"政治经济学"，但后者不是全校必修课，并且有具体的学时学分规定："（一）本年度一、二、三、四各年级必修：一、辩证唯物论与历史唯物论（包括社会发展简史），第一学期学完，每周三小时共三学分。二、新民主主义论（包括中国近代革命运动简史）第二学期学完，每周三小时共三学分。本年度文、法教育（或师范）学院毕业班学生必修政治经济学，每周三小时，一年学完，共六学分，二三年级学生除特殊情况外，暂不修习。"② 从这个规定来看，所有学生的政治课合计6学分、每周3小时。

　　政治课增加到三门，对应的师资也必须予以配置，因而对于教师的政治要求也很快付诸实践。1950年1月17日，教育部做出《关于改革北京师范大学的决定》，规定"政治课为全校必修课，在文化业务课中也应贯彻革命的思想与政治教育；教师中设置马列主义、毛泽东思想的学习研究组织和业

---

① 《华北高教会常委会第三次会议讨论改革大学课程订定辩证唯物论与历史唯物论　新民主主义为各大学必修课》，《人民日报》，1949年8月12日第2版。

② 全国普通高校"两课"教育教学调研工作领导小组组编：《普通高校思想政治教育课程文献选编（1949—2003）》，北京：中国人民大学出版社，2003年版，第2页。

务研究组织"。① 为了使教师能够胜任教学，教师中设置了学习研究组织和业务研究组织。从组织设置和培训框架来看，设置得比较合理。但是更为紧迫的问题出现了，就是政治课师资问题。

政治课师资无论在政治素质、思想认识方面，还是在教学方法等方面都存在非常大的不足，这不是个别现象，而是全国普遍现象；很快这个问题就暴露出来了。1950 年 7 月 24 日至 8 月 25 日，全国高等学校暑期政治课教学讨论会在北京举行。这次讨论会上共出席全国各地教师 102 人，据报道政治课教师具有如下特点："一方面在政治上要求进步，热心学习；另一方面理论水平及政策水平不够。在一些问题认识上比较模糊，主要表现在：一、对政治思想教育方针任务的认识上，有过'左'情绪；二、教学方法上有教条主义偏向；三、教学内容的讲授重点、顺序等都有问题；四、教学组织不健全。"② 由此可见，首先，政治课教师虽然积极要求进步，但是普遍在理论认识和政策水平上存在偏差，"左"的倾向在革命时期和建设时期都是不适合的，因而这个问题也被反映了出来。其次，政治课教师的教学方法、教学内容也存在问题；同时没有健全的组织保障。因而，在这种条件下开设新的政治课也面临着严重的问题。针对这些问题，教育部紧急调整了教育方针，主要基调是比较缓和、按部就班，并要求设立组织机构，要求高校的政治思想教育，不要采取思想总结、思想检查、整风、坦白反省及斗争大会等形式；要求高校成立政治课教学委员会（或教学研究指导组）作为政治课教学的领导机构，由全体政治课教师及学生代表组成（必要时可请有关教师参加）。③ 政治课的开设和研究有了专门的领导机构，这种机构还要求学生代表参加，可以看出这种设置是出于注重政治课授课效果的考量，尤其是比较考虑和尊重学生的意见和想法。

鉴于思想政治理论课师资力量的薄弱，1950 年 4 月教育部从各高校教师中选拔了 78 人，集中送到华北人民革命大学学习马克思主义理论。10 月，在华北人民革命大学基础上创办了中国人民大学，是新中国培养理论干部、

---

① 沈壮海、徐海蓉、刘素娟整理：《中华人民共和国学校德育大事记》，《新德育　思想理论教育（综合版）》，2005 年第 11 期。

② 《教育部关于全国高等学校暑期政治课教学讨论会情况及上学期政治课应注意事项的通报（节录）》，载教育部社会科学司组编《普通高校思想政治理论课文献选编（1949—2008）》，北京：中国人民大学出版社，2008 年版，第 5—7 页。

③ 同上。

培养马克思主义理论课教师的重要基地。

价值观教育与政治课的设置密切相关，因此政治课改革成为当时的重中之重，但在改革中发现，政治课及其师资都亟待建设，这是当时全国高校思想政治教育的重要形势。

二、1949—1950 年：用最前进的思想理论武装学生

新中国成立前后，全国高校和学生的数量都不是特别多。据统计，至1950 年，"全国现有大学和专科学校的共约二百所，学生约十五万人"①。在新中国成立初期最为紧迫的工作之一是培养专业人才，尤其是高学历的人才。1949 年，教育部召开华北京津十九院校负责人会议。会上，钱俊瑞提出高等教育的改造要与国家建设相一致："改造的方向是一切服务于国家的建设，特别是经济建设。"② 新中国成立初期这一目标和任务不会改变。1950 年，教育部召开第一次全国高等教育会议。会议提出，高等教育要与国家建设相适应，"无论在其内容、制度、方法各方面，都必须密切的配合国家的经济、政治、国防和文化的建设，必须很好的适应国家建设的需要，首先适应经济建设的需要"③。培养经济人才，并不意味着不重视价值观教育、不重视思想教育，因为教育的核心目的是培养服务国家建设的人才。

对于大学如何进行价值观教育，即为什么要开设政治课，开设政治课与培养人才的关系是什么，清华大学大课委员会进行了深入的分析："大学的任务是在造就新中国建设的干部，这种干部不但在业务上要有所专长，而且，更重要的，要具有为人民服务的热忱。因之他们必须建立革命的人生观，能掌握马列主义的立场，观点和方法去进行工作。为了这种需要，在我们的大学里开始了政治课程。"④ 对高校学生进行价值观教育，这是时代的需要，是与整个国家建设密切联系的。因此，与国家需求相对应，学生必须意

---

① 钱俊瑞：《当前教育建设的方针》，《人民教育》，1950 年第 1 期。
② 《教育部召开华北京津十九院校负责人会议讨论高等教育改造方针》，《人民日报》，1949 年 11 月 22 日第 4 版。
③ 《高等教育文献法令汇编》（1949—1952），高等教育办公厅，1958 年版，第 18 页。
④ 谷岚：《清华政治课的教与学》，《文汇报》，1949 年 11 月 3 日第 3 版。

识到进行政治学习和业务学习都是公民应尽的责任和义务。清华大学大课委员会对政治课学习进行了动员："我们要认识，这种学习是我们一生中最基本的工作，是参加新民主主义建国大业的第一前提。这种学习在这新时代里是我们的权利，是我们的责任。"①

据报道，新解放区教师和学生的学习十分积极热情，一些报道是这样描述学校的学习情况的："解放后的天津各大、中学校师生，正以空前未有的愉快心情，热烈学习毛主席名著'新民主主义论'等革命理论。南开大学、北洋大学、河北工学院、省立女中、私立耀华中学等校内的社团，在学习热潮中最为活跃，纷纷举办讨论会、座谈会、讨论'新民主主义论'。南开大学由教授、讲师、助教、同学共同组成的学习社，有一百三十多社员，举办了四次集体讨论会，研讨'新民主主义论'及中共的土地改革等政策。北洋大学张国藩、马思猛、郝桐生等四十九位教师、讲师、助教，也于日前共同成立了新民主主义学习会，学习'新民主主义论'及'论联合政府'等。"②从报道来看，各学校的学习方式灵活多样，有讨论会、座谈会、学习社、学习会等不同名称和类别的活动，但学习内容都比较集中，聚焦于理论学习。

在积极学习的氛围下，也出现了一些问题。上海高教处反映了政治课程的一些偏向。1949年11月26日，上海高教处召开公私立大专院校主任委员暨政治教授、助教联合座谈会，大家认为展开新民主主义学习运动是师生共同的任务；同时指出因为过度重视，发生了政治课课程任务过重，影响学生健康和专业课程的情况，如称"各校师生教学情绪太高，致发生功课过重，同学健康受损并影响政治课程的偏向，使业务学习与政治学习脱节"。③当然，不仅仅是上海，其他地区也出现类似情况。《人民日报》对此进行了严肃报道，报道称：1949年高校政治课教学在仓促开设中，出现了"方针不明、步骤不分、方式简单甚至粗暴，以及教学内容无重点、教学方法的教条主义等缺点"。若干高等学校政治课的领导者对改造思想的长期性认识不足，采取了"不讲步骤、不讲方式、不顾教师及学生觉悟程度的急躁措施"。若干地区不加区别地在高等学校内机械地搬用干部教育、党内教育的方法，甚至

---

① 谷岚：《清华政治课的教与学》，《文汇报》，1949年11月3日第3版。
② 《天津各大中学校师生愉快学习毛主席著作 津市召开第一届学代大会》，《人民日报》，1949年2月24日，第1版。
③ 《大专院校主委教授座谈》，《文汇报》，1949年11月27日第3版。

错误地用"追""逼""斗争会""思想总结"等方式来解决思想问题。有的大学还提出"把思想解放战争进行到底"的口号。① 可以看出，这时的政治课教学存在明显的激进偏向，事实上反而产生价值观教育的偏差，或者走向极端。这种问题必须解决，因此《人民日报》对此持以严肃的批评。

1950年暑假，全国高等学校政治课教学讨论会召开，对上述偏向进行了严厉批评；明确具体地规定了今后高等学校政治课教学方针是"必须严格根据共同纲领，首先坚决肃清封建的、买办的、法西斯主义的思想；其次才是有步骤、有重点地帮助民族资产阶级及小资产阶级克服其违反科学真理和大众利益的思想"，这里提出核心依据是共同纲领；同时为免过于激进，应由中央人民政府教育部向各大行政区文教部发出通报，要求各地按照以上方针进行工作，指出"现阶段高等学校的政治思想教育的三个重点，其中一个即为进行发扬五爱的国民公德教育"。② 可以看出，政治教育的核心目的是培养正确的价值观，以为国家建设服务，这是教育之根本。

其他学校也有类似问题。虽然"历史唯物主义和辩证唯物主义"等性质的课程，在老解放区和解放后专为改造思想、培养干部而设立的大学中的开设颇有成绩，但是在普通正规大学中却是一门新课程，因此必须配备专门教师才行。上海高教会明确规定这一课程的任务是改造思想，因而只有"富于革命经验、精通马列主义的大师才能在上课时压得住台"。显然这样的教师是比较缺乏的，因而政治课师资成为当时非常重要的问题。③ 对于一些术业有专攻的著名学者而言，需要补的课实在是多。如1950年暑假，顾颉刚在工作计划中列出了很多需要读的"新书"，如河上肇的《新社会科学讲话》《社会发展简史》，毛泽东的《论联合政府》《新民主主义论》，方潮生的《新中国的工商政策》，艾思奇的《社会发展史讲授纲要》，计有6本。若要精读，需要花费的时间自然非常长，在一个暑假内完成也是非常花精力的事。④ 武汉大学的政治课效果有差异。1950年上半年，武汉大学政治课程分两类，一类是全校性的"新人生观""社会发展史"，一类是分班的"辩证唯物论与

---

① 金凤：《纠正思想改造中的过急偏向　严格遵守共同纲领教育方针　全国高等学校政治课稳步展开》，《人民日报》，1950年11月12日第3版。

② 同上。

③ 费孝通：《我们的大课——清华大学政治课的经验》，《文汇报》，1950年3月21日第2版。

④ 顾颉刚：《顾颉刚日记》，第六卷，北京：中华书局，2011年版，第681页。

历史唯物论""新民主主义论"等。对两类课程进行比较，据称全校性的"新人生观"等大课，能密切联系实际，收效较大，分班的"辩证唯物论与历史唯物论"等课收效较小。①

高等教育的发展与国家的需求是紧密结合的。1950 年的第一次全国高等教育会议，明确规定了新中国高等教育的发展方向："我们应该以理论与实际一致的方法，培养具有高度文化水平的、掌握现代科学和技术成就的、全心全意为人民服务的、高级的国家建设人才；应该准备和开始吸收工农干部和工农青年进高等学校，以培养工农出身的新型知识分子。"② 基于国家发展和人才建设的需要，高等教育的发展还是以求稳为主。如钱俊瑞在第一次全国高等教育会议上所述："我们在新区坚决执行维持原有学校，逐步作可能与必要的改善的方针。所谓维持就是每到一处，不许破坏损毁这些学校的设备房屋，让一般的原有的教员安心教下去，然后有计划有步骤地加以改善，决不要采取急进的、冒险的政策。"③ 维持或者保证教育的正常进行，是当时的重要方针，并明确不要采取"急进"的方式。

在这种背景下，政治课的重要性愈发突显了。早在 1949 年，华北京津十九院校负责人会议就强调政治课是加强价值观教育的重要环节："当前课程改革的中心环节是加强政治课的学习，使学生建立正确的人生观，建立为人民服务的观点。"④ 因而，马克思主义理论被视为革命的、最先进的理论，以此对教师和学生进行教育，以树立符合国家要求的价值观。

三、1951—1954 年：培养通晓马列主义和专门业务的专家

中国人民大学是全国高校政治课的典范，在师资上也汇聚中外先进力量。当时苏联派了十位教育专家给予中国人民大学直接帮助，可以用"最前进的政治理论去武装学生"。政治课在中国人民大学居于非常重要的地位，

---

① 本报讯：《团结全校师生开展政治教育　武汉大学气象一新》，人民日报，1950 年 7 月 7 日第 3 版。
② 《高等教育文献法令汇编》（1949—1952），高等教育办公厅，1958 年版，第 18 页。
③ 《高等教育文献法令汇编》（1949—1952），高等教育办公厅，1958 年版，第 8 页。
④ 《教育部召开华北京津十九院校负责人会议讨论高等教育改造方针》，《人民日报》，1949 年 11 月 22 日第 4 版。

政治理论课程占课程总数的 20%—25%，"是全部课程的灵魂"。具体而言，本科总共 142 门课程，其中政治理论课占 20%—25%，文化课占 20%，业务课占 50%—55%；专修科各班总共 83 门课程，其中史地、教育两班政治理论课占 26%，业务课占 74%，其余各班政治理论课占 37%，业务课占 63%。① 对于课程比重，胡锡奎副校长解释为其基本精神是马列主义基础与各种专门科学密切结合，其实施步骤为首先打下马列主义的基础，然后逐步增加业务课程，目的是要培养通晓马列主义和专门业务的专家。

政务院规定中国人民大学的教育方针是"教学与实际联系，苏联经验与中国情况相结合"。对于培养人才，吴玉章校长说中国与苏联是有区别的："斯大林同志说过，工业建设需要培养两种人材，即'工业指挥人材和工程技术人材'。中国人民大学主要是培养'工业指挥人材'及其他建设人材，这种工业指挥人材及其他建设人材'是能了解我国工人阶级的政策，能领会这个政策，并决意诚恳把它实现起来的那种人材'。"由此可见，中国人民大学教育工作的价值观导向非常明确，即以培养工农知识分子为主，尤其是产业工人。1953 年，中国人民大学学生中的干部与产业工人占总人数 70% 左右（知识青年占 30% 左右），并积极吸收产业工人、工农干部参加培训学习。② 70% 的高比例和人才培养的方针要求是相对应的。

1954 年 4 月 12—21 日，高等教育部结合全国高等财经教育会议，举行中国人民大学教学经验讨论会。此次会议总结中国人民大学六大特点，并将成绩与学习苏联联系起来："会议指出，以上是中国人民大学认真学习苏联的结果，它证明了苏联的高等学校的办学精神和各项制度、办法，都是我们学习的榜样。"③ 在闭幕会上，高等教育部副部长杨秀峰指出，中国人民大学学习苏联的经验，对其他高等学校都是适用的。要求各院校根据具体情况有计划地有步骤地采用，逐步达到全面地、系统地学习。④ "培养通晓马列主义和专门业务的专家"，原本是基于实践而采取的灵活有效的方式，如今被严格套上"学习苏联"的帽子。

① 张腾霄：《中国人民大学的教学工作》，《人民日报》，1951 年 1 月 24 日第 3 版。
② 吴玉章：《中国人民大学三年来工作的基本总结》，《人民日报》，1953 年 10 月 4 日第 3 版。
③ 新华社：《中央人民政府高等教育部　举行中国人民大学教学经验讨论会》，《人民日报》，1954 年 4 月 23 日第 3 版。
④ 同上。

基于当时国家发展的需要，培养通晓马列主义和业务的专家成为各高校人才培养的核心任务，对于各校师生的评价亦以此为依据。自 1951 年 9 月下旬，北京和天津二十余所高等教师六千多人，开展以改造教师思想、改革高等教育为目的的学习运动。据称，这次学习运动被赋予重大意义："为了满足今后一两年以至更长一些时间国家干部的迫切与大量的需要，各方面的教育工作必须进行准备，特别是城市中旧有的教育事业必须加紧进行改革，以期在现有的人力和设备的基础上，发挥更大的效率，担负更大的任务，培养几倍于现在所培养的德才兼备、体魄健全，具有高度共产主义觉悟水平的优秀干部。"[①] 鉴于当时认为"新中国的高等教育与全世界以苏联为首的和平民主阵营所正在进行的和平建设事业是不可分的"[②]，因而中国的高等教育必须以苏联为榜样，甚至出现了价值观教育唯苏联"马首是瞻"的情况。

四、1955—1956 年："培养全面人才"还是"从教育到批判"

1955 年 8 月 5 日，高等教育部 1955 年工作要点第一条提出"关于贯彻教学改革，提高质量方面的工作"："切实贯彻全面发展的教育方针，批判忽视政治思想教育和学生健康的资产阶级教育思想。要特别注意在学生中加强爱国主义教育、共产主义道德教育和健康教育……必须吸收各校已有的经验，进一步研究帮助教师加强思想改造，加强唯物论、马克思列宁主义和时事政策学习的具体作（做）法，以便结合教学，结合科学研究，逐步开展学术思想批判工作，提高其政治和业务水平。"[③] 虽然这时的高等教育仍以全面发展为主要方针，但是从上述内容来看，加强爱国主义教育、共产主义道德教育和健康教育实质上已与批判资产阶级思想挂钩。

1954 年末，北京大学在学校内部开展学术思想批判。从 1954 年 10 月 10 日李希凡、蓝翎的文章发表后，北京大学中文、历史、哲学三系，文学研

---

① 潘静远：《京津高等学校教师学习的第一阶段》，《文汇报》，1951 年 11 月 29 日第 1 版。
② 马叙伦：《五年来新中国的高等教育》，《文汇报》，1954 年 10 月 1 日第 6 版。
③《高等教育部一九五四年的工作总结和一九五五年的工作要点》，《人民日报》，1955 年 8 月 22 日第 3 版。

究所以及经济、西方语文两系都召开了一系列的座谈会并发表了一些论文。1954年12月1日，北京大学召开了文科教师座谈会，提出学术思想批判是贯彻党在过渡时期的总路线，保证社会主义建设成功的必要措施，有着严肃的政治意义。为了推进学术思想批判，北京大学采取写论文和召开专题讨论会的方式，"使学术思想批判建立在科学研究的基础上"。为了使学术思想批判显得活跃有力，北京大学还充分动员新生力量参加。①1955年3月，西北大学和西安师范学院已经开始有计划地开展"关于批判胡适的资产阶级唯心论观点和胡风的资产阶级文艺思想的学习和讨论"。② 由此可见，学术批判已是当时高校的普遍情况。

　　各种运动和批判思潮严重影响全国各地高校，因而普遍存在教师和学生都负担过重的现象；教学和行政过多强调统一和集体，影响了师生们的独立思考和创造精神。1956年8月6日到9日，高等教育部召集了全国各地高等学校马克思列宁主义基础课教师代表70多人，讨论如何在高等学校中更好地讲授马克思列宁主义基础课。在讨论中大家一致认为，必须大力克服教条主义习气，提倡创造性地研究理论；应该容许教师在讲课时发表与别人不同的见解。③针对高校存在的教条化、僵化现象，教育部高等教育司副司长张宗麟指出，高等学校校长和学校党委应该有权决定接受或拒绝校外来的任务，应废除若干死硬规定，多支持教师独立创造、培养学生独立思考。④ 这些讨论是非常有益的，也体现出教育的政策是比较灵活的。

　　对于高教部召集讨论结果，有人表示异议。山东大学的吴大琨教授指出，高校教学中存在的问题主要是过分强调了各种专业的专门化要求而忽略了一般的基本训练，特别是运用马克思主义的基本训练；因而反对精简政治课。⑤北京钢铁学院的高明华教授认为精简政治课并不是轻视政治，因为政治课主要是帮助学生解决政治方向即为谁服务的问题，但不能完全解决他们拿什么去服务的问题。⑥同样，马力、丘岗也不赞同吴大琨的意见，认为高

① 江隆基：《北京大学开展学术思想批判的经验》，《人民日报》，1955年5月6日第3版。
② 《西北大学和西安师范学院批判资产阶级唯心主义》，《人民日报》，1955年3月20日第3版。
③ 《高等学校教师代表七十多人，讨论如何讲授马克思列宁主义基础课程》，《人民日报》，1956年8月12日第7版。
④ 张宗麟：《关于高等教育的成就和几个问题的商讨》，《人民日报》，1956年9月4日第7版。
⑤ 吴大琨：《高等学校里可以轻视政治课吗？》，《文汇报》，1956年10月23日第2版。
⑥ 高明华：《真的轻视了政治课吗？》，《文汇报》，1956年11月23日第2版。

等教育本来就是要培养各色各样的专家，而这些专家必须具有一定的马克思列宁主义理论水平和具有一定程度的专业知识。复旦大学政治经济学研究生朱崇儒则认为，政治经济学可以帮助从理论上讲明许多问题，从而在思想上进一步巩固共产主义世界观和人生观，因此提出政治经济学不可不学。① 张黎洲根据复旦大学的情况，说明轻视政治课的现象确实存在，其主要原因在于学校党团行政和教师对学生思想教育不够，对"临时措施"宣传解释不够。② 华中师范学院的李会滨直言，高教部和学校领导没有充分阐明精减政治课的深切意义，没有提出今后应该如何对待政治课的问题，导致各高校轻视政治。③ 很多人提出反对精简政治课，是为了避免政治课被轻视从而导致另一个极端。当然，如何合理掌握政治课的重视程度，确实是一个比较难处理的问题。

1957 年 2 月，江苏省高等学校政治理论教师座谈会上，高教部苏联顾问德古金、政治教育司副司长周子明等指出，高等学校培养的干部不仅应该是本门专业的专家，而且必须是具有马克思列宁主义的立场、观点和方法的专家。④ 事实上，马克思主义理论非常庞大，对于高校的一些教授而言，能够精通也尚需多花精力进行研究。如顾颉刚曾对好友辛树帜表示要"接受严正的马列主义的历史唯物论和辩证唯物论"，要排定时间"将马列主义经典著作一一读去"，"今日为此工作，必须用马列主义说明问题，故对马列主义文献又须用一番功夫"。⑤ 同年 3 月政协全会上，高等教育部副部长曾昭抡提出，无产阶级思想和资产阶级思想的矛盾，将是今后高等学校相当长时期内的根本性矛盾。加强高等学校师生的经常性的政治思想教育工作，继续帮助教师进行自我改造，培养学生的共产主义世界观和人生观，是提高干部质量的一项重大任务。教育者首先要受教育。⑥

高校价值观教育主旨未变，但对于"培养全面人才"还是"从教育到批

① 朱崇儒：《"政治经济学"不可不学》，《文汇报》，1956 年 11 月 23 日第 2 版。
② 张黎洲：《轻视政治课的现象确实存在》，《文汇报》，1956 年 12 月 7 日第 2 版。
③ 李会滨：《没有阐明精减政治课的深切意义》，《文汇报》，1956 年 12 月 14 日第 2 版。
④ 朱钧侃：《江苏高校政治理论教师座谈　交换改进理论教学意见》，《文汇报》，1957 年 2 月 5 日第 2 版。
⑤ 顾颉刚：《顾颉刚书信集》，卷三，北京：中华书局，2011 年版，第 280、283—284 页。
⑥ 《加强高等学校经常思想工作　继续帮助教师进行自我改造　曾昭抡提出高等学校当前的一项重大任务》，《文汇报》，1957 年 3 月 17 日第 2 版。

判"的矛盾和争论，实质上不仅反映了教育方法的巨大转折，也极大影响和改变了教育目标。

五、价值观教育：多重心

新中国成立初期，中国共产党面临国内外多重压力和困难，仍然不遗余力地进行社会主义国家建设，因而对人才的培育也极为急切。周恩来对此也直言人才缺乏的事实："现在我们国家的经济正处在恢复阶段，需要人'急'，需要人'专'，这是事实。""人才缺乏，已成为我们各项建设中的一个最困难的问题。不论是在经济建设，国防建设，还是巩固政权方面，我们都需要人才。"① 基于人才需求的迫切性，在教育中尤其是高等教育中不可避免地会出现冒进、激进等现象。

人才培育是高校价值观教育、建构社会主义人才队伍的重要手段。结合不同时期面临的情况和国家任务的重点，高校价值观教育的出发点和重心也有所不同。新中国初期高校价值观教育重点起初是"用最前进的思想理论武装学生"，后变为"培养通晓马列主义和专门业务的专家"，再在"培养全面人才"还是"从教育到批判"中纠结。虽然核心价值观未根本改变，价值观教育取得了良好的效果，但在触及价值观教育精髓之际，教育的思维在某些方面表现为趋于僵化，甚或在部分方面走向了偏离。固然，价值观教育需因时因地灵活进行，但这些偏离亦由过于纠结变化的环境和条件造成。因此，价值观教育的变革，不仅表现在内容，还要注重教育思维的变革。

新中国成立初期，中国共产党不遗余力地开展各项思想运动，以期为国家和社会建设提供足够的信心和支持。当然有学者指出，政治运动中展现的认同未必是真正认同，而多有仪式化特征。运动中的政治认同即便存在，也具有即时性和生活化特征。从共产党革命和建设历史来看，价值观教育一直被视为工作重中之重，也形成了一套方法。民主革命时期中国共产党主要通过学校、党校等干部教育机构，报刊等大众媒体和革命歌曲等几种途径和方

---

① 中央教育科学研究所编：《周恩来教育文选》，北京：教育科学出版社，1984年版，第9—10、34页。

法来开展价值观教育。① 因此，价值观教育的方法和手段也是彼时重点关注的内容。

对于新中国成立初期的共产党而言，虽然有革命历史时期的一些经验可做参考，但也要克服经验主义带来的负责问题。1951 年 2 月，党中央在《关于加强理论教育的决定（草案）》中指出："彻底克服经验主义，必须依靠广泛的有系统的理论学习。"② 其时，把理论学习即提高思想认识作为克服经验主义的一种重要方式。刘少奇指出："开办马列学院也是提高党的理论水平的方法之一，而且是很重要的方法。"③ 因此，高校不仅承担着为国家建设培养合格人才的职责，也要开办马列学院为共产党理论提高做出贡献。这样，政治课教师不仅负有教育学生的任务，同时负有为工农服务的义务。正在组建成长中的政治课教师必须尽快成为马克思主义专家，担负培训和教育其他教师的工作。因此，此时价值观教育的变革重心之一是思政课教师的快速成长。

新民主主义时期的教育方针是有鲜明特色的，主要是为工农和生产建设服务。如刘少奇所述："为工农服务，为生产建设服务，这就是当前实行新民主主义教育的中心方针。"④ 因而教育承载了相当大的国家使命和责任，高校价值观教育也背负了同样的责任和期望，多重心的改革效果是相当有效的，因为多重心更容易出现一定的偏差。

---

① 苑晓杰、郑东升：《民主革命时期中国共产党的价值观教育》，《东北师大学报》（哲学社会科学版），2010 年第 4 期。

② 中共中央文献研究室编：《建国以来重要文献选编　第二册》，北京：中央文献出版社，1992 年版，第 123 页。

③ 《刘少奇选集》（上卷），北京：人民出版社，1985 年版，第 410 页。

④ 钱俊瑞：《当前教育建设的方针》，《人民教育》，1950 年第 1 期。

第二章 价值观教育：高校政治课的开设与调整

高校价值观教育的重要渠道是政治课。新中国初期高校政治课的开设是高校课程改革中非常重要的内容，学术界也有相关研究。研究主要有两个视角：一是从整体描述高校政治课政策和改革，如顾晓英《建国初期高校思想政治理论课课程政策述评》[①]、王红岩《20 世纪 50 年代初期高等院校政治课改革述评》[②] 等等；二是从微观出发关注某所学校或某门政治课的开设，如舒文《建国初期清华大学政治课研究》[③]、刘辉《中国人民大学与建国初高校"新民主主义论"、"中国革命史"课程的开设》[④]、李梁《浅述建国初期思想政治理论课程教材建设的基本历程》[⑤] 等等。

政治课政策的制定、高校政治课的开设和调整以及研讨，在新中国初期是密切联系的。从整体视角考察高校政治课开设、研究和调整，对于认识和理解当时的政治课政策和实践、国家的教育发展和目标有着重要意义。因此，本章从全国高校政治课入手，以《人民日报》《文汇报》所载报道为核心资料，从整体视角 [⑥] 对新中国初期高校政治课政策和实践进行梳理。

[①] 顾晓英：《建国初期高校思想政治理论课课程政策述评》，《大家》，2010 年第 10 期。

[②] 王红岩：《20 世纪 50 年代初期高等院校政治课改革述评》，《世纪桥》，2006 年第 11 期。

[③] 舒文：《建国初期清华大学政治课研究》，《长春工业大学学报（社会科学版）》，2008 年第 1 期。

[④] 刘辉：《中国人民大学与建国初高校"新民主主义论"、"中国革命史"课程的开设》，《教学与研究》，2008 年第 11 期。

[⑤] 李梁：《浅述建国初期思想政治理论课程教材建设的基本历程》，《考试周刊》，2010 年第 22 期。

[⑥] 上海政治课相关情况作专章研究，因此该章所用材料不包括上海；但相关特点和表征是包含在内的。

一、一所大学的成功和经验：中国人民大学

1949 年 12 月 16 日，政务院第十一次政务会议决定成立中国人民大学，以华北大学为基础筹建。①1950 年 9 月 1 日，中国人民大学正式开课，10 月 3 日举行开学典礼。在开学典礼上，刘少奇、朱德等中央领导同志亲临指导，勉励师生"要用马克思主义的基本观点，以实事求是的精神把工作做好，学习学好，不要辜负人民的期望"。校长吴玉章在报告中指出："中国人民大学培养的学生都要用马列主义毛泽东思想武装起来，成为掌握最新科学的专家。"② 中国人民大学是根据中央人民政府政务院的决定而创办的，"采用苏联先进的经验，并聘请苏联教授，有计划有步骤地培养各种建设干部，以适应我国各项建设的需要"。③ 在各高校中，中国人民大学具有特别的地位，负有特别的责任。

中国人民大学内设本科、专修科和工农文化补习班。本科包括经济计划系、财政信用系、贸易系、合作社系、工厂管理系、法律系、外交系和俄文系 8 个系，法律系、外交系四年毕业，俄文系两年毕业，其他均为三年毕业。专修科即各企业机关干部的短期训练班，分为经济计划班、财政信用班、国内贸易班、对外贸易班、合作社班、工厂管理班、统计班、法律班、外交班、教育班和史地班共 11 个班，均为 8 个月毕业。工农文化补习班专门进行文化科学知识的补习，分一年、两年毕业，毕业后直接升入本科。为了提高党与非党干部的政治理论水平，在党委领导下，成立了正规的马列主义夜大学与夜校，除马列主义、政治经济学教研室干部人员外，其他教学与行政干部人员一律参加；学制分别规定为两年及一年毕业，主要学习马列主义基础、政治经济学、中国革命史、哲学及中国经济政策等课程。④

中国人民大学的本科及专修科的教育计划，是根据我国当时建设的需要

---

① 《中华教育改革编年史》编写组编著：《中华教育改革编年史》，第三卷，北京：中国教育出版社，2009 年版，第 1187 页。

② 安树芬、彭诗琅主编：《中华教育通史》，第十一卷，北京：京华出版社，2010 年版，第 2513 页。

③ 胡锡奎：《介绍中国人民大学》，《人民日报》，1951 年 1 月 23 日第 3 版。

④ 同上。

并参考苏联高等教育的经验来制订的，此外还另订有研究生的教育计划。在课程设置中，政治课是有一定比例的。如本科除俄文系外，各系学生均须学习20—30门课程，其中政治理论课占20%—25%，业务课占50%—55%，文化课占20%。专修科各班学生均须学习12—15门课程，每学期课程7—9门，其中史地、教育两班，政治理论课占26%，业务课占74%，其余各班政治课占37%，业务课占63%。

中国人民大学课程的特点主要有四点：第一，以最前进的政治理论去武装学生，如政治课占课程总数的20%—25%，"是全部课程的灵魂"，各系不论培养什么样的干部，学习什么样的业务，他们都必须懂得政治理论的科学，有正确的人生观与世界观，懂得社会发展的规律，知道人类社会的过去、现在与未来，并积极地为新社会的实现而斗争；第二，课程是全面的，即专业课程不但有具体的丰富的实际知识，而且有一般的原理的知识和有必要的联系；第三，课程是具体的，即所有课程切合实际的需要，都是为了解决某一实际的问题，不但要满足眼前的需要，而且要照顾到将来发展的需要，照顾到新中国的远景；第四，课程是精要的，具有高度的逻辑性与系统性。①

中国人民大学课程的教学方法，基本精神是理论与实践相结合，即一方面着重系统的科学的理论的讲授，引导学生攻读马列主义原著和各种科学理论著作，提倡学生刻苦自学、深入钻研的精神，另一方面通过"习明纳尔"②辅导、各种作业实验、参观与生产实习等方法，使所学的理论得到透彻的理解和实际运用。这样既可以克服轻视理论的经验主义的偏向，又可以防止脱离实际的教条主义的危险。为了保障理论与实际相结合，中国人民大学与中央人民政府各有关部门，建立起了业务上的联系，特别是与财经部门关系较为密切。③

根据苏联专家菲利波夫的报告，最初中国人民大学筹建时，主要由苏联教授任教，苏联教师应当组建马克思列宁主义教研室、政治经济学教研室、俄语教研室、法学教研室、金融学教研室和经济学教研室，并担任领导工

---

① 张腾霄：《中国人民大学的政治课》，《人民日报》，1951年1月24日第3版。
② 习明纳尔是苏联学校所采取的一种教学制度，即在教师直接指导下所进行的有计划有重点的讨论并得出结论。
③ 胡锡奎：《介绍中国人民大学》，《人民日报》，1951年1月23日第3版。

作。菲利波夫在中国人民大学的工作是多方面的：就大学工作的各种问题提供咨询，这些问题涉及工会的组织、党的工作、青年工作。① 苏联教师不但教授马克思主义理论课程，一些专业课程也会兼顾。显然，价值观教育会受苏联非常重要的影响。

　　在中国人民大学的实际教学中，虽然借鉴苏联经验是建设中国人民大学的重要方法，但在建设之初已意识到不能完全倚靠苏联。1950 年成立马列主义、中国革命史、财政经济、法律外交、俄文和教育 6 个教研室，每个教研室设主任、副主任、教授、教员及其他工作人员并收研究生若干人。马列主义教研室的主任是艾思奇教授，中国革命史教研室的主任是何干之教授，他们两人都是两门政治课的主讲人。专门学科虽计划在将来由苏联教授负责，但他们不直接在课堂上讲课。因而，中国人民大学非常注重培养自己的教师，尤其强调要培养自己的政治课教师队伍："将来且必须为马列主义，新民主主义等课培养新教员，以便这些课程逐渐从被迫上大课的情况中解脱出来。"②

　　中国人民大学承担的教育任务是非常多的。中国人民大学初设时主要培养财经、政治专业人才。中国人民大学法律系成立后，高等法学教育按苏联模式培养目标、设置课程、编写教学大纲和教科书，逐步走上规范化道路。法律系下设法学专业，分为本科和研究生两个层次。高等法学教育从政法中分离出来，使政法干部教育与高等法学教育开始分流。法律系的一项重要任务是为全国高校法律系培养师资、为国家培养从事法学研究的专家。"人民大学要培养政法教师，并要摸索出政法教育的东西来。"③

　　为适应国家大规模经济建设的需要，解决广大在职干部不能脱离工作专心学习的困难，1953 年 2 月，中国人民大学开始试办在职干部教育函授专修班。函授教育的目的是提高在职干部的政治思想水平和业务理论知识水平。函授教育同样是在"苏联经验与中国情况相结合，理论与实践相结合"的教育方针下进行的，采取"以自学为主，辅之以讲授与辅导"的方式。函授专

----

① 《苏联专家菲利波夫的报告：关于组建中国人民大学（1950 年 5 月 2 日）》，载沈志华主编《俄罗斯解密档案选编　中苏关系》，第二卷（1949.3—1950.7），上海：东方出版中心，2015 年版，第 387 页。

② 浦熙修：《访中国人民大学》，《文汇报》，1950 年 6 月 27 日第 2 版。

③ 董必武：《对加强政法院校工作的意见》（1951 年），载《董必武法学文集》，北京：法律出版社，2001 年版，第 79 页。

修班的课程计划，大体上和本校专修科相同。根据函授教育的特点，学校对政治理论课稍进行了精简，而对业务理论课则力求加以充实。课程分量及其顺序为：每学期原则上只有两门课，先是政治理论课，后为业务理论和业务技术课。1953年2月间，在北京、天津、太原等三个城市开始试办，招收了由财经部门、企业厂矿等组织选送的在职干部2765人参加函授学习。为了有效地组织和领导函授教学工作，在校长领导下设有函授部，下设教务、秘书两科，分别管理教务和行政事务。同时，在招收函授生的城市设立了函授学习辅导站，具体组织和指导函授生的学习，了解他们的学习情况，并督促他们完成学习计划。①

从上述对中国人民大学课程、教学方法的描述中，我们可以看到中国人民大学培养人才是非常全面的，而不是单单拘于政治理论人才。经过三年的发展，1953年中国人民大学在校学生约5000人，为全国高等学校培养研究生约2000人，校外函授学生2700人。毕业学生4587人，其中专修科3996人，本科591人。1953年在本科经济计划、统计、工厂管理、财政信用借贷、贸易、合作社等六系毕业学生443人，其中产业工人占12%，革命干部占60%，知识青年占28%；党、团员占90%以上，"毕业生成分及政治质量好"，同时系统地学习了政治理论和各种专业知识，学有专长。业已培养能够掌握某一门专业的教员约700人，培养俄文翻译140人。国家根据"学以致用"的原则为他们分配工作，他们正在或已经在各工作岗位上为国家建设发挥重大的作用，许多人应用自己学到的知识改进了工作方法。例如，专修科毕业学生，毕业后任塘沽新港工程局第一修船厂厂长马金城、东北机械三厂副厂长车振国、中国人民银行西北区行划拨清算科科长萧煌等都曾经根据在校所学的"会计""统计""工业企业组织与计划"等专业课程结合中国具体情况，运用苏联先进经验改进了企业的组织管理，建立了新的会计制度，对工作起了决定性的良好影响，受到各方面的赞许。"这基本上改变了旧中国高等教育数十年来'学非所用'、'用非所学'的教育脱离实际的传统毛病，并为新中国高等教育的建设树立了良好的榜样。"②

当然，中国人民大学在全国高校课程建设尤其是政治课程建设中有着突

---

① 《中国人民大学的函授专修班》，《人民日报》，1953年10月17日第3版。

② 吴玉章：《中国人民大学三年来工作的基本总结》，《人民日报》，1953年10月4日第3版。

出的作用和影响。首先是帮助解决高等学校的教师，特别是政治课教师的问题。建校三年从中国人民大学毕业的研究生有 900 人，其中校外 548 人，他们被分配到全国 42 所高等学校工作，且大都受到学生的欢迎和领导的重视。中国人民大学还抽调了教员和其他教学干部到其他高等学校工作，直接帮助建立教学组织，进行教学工作。其次，中国人民大学不但陆续接待了全国各地高等学校来校参观者，和他们交谈，赠送各种材料，比较系统地向全国介绍了学习苏联的经验，而且有计划地供给有关机关和学校业务教材参考材料，以及较普遍地供给了政治理论教材和参考材料。据不完全统计，1950—1953 年供给各地业务教材、政治理论教材及参考材料 100 余种，166 万余册。再次，中国人民大学应京津部分高等学校及工业部门的邀请，派不少政治理论教员和业务教员去讲课，据反映这对各单位的政治理论学习和业务工作都有不少的帮助。①

中国人民大学马克思列宁主义研究班的研究生大多是各高等学校调来的政治助教和刚毕业的青年知识分子，也有中央人民政府人民革命军事委员会或其他机关选送来的干部。研究生们经过两年或三年马克思列宁主义理论的系统学习，在各方面都有很大提高。苏联专家亲自为他们讲授"政治经济学""哲学史""辩证唯物主义"和"历史唯物主义"等课，研究生们在教师的指导下钻研了有关的经典著作，并经常结合党和国家当前的政策进行学习。马克思列宁主义研究班的研究生在学习中还搜集了一些实际资料，不少研究生研究了我国过渡时期经济方面的问题，一般都能对所选定的研究题目进行较深入的分析。为了培养研究生毕业后独立讲授的能力，研究生们都进行了试讲或组织课堂讨论的工作。马克思列宁主义夜大学的一些学员对于他们组织的课堂讨论都相当满意。②

中国人民大学在人才培养方面做出了巨大贡献。1954 年中央人民政府所属 47 家单位，根据中共中央"关于保证完成一九五四年全国高等学校招生计划的决定"，选出 1600 多名青年干部准备投考中国人民大学。1954 年中国人民大学将有 220 多个研究生毕业，暑假后，他们将到各高等学校中担负起

① 吴玉章：《中国人民大学三年来工作的基本总结》，《人民日报》，1953 年 10 月 4 日第 3 版。
② 新华社：《中央人民政府所属各机关 一千六百多名干部准备投考中国人民大学 中国人民大学今年暑期将有二百二十多个研究生毕业》，《人民日报》，1954 年 7 月 2 日第 3 版。

"政治经济学"和"辩证唯物论"等的讲课任务。①1956 年 6 月，中国人民大学马克思列宁主义研究班负责人对新华社记者说，研究班毕业的 1600 多名政治理论课研究生中，有 80% 以上已经在各高等学校开课了。不少人已经成为教学上的骨干分子。他说："根据十二年远景规划，中国人民大学还要为各高等学校培养 1 万多名政治理论教师。"②

二、多状态、多层次：全国高校政治课

全国高校政治课的进展并不如此顺利；不同时期，不同学校有相当大的差异。自 1949 年暑假起，为适应新民主主义社会的需要，各高校即积极筹备课程改革。根据高等教育委员会（以下简称高教会）的指示，各学校将"辩证唯物论与历史唯物论"作为各校各院系的中心课程。政治课的开设及对应课程要求，对学生的日常学习有非常大的改变和影响，因而学生给予非常多的关注，亦有一些同学表示不了解；同时各学校组织、领导和教师的不同态度等都对政治课程的开设和发展有不同的影响。

北京大学法律系要求全系学生将辩证法唯物论和历史唯物论作为必修政治课；政策与法令课为各年级必修课，由教授全体参加指导这门功课；增开马列主义法律理论，马列主义名著选读和政治经济学分别为各级的必修或选修科目。课程公布后，同学们存在很多思想疑问。有的认为政治课太重；有的问政策法令中能找到什么法律学；有些同学完全不信任集体学习，认为浪费时间，于事无补；有的说北京大学是正规大学，不能用华东革命大学那一套教学方法。为了解决这些问题，法律系召开联欢会，由行政负责人报告了课程计划，先为同学在思想上打好基础，并鼓励大家明确选习政治课的意义；同时，暑期参加党训班学习时、参加工厂工人教育工作、参加法院审判实习的同学，分别报告了学习方法和心得；在学生中成立了生活小组和学习小组；在政策法令课上鼓励学生参与课程准备和建设工作。③

---

① 新华社：《中央人民政府所属各机关 一千六百多名干部准备投考中国人民大学 中国人民大学今年暑期将有二百二十多个研究生毕业》，《人民日报》，1954 年 7 月 2 日第 3 版。

② 新华社：《为高等学校培养政治理论教师》，《人民日报》，1956 年 6 月 9 日第 3 版。

③ 余叔通：《改制中的北大法律系》，《人民日报》，1949 年 11 月 15 日第 5 版。

政治课程改革和建设，在新中国初期具有非同一般的意义。总体而言，为了调动学生兴趣，各学校在组织上和思想上都予以高度重视，并在组织方式和学生学习方法上积极进行创新。在课程组织形式上和学习方法上，北京师范大学力求组织保障和学习有效，设计了一些具体可操作的方法和措施。1949年，北京师范大学设立了"辩证唯物论与历史唯物论教学委员会"，由担任该项课程的侯外庐、马特、汪奠基等教师及若干同学组成；将所有教师和同学编成若干政治课学习小组，每组以10—15人为限，各组中再分2—3个互助小组，建立以自学互助为基础的集体学习制度。①1950年，北京师范大学教务会议决定"政治课是教务处重点工作中的重点"，成立了"新民主主义论学习委员会"，由任课教授及工会、学生会负责宣教工作的员生共同组成，负责组织全体师生政治课的学习，由副教务长丁浩川任主任委员；同时将上学期一院一个领导学习的中层机构改为一系一个，由教授、讲助、学生代表各一人组成，负责推动检查本系的学习；并规定各系主任对本系政治课学习须负推动与检查的责任。各系级的学习小组也作了必要的调整，教授、助教按学习单元轮流加入各小组和同学们一同学习。各系行政方面均增购了一些参考书，并给每个小组订1份《人民日报》。学习委员会印发必须阅读的资料，如"论人民民主专政""目前形势和我们的任务"等。图书馆为了配合政治课的学习，特意在阅览室内开辟专区陈列与当前政治课教学单元有关的参考资料。在学习方法上，除上大课外，一般是以自学为主，集体讨论为辅。许多小组创造出了新的学习方法，纠正了过去讨论会缺乏准备、讨论不能深入或仅有少数人发言等不足。为帮助学生学好政治课，校广播组于每星期二、四、六中午增辟"学习时间"，主要介绍本校各小组学习讨论情况，以及校外和其他机关团体学习情况；还开设"点将台"，如果学生在学习过程中遇到不能解决的问题，可提交"点将台"请别的小组解答，以达到各小组彼此帮助、相互竞赛的场面。②

根据华北高教会的要求，清华大学的大课委员会明确了学习组织的五个层次：学习小组（10—20人）、班会（100—200人）、全校大课（2000多

① 北大通讯组、师大通讯组：《学习辩证唯物论与历史唯物论　北大师大正积极进行》，《人民日报》，1949年10月15日第4版。
② 本报讯：《师大同学重视政治学习　改进学习组织和学习方法》，《人民日报》，1950年4月16日第3版。

人）、本校的大课委员会、高教会的教学委员会（包括华北各大学）。学习的过程是这样的：由大课委员会指定一教员在全校大课中作一启发性的演讲，并发出讨论提纲指导学习小组进行讨论，目的在于"暴露思想"；委员会集中所有问题加以研究，由班教员传达给班会，共同解决所提出的问题。这一过程以每两星期为一单位。学习过程贯穿着"师生互助，教学相长""在自学的基础上进行集体学习，在集体的指导下进行自学"的精神。① 北京大学政治课的学习过程则不一样：先由教员作一个启发性的提示，大约花 1 小时；然后由三人至四人的互助小组进行自学和发现思想问题，大约花 3 小时；小组内讨论，发现大的问题，解决小的问题；最后举行大班的讨论，把问题作全面的解决。② 南京大学也注意到小组会对提高政治课学习效果的重要作用，在小组会召开前，就先做好一切准备工作，拟好讨论提纲，收集学生的思想情况和学习情况，再动员学生积极准备和参加。③ 学习小组成为动员、提升政治课学习兴趣和学习效果的重要方式，各校也均表示效果非常明显。

当然，在课程建设过程中，其效果也是有差异的，即使同一学校不同课程的效果也不一。自 1949 年 10 月，武汉大学开始进行有计划、有系统的政治教育。该校领导把政治教育看成是"旧大学教育改造为新大学教育的基本关键"，因而开讲经常性的政治课，如全校性的"新人生观""社会发展史"，分班的"辩证唯物论与历史唯物论""新民主主义论"等。但各课的效果是有差异的，全校性的"新人生观"等大课，能密切联系实际，收效较大，分班的"辩证唯物论与历史唯物论"等课收效较小。④

政治课作为新的课程建设内容，且开课时间紧、课程多，需要大批马列主义学者来实际执行，而各校进行课程改革时普遍存在着师资缺乏、开不出新课的困难。如北京大学、清华大学，政治系基本课程如中国革命史、中国革命问题、近代世界革命史，经济系基本课程如中国近代经济史、新民主主义的经济建设、经济地理等，都因缺乏合适教授而开不出来。⑤ 因而在一

---

① 谷岚：《清华政治课的教与学》，《文汇报》，1949 年 11 月 3 日第 3 版。
② 陶治：《我们怎样开展政治课的学习》，《文汇报》，1949 年 11 月 23 日第 5 版。
③ 杨建林：《南京大学的同学是如何使自己重视政治学习的》，《文汇报》，1949 年 12 月 18 日第 3 版。
④ 本报讯：《团结全校师生开展政治教育　武汉大学气象一新》，《人民日报》，1950 年 7 月 7 日第 3 版。
⑤ 金凤：《京津各大学文法学院课程改革获初步成绩　部分学校有因人设课及新开课程名实不符的缺点，亟待纠正》，《人民日报》，1950 年 4 月 2 日第 3 版。

个时期内，政治课是师生一起共同学习的。如 1950 年 3 月 4 日 9 时，北京大学全校师生 2000 余人齐集广场，进行本学期政治课"新民主主义论"的第一次大课，由何干之教授作"学习新民主主义论目的和方法"启发报告及"中国革命历史的特点"的引言。① 同日，北京师范大学由丁浩川副教务长向全体师生作了有关"新民主主义论"学习的动员报告，传达了教育部对各大学学习"新民主主义论"的指示及师大政治课教学委员会的有关决定。② 北京大学配合"新民主主义论"新开了"中国近代史"，还配合组织了教学委员会。③

　　针对政治课师资短缺问题，经过一段时间的摸索，各高校大概采取三种方法：一是集体讲学。如北京大学政治系所开基本课程"政治学概论"④，即由该系四位教授集体讲授。他们先将该课程内容划分为几个阶段，然后各人专门负责主讲一部分，但又同时准备其他部分。每次上课前，四人共同讨论所讲内容，课后收集同学的反映，再集体讨论改进。二是成立专门课程的教学讨论会，集体备课，一人主讲。由教授、讲助教组成教学讨论会，以讲课教授为召集人，每两星期开会讨论一次。召集人即主讲人事先就印好下两个星期的讲学提纲，送发小组各个成员。开会时各人就主讲人所要讲的教材内容和教学的立场、观点、方法等各方面提出意见，修正补充。学生举行讨论会时，教授参加，解答问题，并及时了解教学效果及学生学习情绪。三是邀请有关机关负责干部来校讲学。如北京大学政治系所开政策法令课程中的"地方行政"部分，即由北京市人民政府各负责干部轮流来校讲学，效果非常好。根据北京大学、清华大学两校课程改革经验，精简课程，集中精力以集体讲授和集体备课方式为教学做准备，是课程改革取得良好效果的重要方式；同时无论是教师还是学生都先要学习政治课，为课程改革提供条件，是课程改革的基本保障。当然这些经验尚未达到全国推广的程度，"只有个别学校个别班系学得较好，大多数学校文法学院的课程改革还呈现胶着状态"。⑤

① 《北大师生上大课》，《文汇报》，1950 年 3 月 5 日第 3 版。
② 静远：《学习新民主主义论（一）》，《文汇报》，1950 年 3 月 9 日第 3 版。
③ 静远：《学习新民主主义论（中）》，《文汇报》，1950 年 4 月 6 日第 3 版。
④ 讲授马列主义的阶级论、国家论及民族论等。
⑤ 金凤：《京津各大学文法学院课程改革获初步成绩　部分学校有因人设课及新开课程名实不符的缺点，亟待纠正》，《人民日报》，1950 年 4 月 2 日第 3 版。

　　从长远来看，解决师资缺乏问题，重点是加强对教师的培养，主要方法是自培和他培。为了让青年教师尤其是助教能够尽快授课，清华大学教研组采取试讲、听讲、教学讨论会等方法，使新助教快速熟悉并掌握教材；并组织助教听苏联专家讲课，同时担任辅导工作做课程设计。经过这些训练，许多助教在一年后都能开始讲课。外培即送到其他地方进行培养，方式也是多种多样的，如派助教到中国人民大学等校学习；和其他学校订立交换培养教师合同等。当然，这种快速培养方式，是有学科差异的，或者说只适合于一些特定学科，比如政治学科。1953 年清华大学秋季新开课的 50 多名助教中，约有一半担任政治课和俄文课。他们是经过一定时期的自学、备课，或是在北京大学马列主义基础教研组学习后开课的。①

　　各高校在初步发展过程中出现了许多问题，高等教育部也很快察觉。在对 1954 年的工作总结中，高教部指出："执行中央'提高质量，稳步前进'的方针有严重偏差，拟订和实行培养干部计划时，片面地强调了数量需要，而没有严肃注意如何保证质量。领导中的又一严重缺点是对提高质量的了解也带有主观片面性。"② 因而此后各校都在注意检查和纠正问题偏向。1956 年下半年，武汉地区各高等学校普遍采取措施减轻学生在学习中过重的负担。各校学生每周上课时数已普遍降低到 30 小时以下。华中师范学院对公共政治理论课和公共教育课作了适当的缩减。各高校还注意改进教学方法和作息时间制度，使学生更加有独立思考和独立工作的条件；针对学生的兼职多、会议多、社会活动多等妨碍学习的现象也都采取了一些具体的改进措施。③

三、高校政治课研讨和组织

　　为了促进学生学习的兴趣，各高校举行了各种会议如"师生座谈会""教学座谈会"等。在这些会议上，也特意探讨了政治课的相关问题。

---

　　①《清华大学积极培养新师资》，《文汇报》，1953 年 11 月 22 日第 3 版。

　　②《高等教育部一九五四年的工作总结和一九五五年的工作要点（摘要）》，《文汇报》，1955 年 8 月 22 日第 2 版。

　　③ 新华社：《武汉地区各大学　改革教学制度精简课程　保证了学生业余独立思考和独立操作的时间》，《人民日报》，1956 年 10 月 14 日第 7 版。

　　1949 年 12 月 16—18 日，北京大学举行师生代表会议。17 日，由政治课教学委员会、教务处、各系分别作了政治课学习总结、业务课学习总结、典型经验总结报告，肯定了本学期在政治课学习、业务课学习、改革及精简课程、改进教学方法与内容、加强师生联系等方面初步的成绩，同时指出了学习中存在的缺点，交流了各院系学习的经验。全校同学将在本周政治课讨论时间内学习师生代表会议的各项报告与决议，结合各系级具体情况拟定计划，逐步贯彻师生代表会议的决议，进一步在校内开展新民主主义的学习。①

　　基于课程改革以及政治课的地位，各省市教育会议上也为本省政治课的推进做出各种讨论和交流。为了有效地改进政治课的教学工作，1954 年长春市十六所大专学校和中等技术学校的一百多名政治课青年教师，在长春市委员会宣传部有关负责人员率领下，利用暑假到各地学习实际知识。他们到吉林省延边朝鲜族自治区，和黎明集体农庄的庄员以及农业生产合作社、互助组的人员座谈访问，学习有关对农业进行社会主义改造的知识；到天津去参观一些国家资本主义企业，了解对资本主义工商业进行社会主义改造的情况；到北京和北京大学、清华大学及部分中等技术学校的政治课教师进行座谈，学习和交流政治课教学经验。② 学习和交流是多层次的，更注重于现实做法。

　　1957 年 2 月，江苏省委文教部邀集全省高等学校政治理论教师举行座谈，就改进理论教学问题交换意见。到会的人认真地研究了如何正确贯彻"八大"和《再论无产阶级专政的历史经验》的精神，改进和充实政治理论课的教学内容，提高教学质量的问题。高教部苏联顾问德古金同志、政治教育司周子明副司长和中国人民大学何干之教授等分别在座谈会上作了报告，报告的内容也是针对现实的。他们指出，各高等学校自从贯彻高教部的临时措施，减少了政治课的教学时数后，一些人就误认为政治理论课不重要了，这种看法是不对的。因为高等学校培养的干部不仅应该是本门专业的专家，而且必须是具有马克思列宁主义的立场、观点和方法的专家。政治理论课教学时数的减少，是为了减轻学生过重负担，培养学生的独立思考能力，因此

---

　　① 北大通讯组：《总结学习经验巩固学习成果　北大师生代表会议闭幕》，《人民日报》，1949 年 12 月 20 日第 4 版。
　　② 新华社：《长春大专学校和中等技术学校政治课教师暑假中到各地学习实际知识》，《人民日报》，1954 年 7 月 21 日第 3 版。

这门课程的任务是愈来愈重大了。德古金同志说，要更好地完成这一任务，必须提高政治课的教学质量，要求政治理论教师从事创造性的劳动，讲课要深刻，形式要多样，并密切结合当前社会主义建设来进行教学。江苏省委文教部副部长陶白指出，江苏省各高等学校在贯彻理论联系实际方面做了不少工作，教学中的教条主义倾向有一定程度的改进，思想比较活跃，并提出教学中存在的主要缺点是：讲课中缺乏应有的思想性、政治性、战斗性；对理论联系实际的方针和目的性还不够明确；在教学内容以及教学环节上还存在一些问题，有待妥善的解决。①

在政治课开展过程中，教育部一直不遗余力地探讨课程建设的方法，解决存在的问题；也举行多次政治课专门会议。

1949年12月25日，教育部举行第五次辩证唯物论与历史唯物论教学座谈会，到会京津各校教授、讲助百余人。艾思奇对政治课作了初步检讨，他指出：在组织方面，各校建立了新的教学组织，是有成绩的；在思想方面，克服了对政治课的不正确看法，打破了对社会发展史不值得一学的想头，证明接受劳动观点与阶级观点并非口头所能解决，而是新旧思想的斗争。他提出，搞好学习的重要经验是教授、讲助团结起来，共同组织教学；在学生方面要成为群众的学习运动，解决问题要善于依靠积极分子、团结中间状态的分子。会上大家讨论学习总结问题，号召各校按各校具体情况用各种方式进行学习总结，并对于下学期政治课（新民主主义论）提出了应该如何准备的意见。②

1950年暑期，教育部召开了全国高等学校政治课教学讨论会，总结了一年来的工作，一方面肯定了主要的成绩，一方面严厉批评了一些偏向，明确具体地规定了今后高等学校政治课教学方针：必须严格根据共同纲领，首先坚决肃清封建的、买办的、法西斯主义的思想；其次才是有步骤、有重点地帮助民族资产阶级及小资产阶级克服其违反科学真理和大众利益的思想。会议也大致确定了学习内容的重点以及教学组织和教学方法等。③

---

① 朱钧侃：《江苏高校政治理论教师座谈 交换改进理论教学意见》,《文汇报》, 1957年2月5日第2版。

② 《京津各大学开哲学教学座谈会 检讨政治课教学问题》,《人民日报》, 1949年12月30日第3版。

③ 金凤：《纠正思想改造中的过急偏向 严格遵守共同纲领教育方针 全国高等学校政治课稳步展开》,《人民日报》, 1950年11月12日第3版。

　　1954 年 4 月 12—21 日，高等教育部举行中国人民大学教学经验讨论会，会议是结合全国高等财经教育会议进行的，参加会议的有全国各类高等学校校长和教学领导干部等 500 多人。会议期间，中国人民大学副校长胡锡奎、邹鲁风等，分别作了"关于学习苏联与中国实际相结合的经验""关于培养工农干部的经验"以及关于教务部工作、系的领导工作、教研室工作、科学研究工作等六个系统的经验报告。会议组织代表们到中国人民大学总展览室、教务部、各系和教研室进行了多次参观和座谈，进一步了解了该校在教学上各方面的具体情况。与会代表一致认为这次大会较系统地反映了中国人民大学各方面学习苏联的经验和成就。会议认为，中国人民大学大力贯彻中央规定的教学与实际联系、苏联经验与中国情况相结合的教育方针所取得的成就，对全国各高等院校有普遍的、现实的指导意义。会议总结出中国人民大学六条教学特点①，是中国人民大学认真学习苏联的结果，它证明了苏联的高等学校的办学精神和各项制度、办法，都是中国学习的榜样。在 21 日的闭幕会上，教育部副部长杨秀峰指出，中国人民大学学习苏联的经验，对其他高等学校都是适用的；认为中国人民大学条件特殊，经验虽好但不能学习的看法是不对的，不根据具体条件硬搬去应用也不妥当。他要求各院校根据具体情况有计划、有步骤地采用，逐步达到全面地、系统地学习。他说，中国人民大学学习苏联的经验，是不断克服困难创造条件的过程，它的领导经验的关键，在于坚决贯彻中央的方针，方向正确，步骤稳当，积极克服困难，坚决前进。②

---

　　① （1）中国人民大学特别重视马克思列宁主义的思想教育，不仅在教学计划中给予政治理论课以重要位置，一切课程都以马克思列宁主义为基础；其他一切工作也都是在马克思列宁主义思想指导下进行的。（2）中国人民大学从一开始就很重视培养工农干部成为国家建设事业中的骨干，创办预科，加强工农速成中学的领导，以及在教学计划、教学方法等多方面都照顾到工农学生学习的特点。（3）中国人民大学的各门课程，从政治理论到财经、政治各专业教材，有的是直接取自苏联经验，有的是自己编写，不仅可供各高等学校参考应用，同时，各高等学校还可以在研究和使用这些教材中，学习应用马克思列宁主义的方法联系中国实际的精神，来解决自己教材的编写问题。（4）中国人民大学在组织上、领导方法上、工作布置上各方面都面向教学，一切以教学为中心，为教学服务。该校教学中显示了坚强的组织性和纪律性，截至 1953 年的三年中，学生到课率为 99.72%。（5）中国人民大学大力组织科学研究工作，借以提高教师水平和教学质量。中国人民大学的教师多是短期培养出来的且教学任务繁重，这一工作得以展开，主要是由于方向明确，领导坚定。（6）中国人民大学抓住教研室作为办好学校的中心环节，通过它来进行教学，开展科学研究，培养师资，提高教师的政治思想水平。

　　② 新华社：《中央人民政府高等教育部　举行中国人民大学教学经验讨论会》，《人民日报》，1954 年 4 月 23 日第 3 版。

　　1956 年 8 月 6—9 日，教育部召集了全国各地高等学校马克思列宁主义基础课教师的代表 70 多人，对如何在高等学校中更好地讲授马克思列宁主义基础这门课进行了讨论。会上，大家就中国人民大学马列主义基础教研室草拟的马克思列宁主义基础教学大纲进行了研究。大家认为这个教学大纲问题集中、重点突出，基本上体现了理论联系实际的方针；同时也对大纲中某些专题的内容做了具体的增删；并认为大纲反映人民民主国家的革命建设经验，资本主义国家和殖民地半殖民地国家工人运动的历史经验还不够，在教学实践中应充实这方面的内容。在讨论中大家一致认为，必须大力克服教条主义习气，提倡创造性地研究理论。会上对于在政治理论课的教学内容上是否容许百家争鸣的问题，有人认为只在教研室内可以争鸣，而在课堂上不可以。经过讨论，大多数人认为应该容许教师在讲课时发表与别人不同的见解。为了提倡学生的独立思考、独立研究，适当减轻学生的课堂负担，讨论认为文、史、哲、政法、财经等系科讲授马克思列宁主义基础课的学时应减少到 102 学时；理、工、农、医等系科则减少到 68 学时；并准许各类学校根据具体条件在执行时有较大灵活性。[①]

四、国家组织和政策

　　教育部对各高校政治课的组织建设十分重视，自政治课开设之始，就要求组成直接有效的管理组织。京津各大学（北大、清华、燕京、师大、辅仁、南开、北洋等）负责政治课教师组成总教学委员会，总教学委员会每两个星期在教育部开会一次，任务是研究解决前一阶段学习所发生的问题，根据新情况展开讨论，决定下一阶段的教学重点。会后，将问题整理提出，以供在电台上广播报告之用；每两周广播报告一次，解决各校学习中发生的问题。此外如前所述，举行不定期的教学座谈会，参加者包括各校政治课讲员，会议内容是传达总教学委员会意见，交流经验，并讨论问题。每学期召开两次或三次传达会，参加者包括各校小组长以上基层中层干部及讲员，会

---

　　① 新华社：《高等学校教师代表七十多人　讨论如何讲授马克思列宁主义基础课程》，《人民日报》，1956 年 8 月 12 日第 7 版。

议内容是传达本学期政治课的教学重点及总结报告等。各校均设教学委员会，内设专任秘书 1—3 人；其下为班，为中层组织机构，约 100 人；其下为小组，是基层组织，约 10—20 人。北大、清华等校在小组下更有互助小组，由三至五人组成。互助小组的任务是督促检查自学，小组会则是充分暴露思想、提出问题、解决可解决的问题，再在班上集中解决重心问题。①

政治课程建设初期，一些问题比较突出，为此教育部向各大行政区文教部发出通报，要求各地按照暑期全国高等学校政治课教学讨论会方针进行工作。根据当时国际国内形势，教育部指出该阶段高等学校的政治思想教育工作有三个重点：第一，进行反对美帝侵略的思想教育，批判对美帝存有幻想的思想，说明新中国人民对保卫远东及世界和平所担负的巨大任务，发扬爱国主义与国际主义；第二，贯彻土改教育，着重批判反对土改的思想，说明废除封建的土地所有制是中国革命的基本问题，因此除政治课外，还要学习土地改革法；第三，进行发扬"五爱"的国民公德教育。关于教学方法，通报中规定：第一，在高等学校进行政治教育时不要采取思想总结、思想检查、整风、坦白、反省及斗争大会等方式，必须着重以系统的理论知识，联系学生思想实际，有重点地、系统地、实事求是地解决学生的思想问题，提高学生的政治思想水平，评定成绩以理论学习为主要标准，由教员负责评定，学生可漫谈讨论，提供意见，不要一般地采取民主评定的方式；第二，学校教职员自愿参加政治课的，应该欢迎，但不要规定或勉强，也不要对他们与学生一样评定成绩；第三，在教会学校进行政治思想教育时，不要刺激宗教感情，可根据理论说明宗教本质，不得发动群众性的反宗教运动或组织反宗教的展览会和群众集会等。②

1951 年 4 月 18 日，教育部要求华北区各高等学校成立"时事学习委员会"，设立时事学习讲座，以加强时事学习和爱国主义教育。7 月 24 日，教育部发出指示，要求各大行政区教育部门分别召开暑期高等学校政治课讨论会，明确政治课的方针任务，交流教学经验，研讨教学内容与方法。③ 9 月，

---

① 静远：《学习新民主主义论（一）》，《文汇报》，1950 年 3 月 9 日第 3 版。

② 金凤：《纠正思想改造中的过急偏向 严格遵守共同纲领教育方针 全国高等学校政治课稳步展开》，人民日报，1950 年 11 月 12 日第 3 版。

③ 沈壮海、徐海蓉、刘素娟整理：《中华人民共和国学校德育大事记》，《新德育 思想理论教育（综合版）》，2005 年第 11 期。

教育部根据华北区各高校情况，为了纠正政治课与业务课对立的不正确观点，提出取消"政治课"名称，三门政治课分别改为"辩证唯物主义与历史唯物论""新民主主义论"和"政治经济学"，要求"辩证唯物主义与历史唯物论""新民主主义论"和"政治经济学"三课目要着重于讲授系统的马克思列宁主义、毛泽东思想，并应尽可能地联系中国的革命实际、建设实际和学生的思想实际，防止教条主义，要求原有的政治教学委员会或大课委员会改为各课目的教学研究指导组，作为课目的基本教学组织。①

此后，课程逐渐增加，名称也在不断修正。1952年10月7日，教育部发出《关于全国高等学校马克思列宁主义、毛泽东思想课程的指示》，规定综合大学及财经、艺术院校自1952年起，依照一、二、三年级次序，分别开设"新民主主义论""政治经济学""辩证唯物论与历史唯物论"，理、工、农、医等专门学院开设前两门，一年制和二年制专科学校开设前一门。1953年2月7日，高等教育部发出通知，规定各类高等学校在1952年规定课程设置的基础上，一律加开"马列主义基础"。6月17日，高等教育部再次通知，决定自1953年起，将各高等学校一年级开设的"新民主主义论"课程改为"中国革命史"课程。1956年9月9日，高等教育部出台《关于高等学校政治理论课程的规定（试行草案）》，规定了"马列主义基础""中国革命史""政治经济学""辩证唯物主义与历史唯物主义"四门政治理论课程的高、低两种教学时数，并规定"政治经济学""辩证唯物主义与历史唯物主义"两门课程有些科系可以不开设或选修；所有二年制专修科只开设"中国革命史"课程。②

教育部在1954年工作总结中提出，切实贯彻全面发展的教育方针，批判忽视政治思想教育和学生健康的资产阶级教育思想。要特别注意在学生中加强爱国主义教育、共产主义道德教育和健康教育。要切实改进政治理论课教学的组织和领导。各校应建立时事政策学习的经常制度。通过各种教学方

---

① 《教育部关于华北区各高等学校1951年度上学期进行"辩证唯物论与历史唯物论"等课教学工作的指示》，载教育部社会科学司组编《普通高校思想政治理论课文献选编（1949—2008）》，北京：中国人民大学出版社，2008年版，第9页。

② 沈壮海、徐海蓉、刘素娟整理：《中华人民共和国学校德育大事记》，《新德育　思想理论教育（综合版）》，2005年第11期。

式和必要的课外活动，加强对学生的共产主义道德教育，培养学生热爱专业、热爱劳动、热爱集体、遵守纪律、爱护公物、忠诚老实、尊敬师长、团结友爱、生活朴素整洁等优良品质。①

1952 年 9 月，《中共中央关于培养高等、中等学校马克思列宁主义理论师资的指示》提出了加紧培养马克思主义理论课教师的具体要求，在中国人民大学创设马克思列宁主义研究班，为全国高校培养政治理论师资；同时要求各行政区选择条件适当的高等学校，举办马克思列宁主义研究班；对于培养政治理论师资方法，认为最有效之一是在高等学校的助教和高等学校高年级学生中选择优秀党员，使他们在本校担任政治理论课的助教或助理，通过指导和自身学习逐渐培养为政治理论课教师。②

从这些要求可以看出，国家对于思想政治理论课教师培养工作高度重视。如 1955 年 6 月教育部对于进修有严格要求，1955 年抽调入中国人民大学、北京大学、复旦大学、四川大学学习的助教、干部须具备三项条件：第一，党员或优秀的团员，历史清楚，具有培养前途者；第二，有一年以上的政治课教学或辅导工作经验的助教，或有两年以上党、团行政工作经验的干部，且有一定的理论水平者；第三，凡抽调的助教均应具有大学毕业的文化水平，干部亦须具备高中以上的文化水平。对于这次进修，特意规定四条注意事项：第一，凡抽调学习的助教，必须适合于上述各项条件；第二，各校抽调助教时，应适当照顾目前教学工作；第三，除抽调助教外，凡有符合抽调条件的党、团行政干部，亦可抽调学习，培养为政治课教师；第四，凡已在中国人民大学、北京大学或各地党校进修过的助教、干部可不再抽调。③

从要求可知，教育部对于培养对象有着一定条件的筛选，即符合一定条件才可以培养成为专业的思想政治理论教师。当然，条件比较宽泛，行政干部亦可成为培养对象。这和当时师资力量的缺乏是有着很大关系的。

---

① 《高等教育部一九五四年的工作总结和一九五五年的工作要点（摘要）》，《人民日报》，1955 年 8 月 22 日第 3 版。

② 《中共中央关于培养高等、中等学校马克思列宁主义理论师资的指示》，载教育部社会科学司组编《普通高校思想政治理论课文献选编（1949—2008）》，北京：中国人民大学出版社，2008 年版，第 11 页。

③ 《中央高教部、本部与复旦大学有关师资进修问题的通知、批复》，上海档案馆：A23-2-61。

五、动态进展中的政治课

　　从上述叙述可见，各高校政治课的开展情况不一；即使同一学校，各院系的政治课学习也有非常大的差异。作为模板和政治课师资培养重镇的中国人民大学，在国家的大力支持下，走出了将苏联经验和中国国情相结合的人才培养道路。虽然教育部希望将中国人民大学的经验推广到各高校，但是许多学校不具备中国人民大学的条件和支持力度，因而出现了各种各样的问题。但总体而言，各高校逐渐认识到政治课的重要性，在组织管理和教学方法上都积极进行创新，极大地提升了学生的学习兴趣和学习效率。

　　由于国家对教育的重视，校内外的交流活动和研讨活动虽然不能覆盖全部学校，但一些学校和省份已在积极地进行尝试。正是不断通过交流、研讨，教育部才可以及时纠正政治课开展中的偏差，及时把握思想政治教育重点和方法，并落实到政策上，使得新中国初期高校政治课处于动态进展中，有了良好的发展。

第三章 求同和存异：上海高校价值观教育初貌

学术界对高校价值观教育专题的研究，较多着眼于当代。新中国初期高校价值观研究，所涉者大多散在其他专题研究中；近年来尤其比较多地体现在研究生的学位论文中。相关研究如陈红[①]从理论教育、时事学习、学校和学生的反应及政治教师的作用几个方面，考察了1950—1952年上海高校政治课的开展情况，指出在开展过程中部分校方和学生产生了一些抵制情绪，政治教师的作用得以凸显；褚娇娇[②]从政治课师资配置和教学方法角度，考察了新中国成立初期上海高校党的建设等等。

新中国教育政策和要求决定了政治课的发展，同时政治课教师的数量和质量也在很大程度上影响着政治课程的开展和质量，以及高校价值观教育的情况。本章重点分析新中国初期上海高校概况，尤其是新中国初期高校接管、整合归并的过程，并关注其中存在的问题，进而分析新中国初期上海高校价值观教育的情况。

一、开放与封闭：新中国成立前的上海高校

自近代开埠以来，上海经济发达、商业兴盛，文化多元，社会开放，教育高度发展。就高等教育而言，有一批政府创办的高校，还有各类私立高

---

① 陈红：《一九四九年至一九五二年上海地区高校思想政治教学研究》，《中共党史研究》，2012年第3期。

② 褚娇娇：《建国初期上海高校党的建设研究（1949—1956）》，华东师范大学硕士学位论文，2011年。

校、教会大学，涵盖专业门类也比较多样。

早在清同治二年（1863 年），在江苏巡抚李鸿章的奏请下，上海设立了第一所政府办的现代学校——同文馆，同治六年改为上海广方言馆。后又有南洋公学、江苏省水产专科学校、上海商科大学、国立政治大学等各类学校设立。据统计，1937 年抗日战争全面爆发前，上海全市有政府办大学 11 所，即国立交通大学、交通部吴淞商船专科学校、上海商科大学、暨南大学、劳动大学、同济大学、第四中山大学医学院、国立音乐专科学校、关务署专门学校第一和第二分校、体育专科学校。后又有 1945 年上海市立实验戏剧学校创办；1946 年春，国立幼稚师范专科学校由江西迁上海；1949 年，上海市立师范专科学校开办，同年南京工业专科学校迁上海。至 1949 年，全市有政府办专科以上学校 16 所，占全市高校的三分之一。其中国立 9 所，为交通大学、复旦大学、同济大学、上海商学院、暨南大学、上海医学院、音乐专科学校、上海幼稚师范专科学校、上海税务专门学校；市立 4 所，为上海工业专科学校、上海师范专科学校、戏剧专科学校、上海体育专科学校；中央政府部门办 3 所，为吴淞商船专科学校、吴淞水产专科学校、南京工业专科学校。① 部办、市立、国立三类学校的良好发展，既体现了上海经济的发达、教育的兴盛，也表明上海市民受教育水平之高，同时说明了高度发达的上海对于高等教育的极大需求。

除了公办学校，上海私立教育也比较兴盛，特别突出的是教会大学。清光绪五年（1879 年），美国圣公会把培雅、度恩两书院合并改建圣约翰书院，后改名圣约翰大学。至 1949 年 4 月，上海教会大学有 6 所，累计 10 所。此外，还有境外合作办学。如光绪二十六年（1899 年）日本人创办的同文书院从南京迁上海，改名东亚同文书院。到 1949 年，境外合作办学有 11 所，累计 14 所。② 中国人在上海自办高校，始自 1905 年复旦公学的成立。此后，诸多私立大学在上海涌立。1929 年，影响力大的正规私立大学就有 16 所，为震旦大学、复旦大学、中国公学、上海大学、大夏大学、大同大学、光华大学、东南医学院、同德医学院、上海法学院、上海法政学院、上海美术专

---

① 中共上海市委组织部、中共上海市委宣传部、上海市地方志办公室编：《上海通志 干部读本》，上海：上海人民出版社，2014 年版，第 483 页。

② 同上。

科学校、上海会计专科学校、民治新闻专科学校东亚体育专科学校、诚明文学院，其中立案的专科以上私立院校 9 所，占全国私立专科以上院校总数的42.9%，占全市专科以上院校总数的64.2%。1930 年，国民政府限期私立大学立案，私立大学减少。计清光绪二十八年（1902 年）至 1933 年，上海停办立案、未立案的公私立大学共有 89 所。① 由此可见，整体来说，近代上海私立大学非常兴盛。

1933 年上海市教育局统计称："高等学校私立占百分之七十三，公立不过百分之二十七，私校经费，盖由私人团体负责，不受政潮影响，兼之向来我国办理教育者尚不乏专心致志教育为终生事业之士，故全国教育，虽陷于破碎支离之境，然而上海一隅之教育，尚能逐年发展。"② 上海私立高校数量众多，在全国高校中也独占鳌头。1935 年，时人称："看私立学校的分布图，上海占其九，几近全国三分之一，北平占其八，占四分之一强，可见大城市是私立学校麇集之所。"③ 大城市是私立学校聚焦之所，上海在中国大城市中又居其首，由此可见上海私立教育包括高等教育之发达。1949 年，全市有私立院校 26 所，占全市高校总数的63.4%，其中私立大学 3 所，即大同大学、大夏大学、光华大学；私立学院 9 所，即上海法政学院、海法学院、诚明文学院、新中国法商学院、东吴法学院、同德医学院、东南医学院、中国纺织工学院、三江大学沪校；专科学校 15 所，即立信会计专科学校、上海美术专科学校、中华工商专科学校、中国新闻专科学校、民治新闻专科学校上海牙医专科学校、中法医药专科学校、诚孚纺织专科学校、上海纺织专科学校、上海商业专科学校、光夏商业专科学校、东亚体育专科学校、苏州美术专科学校沪校、无锡国学专修学校沪校、南京工业专科学校沪校。④ 因此，从学校总量来讲，私立大学仍占多数，且影响亦比较大。

在公私立以及教会大学、合办大学等多重办学机构中，办学理念、教育

① 中共上海市委组织部、中共上海市委宣传部、上海市地方志办公室编：《上海通志 干部读本》，上海：上海人民出版社，2014 年版，第 485—486 页。

② 黄造雄：《一年来之上海教育会》，载上海新闻社编《1933 年之上海教育》，上海：上海新闻社，1934 年版，B23。

③ 赵家璧：《中国大学之清算》，载中国学生社编《全国大学图鉴》，上海：良友图书印刷公司，1933 年版，第 17 页。

④ 中共上海市委组织部、中共上海市委宣传部、上海市地方志办公室编：《上海通志 干部读本》，上海：上海人民出版社，2014 年版，第 486 页。

思想都有非常大的差异，因此近代上海高校学生的思想也呈现出复杂多样的特性。上海经济发达、物质消费水平高，许多大学生不可避免地会受到影响，比如产生拜金主义思想。1934年，生活书店出版了署名万迪鹤的散文集《中国大学生日记》和同名长篇小说。两书体裁不同，但都讽刺了上海私立大学的拜金倾向。[①] 公立大学教育则较多地留有政府教育理念的印迹，或者说与政府的政权意识、教育思想密切相关。如骆军认为，北京民国政府时期的大学生公民意识教育主要体现在教育宗旨、大学专业设置以及课程开设的现代化方面，南京国民政府时期的大学生公民意识教育在前期党化意识比较浓厚，抗战期间则主要体现为让高等教育为抗战服务、在教材方面做出较大调整等。[②]

　　当然，生活在文化包容、社会开放、思想进步的上海，大学生也很容易受到启蒙，进而迸发出积极上进、爱国救民的思想。正如李泽厚所述："救亡把启蒙带到了各处，由北京、上海而中小城镇。……从北京到各地，那些在爱国反帝运动中打前锋作贡献的，大都是最初接受了新文化运动启蒙的青年学生。"[③] 上海高校的价值观教育也有着非常不一样的体现，甚至一些教会大学的校长自身就非常爱国、进步，因而其在职时价值观教育也是非常积极的。如沪江大学刘湛恩，其爱国形象的建立和认可有赖于多种救世理念与爱国实践，也与20世纪20年代至30年代国共两党的基督教策略及国内变化的基督教形势密不可分。[④]

　　整体而言，学生们的认识有着很大差异，即使同一学校，学生思想认识也各有不同。如张家琦回忆1947年复旦大学生的思想状况："宿舍里不外乎三种同学：一种是和我一样的进步青年，一种是特务，另一种是资本家的子女，中间派。我说，今天的学生恐怕很难想象，如何处理这种特殊的同学关系，这恐怕也是那个时代所迫。"在时局的影响下，学生在各种组织活动中也是派别林立。"复旦学生自治会执委会原来被小特务们把持着。五月初，执

　　① 张泽贤：《中国现代文学散文版本闻见录　1921～1936》，上海：上海远东出版社，2009年版，第458—459页。

　　② 骆军：《民国时期的大学生公民意识教育研究》，《武汉大学学报（哲社版）》，2011年第2期。

　　③ 李泽厚：《中国现代思想史论》，北京：生活·读书·新知三联书店，2008年版，第10页。

　　④ 吴文华：《刘湛恩任职沪江大学校长期间的救国理念与实践》，华中师范大学硕士学位论文，2017年，摘要。

委会要改选了，进步同学为了迎接革命高潮，参加新形势下的革命斗争，以掌握合法形式的领导权，在地下党的领导下，决定组团参加自治会执委的竞选。5月9日，进步同学组织了'五院十九军联合竞选团'。反动学生们则组织了什么'不谈政治竞选团'，双方旗鼓相当，展开了激烈的竞选活动。"①青年学生对于政治和时局是非常敏感的，因而也就比较乐于积极参与各种时事活动。

在新文化运动、中国共产党成立、抗日救亡运动和解放战争等等重要历史时刻，上海的青年学子尤其是高校学生也都积极参与。在多次进步运动中，大学生的思想认识不断提高、进步，价值观也有了很大的改变。这种状况为中国共产党接管高校打下了思想基础。但是还有一个显而易见的事实是，上海大学生阶层还是偏中上层。如学者研究："上海大学生的籍贯虽以江浙两省为主，但主体却是上海居民，且大部分在上海读中学。社会中下层与纯粹的'外埠人'在上海的大学中并不常见。近代上海地区高校还以更早和更大规模向女性开放、引领全国风气为典范。学籍卡数据表明，社会性别方面依然存在开放的'外表'和封闭的'内在'。"②因此，中国共产党接管高校的工作必然面临相当大的困难，必须做好各项准备工作。

二、接管和改造：上海复校复课

为迎接上海解放，党中央早早着手组织准备。1948年12月，党中央致电上海局选派30—50名干部，去东北解放区学习城市管理。1949年，在军事筹划解放上海的同时，华东局把接管上海的工作摆在了首要位置。4月5日晚，接管上海的5000余人相继到达江苏丹阳，立即开展接管上海的准备工作。③1949年5月初，上海市军事管制委员会（简称上海市军管会）下设高等教育处（简称高教处）。高教处负责接管上海市内属于国民党中央的学

① 《革命年代在复旦——张家琦校友访谈录》，载燕爽主编《复旦改变人生 近思录》，上海：复旦大学出版社，2005年，第10页。

② 梁晨、任韵竹、王雨前、李中清：《民国上海地区高校生源量化刍议》，《历史研究》，2017年第3期。

③ 张文清：《接管上海的特点与历史经验》，《上海党史研究》，1997年第1期。

术研究机关及高等学校（即国立高校），其人员由随军南下的干部及华东革命大学刚刚学习出来的青年学生40余人组成。中共上海地下组织收集了50所高校及中央研究院等单位的基本情况，派人送到丹阳，供高教处参阅。①接管的准备工作在时间紧急的情况下，也尽可能做到完备。

高教处入城后，积极号召学校复校复课。1949年5月底，高教处全部进入上海城内，在淮海中路1800号正式办公。高教处受军管会文化教育管理委员会领导，市人民政府成立后也归市政府领导。其内设办公室、研究院室、大学室，室下设股；大学室下有国大股、私大股等。高教处领导班子为：杨西光任政治委员，钱俊瑞任处长，韦悫、唐守愚、李亚农、李正文任副处长。5月31日，市军管会文化教育管理委员会发出通告："本市业已全部解放，凡因战事影响，尚未复课之公私立各级学校、民校、实习学校等，应即设法进行复课。教职员工应照常供职。除取消训导制度及公民等课程外，其余暂行照旧。所有国立、上海市以及在市区内的江苏省立各级学校及社教机关负责人，均须造具清册（包括房屋、图书、仪器、教具、用具、车辆及其他公产，教职员工名册，学校学生数，最近情况）向本会作书面报告。国立专科以上学校，可于6月1日起陆续送市政教育处……"据张恂如记述，学校响应热烈，除少数私立学校已提前放假外，绝大部分学校在通告发出一周后开始复课。

原来学校的地下党组织，也积极配合接管和复校工作。如光华大学的地下党总支反应迅速，5月上海解放之时，"光华大学出动了170名人民保安队和人民宣传队队员，组成17个小组，在设于横浜桥堍上海戏剧专科学校的沪北区指挥部领导下，协助解放军维持治安，进行接管。上海一解放，光华党组织在中共北四川路区委的领导下，为复校和建立民主新秩序做了大量工作"。② 这和前期党组织的调研、准备工作是一致的。

为了能够顺利接管高校，尤其是使教师和学生都尽可能顺利适应新政权的新教育，市军管会主任陈毅分别在不同场合对教师、学生进行号召。陈毅

---

① 张恂如：《接管上海高校》，载中共上海市委党史研究室编《接管上海 下卷·专题与回忆》，北京：中国广播电视出版社，1993年版，第233—244页。张恂如在该文中详细记述了接管的整个过程，本节资料除特别注明外，均出自该处。

② 汤涛主编：《丽娃记忆：华东师大口述实录（第三辑）》，上海：上海三联书店，2018年版，第297页。

还给有关大学的教授会写信，鼓励高等学校教师接受政府号召。1949年6月1日下午，陈毅应邀出席在交通大学新文冶堂召开的上海各界青年暨上海民主青年联合会筹委会大会，提出三大任务"肃清残余敌人，建立革命秩序，保护人民民主自由，恢复生产"，要求青年"要大度、忍耐、勇敢、刻苦朴素，要为劳动人民服务"。是月6日，陈毅出席了在大上海戏院召开的教师节大会，提出"教育界积极分子要发扬过去反帝反封建斗争中为人民服务的精神，进一步学习、改造自己，教育学生，还要以谦虚态度，团结更多的人，同为建设新上海和新中国服务"。① 中国共产党要想顺利完成接管高校的任务，必须使教师和学生能够真正信服新政权和新政府，当时的政府对此很是明了。

1949年6月6—7日，高教处召开公立大专院校座谈会和私立大专院校座谈会，宣布新政权教育政策，实行新民主主义教育。是月26日《文汇报》社论明确提出了课程改造的要求：上海地区的高校——无论是公立还是私立，则不可以"原封不动"，不思进取，这不仅是因为这些学校"本来就存在着许多病态"，即使是办得好的学校，也应该在课程方面力求改造，才能符合新民主主义的总方向。② 随后，高教处提出了对高等教育逐步改造的要求："'维持原状'并非承认原状，为合理还要求'逐步改进'。"③ 高教处依靠学校地下党组织进行调查研究，了解各校各类人员的思想状况，发现有些进步教授认为军管会的政策太宽，流露出不满。高教处针对这些情况又召开座谈会，防止进步人士中的"过左"情绪，避免接管时可能产生偏差。在组织工作上，高教处研究确定了各接管单位的军事代表和联络员人选。军事代表一般由高教处负责同志兼任，联络员从各大学地下党同志中抽调组成，接管时宣布军代表和联络员人选。联络员进驻大学后，规定必须每晚回处汇报学校情况，及时研究解决学校发生的各种问题。

为确保接管工作顺利进行，高教采取了先试点再推广的方法。据张恂如称，接管工作选择交通大学为试点学校，因为交通大学解放前有"民主堡垒"之称，进步力量较强，政治条件较好，离高教处又较近。1949年6月15日，市军管会发布命令，"任命唐守愚为本会代表，负责接管交通大学"，

---

① 张映波：《陈毅在1949年（纪事）》，《扬州大学学报（人文社会科学版）》，1994年第4期。
② 《上海的教育问题》，《文汇报》，1949年6月26日第2版。
③ 《高等教育处三个月工作综合报告及今后四个月工作计划》，上海市档案馆：B1-2-782。

在交大新文治堂举行交接典礼大会，宣传强调"维持原状，逐步改造"的方针，指出今后改进的方向。6月17日成立清点委员会，任务是接受军管会命令执行清点工作，直接对军代表负责；聘请或委托各校原单位人员参加具体清点工作；最后请军代表点收后结束。交大清点委员会共组织了90个清点小队，在地下党组织和学生会的密切配合下，发动群众参加清点工作，搞清了学校的资产设备，清出了贪污等问题，同时锻炼了师生员工，初步树立起主人翁的思想。为了完成清点工作，交通大学发动群众集中花了两天时间全力进行清点，到6月底接管工作全部结束。交通大学提交《交通大学清点委员会工作报告》，经军代表验收同意后，接管工作告一段落。

刘岸冰专文论述了解放初期上海军管会接管交通大学的详细过程，并指出上海军管会通过清点校产、收归人事权、建立新的校行政领导机构等措施成功实现了和平、稳定、有序地接管交通大学的目标。这是双方共同努力的结果，一是中国共产党领导下的上海军管会接管政策深得人心，并且事先做好了各种准备工作；二是交通大学对接管的欢迎态度和密切配合；三是因为遵循了高等教育的发展规律。交通大学成功接管给后续工作带来了深远的影响。[①]

有了接管交通大学的经验，就可以依此进行其他高校的接管。1949年6月下旬开始接管其他学校。张恂如称，接管的流程是：一般先由高教处函告学校，"奉市军管会命令于 × 月 × 日接管你校"；再发布由陈毅主任、粟裕副主任签署的"中国人民解放军上海市军事管制委员会命令"，宣布任命该校的军事代表名单，派军事代表届时到校举行接管仪式，并宣布联络员名单，进驻学校，与校方共同处理有关学校事宜；成立清点委员会，清点造册上报高教处。到6月底，8所大学全部接管完毕。高教处还接管了两个研究院——中央研究院和北平研究院，以及其他单位。同时国立上海医学院由军管会卫生处接管；国立音乐专科学校、市立戏剧专科学校由军管会文艺处接管；市立上海工业专科学校、上海师范专科学校、上海体育专科学校、吴淞水产专科由军管会教育处接管；同济大学附设的中学、职校，同济医学院及其中美医院、护校，由高教处会同卫生处接管，后交还同济大学，归高教处管。

---

①　刘岸冰：《解放初期上海军管会接管交通大学述论》，《都会遗踪》，2018年第4期。

表 3-1　1949 年接管上海八校的军代表和联络员

学　校	军　代　表	联　络　员
交通大学	唐守愚（兼）	甘京林
复旦大学	李正文（兼）	袁识先
同济大学	杨西光（兼）	叶尚思
暨南大学	李正文（兼）	刘泉祺
上海商学院	杨西光（兼）	汤孙钻、朱元寅
上海幼稚师范专科学校	唐守愚（兼）	朱光基
吴淞船商专科学校	杨西光（兼）	朱元寅
国立上海高级机械职业学校	李正文（兼）	朱光基

　　资料来源：张恂如：《接管上海高校》，中共上海市委党史研究室编：《接管上海（下）专题与回忆》，中国广播电视出版社 1993 年，第 233—244 页。

　　张恂如反映，当时私立大学和教会大学中的进步教师和学生也纷纷要求军管会接管，但按照当时政策，只接管公立大学和官办科研机构。对私立大学采取不接管、不调整、暂时维持原状的方针。个别学校因国家需要，军管会派人接管。如中国新闻专科学校由军管会新闻出版社处接管，改办新闻学院，上海法学院由上海市财经委员会接管。不符合办学条件、学校无法继续办下去而自行申请停办的，高教处批准停办，如民治新闻专科学校。

　　1949 年下半年新学期开始，高教处在公立大学各高校组建校务委员会，以进行新的管理。校务委员会人选要广泛征求各方面的意见，既有左派，也有中间和落后保守的。据张恂如所述，在建立校务委员会的过程中也发生了一些波折。如交通大学教授中出现派系纠纷；暨南大学校委会主任由李正文同志兼任，引起各种揣测；同济大学文、法学院合并，由文学院院长兼法学院院长，引发不满等。经过做通工作，这些问题逐一得到平息和解决。校委会名单在 8 月陆续批准公布。交通大学的主任委员是吴有训、副主任委员是陈石英；复旦大学的主任委员为张志让、副主任委员为陈望道；同济大学的主任委员由夏坚白担任；上海商学院的主任委员是褚葆一；暨南大学的主任委员由李正文兼任；吴淞船商专科学校的主任委员为曹仲渊；上海幼稚师范专科学校的主任委员是陈鹤琴；上海高级机械职业学校的主任委员为杨铭功。校委会成立后，学校的教务、总务、人事等工作均由校委会直接处理和决定，接管时派驻学校的联络员逐步减轻工作压力，11月决定撤销联络员，建立学校主任委员联席会议制度，以便及时研究各校共同的问题、交流工作经验，研究拟定校委会工作条例。

私立大学和教会大学情况略有不同，一开始先要求各校校长等领导坚守岗位，除撤销训导制外，其余暂维持原状。然后参照公立大学经验，逐步建立由师生员工代表参加的校务委员会，实行民主管理。张恂如称，这项工作在这类学校中阻力较大，斗争也较尖锐，有的私立大学校长把学校当作营利工具，不甘心放弃私人家族对学校的控制；有的校长刚愎自用，缺少民主作风，校委会成员要由他指定，安插亲信。教会大学斗争还更复杂，这些学校经济上仍未摆脱与西方资本主义国家的关系，校长虽由中国人担任，幕后受外国控制，对进步同学、教师甚至军管会派去的同志的行动进行监视。依靠学校的地下党组织进步师生和派去的政治课教师的力量，团结广大教职员工，经反复酝酿后校委会名单陆续于1949年8月中旬后上报，高教处也于9月陆续审查批准，比公立大学迟了1个月。

接管的学校由于性质不同，采取的方法也不一样；其中也出现了各种情况。总体而言，接管工作从1949年6月试点交通大学开始，至是年9月结束，接管速度比较快，效果也比较令人满意。

三、步入正轨：招生与就业[①]

接管工作结束，并不意味着高教处的工作一并结束；接管之后，还要确保各学校能够正常运转。因而，高教处积极参与各校的招生工作和毕业生的就业工作。

为了节省人力、物力，高教处决定实行上海高校联合招生。张恂如记述，高教处拟定和公布了招生办法，决定各校招生名额，收取报名费作为招考费用；确定考试，聘请专家组成阅卷委员会。新生录取后，再经口试、体检，分别录取为正取生和备取生。招生会对革命干部和军队干部的子弟适当

---

① 张恂如：《接管上海高校》，载中共上海市委党史研究室编《接管上海　下卷·专题与回忆》，北京：中国广播电视出版社，1993年版，第233—244页。本节资料除特别注明外，均出自该处。

给予照顾，但入学后与普通学生一样，学习期满成绩不及格者退学。学生入学后征收学费①，公布《收费标准》《上海市国立大专院校及职校学生减免学、杂费暂行办法》和《上海市人民助学金暂行条例》，对家庭经济确有困难的实行减免，将"临时救济金"改为"人民助学金"。

徐炎仲参加了1949年上海的招生，讲述了很多关于招生考试的细节。据他所述，军管会高教处成立"一九四九年上海市公立大专院校联合招生委员会"，委员会下设办公室和考务、命题、评卷等工作机构，高教处派人参加，同时从大专院校临时借调一些人员，具体办理招生的各项工作。当时徐炎仲就是从上海交通大学借调过来的。其后的三年，每到高考时期，他都被临时调来参加招生工作。当时的联合招生，招生的系科、名额都由学校根据本校条件自行确定，报军管会高教处审批，考试科目分文科、理工科、医农科三类。文、法、商均是文科，考政治、语文、外语、历史、地理等五门，外语加口试，商科加试数学；理工科考政治、语文、外语、数学、物理、化学等六门，生物系加试生物；医农科考试科目与理工科相同，加试生物，但数理化另行命题。②

关于录取工作，徐炎仲没有参加，但有听军管会高教处一名参加录取工作的人员讲，录取原则是招生委员会讨论确定的。因为当时考生报考志愿，只填系科，不填学校。"只填系科，不填学校"是在特殊情况下采取的权宜之计。前文述及，这是因为当时还处在学校整顿阶段，个别学校是否招生尚未确定，所以录取是由招生委员会讨论决定。具体做法是：先分系科，再按考试成绩从高分到低分依次录取，例如土木系，招生院校有交大、同济、复旦三校，考试成绩第一、四、七名给交大，二、五、八名给同济，三、六、九名给复旦，以下按此类推。当时有的学校不赞成这种做法，但也拿不出更好的办法来。这一办法虽然简便易行，但也存在问题。在新生入学以后，就有招生院校反映，同一班级的学生成绩高低悬殊，影响了大学的教学。③

1949年，私立大学院校一律由学校自行单独招生，安排在公立院校联合招生之后进行。1950年继续实行公立大专院校的联合招生，在1949年联合

---

① 南京国民政府时期，这些学校是官费，不收学费。

② 徐炎仲：《我所经历的上海高校招生考试制度改革》，载刘玉祥主编《上海高校招生考试发展史纲》，上海：上海交通大学出版社，2014年版，第255—259页。

③ 同上。

招生的基础上作了一些改进。如在考生志愿中，增加了学校志愿。当年，由于南京、杭州和东北地区的公立大专院校要求参加上海的联合招生，因此招生范围扩大，成立了"一九五〇年沪、宁、杭、东北地区公立大专院校联合招生委员会"。据徐炎仲述，高考的考试命题和评卷等工作都是由上海负责组织进行。当地招生院校只来上海参加录取，录取完毕后，将录取新生的材料带回。1950年的录取工作，徐炎仲也没有参加。

1951年，随着全国大行政区的建立，上海高校招生规模进一步扩大，又增加了华东各省和东北地区的学校，招生方式由联合招生改为统一招生。上海成立了"一九五一年华东、华北、东北地区公立大专院校统一招生委员会"，办理三区院校在沪的招生工作。上海考生可以报考三区参加统一招生的任何院校、任何系种。考生志愿以系科为主，每个系科后面可选填数所学校。当年的录取工作在上海进行。具体的录取方法是：先分系科，再按考试成绩从高分到低分和考生所填志愿的顺序，以唱票方式录取到每个学校；第一志愿录取满额，即按第二志愿录取。录取完毕后，新生录取名单在报纸上刊登公布。

关于初期毕业生工作问题，张恂如反映：应届的公立大学毕业生，大部分经介绍进入华东人民革命大学学习后分配工作，少数没有去华东人民革命大学学习又无工作的，推荐到东北财经委员会来沪招聘组，招聘去东北工作。私立大学的毕业生不少也参加了华东人民革命大学和东北财经委员会的招聘。总体来看，公立大学的学生基本都是分配工作的；私立大学的学生参加政府招聘的，也能分配工作。

根据高教处调查，至1949年12月上海共有公立院校10所；私立院校30所，包括国人自办院校和教会大学。国人自办院校又包含3所大学、8所学院以及13所专科学校。[①] 在快速接管后，上海高校迅速地完成招生工作，

---

① 公立院校10所为交通大学、复旦大学、同济大学、暨南大学、上海医学院、上海商学院、吴淞商船学校、音乐院上海分院、中法大学药学专科学校、高级机械职业学校。私立院校3所大学为大同大学、大夏大学、光华大学；8所学院为上海法学院、上海法政学院、同德医学院、东南医学院、新中国学院、新中国法学院、中国纺织工学院、诚明文学院；13所专科学校为立信会计专科学校、光夏商业专科学校、中华工商专科学校、上海商业专科学校、上海牙医专科学校、上海美术专科学校、苏州美术专科学校、诚孚纺织专科学校、南京工业专科学校、上海纺织专科学校、无锡国学专修学校、东亚体育专科学校、民治新闻专科学校。6所教会大学为圣约翰大学、震旦大学、沪江大学、之江大学沪校、震旦女子文理学院、东吴法学院。参见《国立专科以上学校概况》，《上海市私立大专院校概况》，上海市档案馆：B1-1-2160。

这是政府及其相关人员强力推行、积极动员和整合多方资源的结果。如前述及，在接管高校之前，上海地下党组织就已经做了很多准备工作。在接管之后，原来的地下党员亦成为高校价值观教育的核心力量。如郑兰荪将军回忆，1949 年上海解放前，他作为地下党成员积极配合解放军开展接管工作，是年 6 月，他被任命为复旦大学党支部书记。1950 年 4 月，他当选为上海市学生联合会主席。1949 年 12 月，他在全校师生大会上作关于复旦大学地下党公开的报告时，大家都很惊奇："怎么会是他？"因他当时看起来年龄比较小，仅仅 22 岁，"看起来不起眼"。[①] 毋庸讳言，这些解放前的地下党成员，在学校接管和复课过程中成为高校稳定局势和树立高校价值观教育的中坚力量。

四、归并调整：迁校、并校[②]

上海高校被接管后，事实上并未完全进入正常的发展状态，因为许多学校还面临着归并调整。据张恂如称，为实行上海市第一届第一次各界人民代表会议通过的六大任务，履行精简节约，经请示中央同意对上海大学中必须整理合并的校、系作了有计划的归并工作，但在执行过程中，不视条件是否成熟，有操之过急的偏向。后经中央及市委及时阻止，迁并工作速度放慢，直到 1952 年院系调整迁并工作告一段落。

1949 年，暨南大学接管后一个多月，市军管会即发出军教字第一号命令。命令内容为："兹值上海解放近三月，全国解放胜利在望之际，为号召海外侨胞踊跃支援解放战争及热烈参加祖国建设起见，亟应恢复暨南大学教育侨胞子弟及培养华侨工作干部之原有宗旨，为此特命令文管会高等教育处即行将暨南大学恢复为华侨高等学府以适应侨胞需要。所有该校原有各院系学生，凡符合上述宗旨而愿继续留校者，准予继续在该校攻读。其余属文、法、商院各系者，合并于复旦大学之同院系；属于理学院各系者，合并

---

① 《五十年沧桑再首——郑兰荪将军访谈录》，载燕爽主编《复旦改变人生　近思录》，上海：复旦大学出版社，2005 年版，第 25 页。

② 张恂如：《接管上海高校》，载中共上海市委党史研究室编《接管上海　下卷·专题与回忆》，北京：中国广播电视出版社，1993 年版，第 233—244 页。本节资料除特别注明外，均出自该处。

于交通大学之同院系。所有该校教职员工则一律在照顾生活并尽可能保持原薪在大原则下，由高等教育处分别予以妥善处理。关于暨大的教育规程另定。"①

据张恂如记述，命令发表以后，有些教授想不通，上海商学院的同学又表示反对。军管会于是进行进一步的思想动员工作，宣传人民政府是从教育整体出发，为迎接全国解放，建设好新民主主义的中国，也从暨南大学前途考虑而做出的决定；同时组织复旦大学、交通大学的师生到暨南大学去召开联欢会，欢迎暨南大学的师生，提出"我们的目标只有一个"的口号，打破了暨南大学师生的思想顾虑。暨南大学本身迁南京，成为纯粹的侨教大学（实际上是撤销停办了，现在广州的暨南大学是新兴的）；其地理系并入南京大学，人类学系并入浙江大学。童锋、夏泉对于暨南大学的接管与归并的细节进行了详细分析，包括各方反应和纷争；并指出暨南大学于1949年在历经风雨洗礼之后已形成了作为"华侨最高学府"的独特的大学气质和精神家园，随后囿于经费困难、师资缺乏，高等教育部决定取消独立办学，但保留校名。②

1949年9月初，军管会命令同济大学"查该校文、法学院学生人数过少。兹经本会考虑决定将该学院各系合并于复旦大学文、法两学院各同系，以求合理发展"。高教处召集文法学院座谈，告以合并意义，两周后师生即迁往复旦，比较顺利。据张恂如称，半年后，即1950年4月，华东教育部宣布中央命令，同济大学理工学院迁往大连，医学院迁往武汉，引起一场风波。同济大学组成两个代表团，一个是理工学院代表团，团长李国豪，一个是医学院代表团，团长唐哲，分赴大连、武汉实地了解情况。是年6月，在华东教育部召开东北教育部及同济大学的座谈会上，代表团认为大连条件不足，实际情况困难，理工学院留在上海为宜。对医学院迁武汉事，决定一年级新生一律在武汉上课，二年级学生分别在武汉、上海上课，三年级学生全部在上海上课，逐步过渡去武汉；附属中美医院全部迁往武汉，这样同济大学仍保留在上海。

---

① 《军管会下令　为了适应侨胞的需要　暨大恢复为华侨学府　文法商三院并入复旦，理学院并入交大，教职员工，一律由高教处予以妥善处理》，《大公报》1949年8月20日。

② 童锋、夏泉：《接管与归并：1949年国立暨南大学走进新时代》，《暨南学报（哲学社会科学版）》，2016年第12期。

　　此后还有其他一些学校也有迁并，但有的条件不成熟，迁并未能成功，因而出现了各种情况。9月，南京军管会高教处来上海，与上海市幼稚师范专科学校领导商议决定，该校的教职员工、设备、图书全部迁去南京，并入南京大学，成立幼教专业。上海商学院经中央批准迁往大连，已在学校宣布，但迟迟不成，事后了解大连领导没有表态，只能作罢。复旦大学水产及海洋专业人数少，条件不具备，决定并入山东大学。经过初步调整，一些院系重叠、教育困难等问题有所解决，但暴露问题也不少，如过分心急、缺少整体考虑，决定不能兑现也有决策上的错误。

　　私立学校的情况有所不同，如前所述维持现状、不做调整。据张恂如记载，只有东南医学院自愿迁往安徽，成为后来的安徽医学院。1951年，私立学校也开始调整，后来通过1952年院系调整，私立大学全部撤、转、并、停，完成了历史使命。教会大学原接受帝国主义及教会津贴，到1951年春，成立了接受外资津贴单位登记处，由市外事处黄华、俞沛文召集各系开会，布置各系负责登记工作。教会大学的登记由高教处负责，登记内容包括学校现有财产、经济来源、接受津贴数额等项目，由国家给予补助，切断与帝国主义和教会的经济联系。1952年院系调整后，教会大学全部调整，这样上海市所有大专院校全部成为公办。关于教会大学的调整乃至消亡，叶张瑜指出："教会大学的办学特色——以文理科为办学方向上，与建国初期的国家的总体目标不符，当时国家目标是要努力实现国家的工业化，相应地就十分重视工学院的发展，特别是又受到苏联的影响，重视专门教育，因而教会大学所擅长的文理科在当时是不可能受到重视的，也无法适应当时新政权的要求，教会大学在中国大陆的消亡是不可避免的。"[1]

　　经过1951年学校合并、新学校建立，公立大学共15所；1952年院系调整，加新办院校共计15所；后又经学校迁并等，到1957年共计18所公立大学。[2]

　　合并之后，一个非常重要的问题是如何安置教职工。张恂如称，高教处对原学校的教职员工，基本上采取了"包下来"的政策，校委会对教授的解

　　[1]　叶张瑜：《建国初期教会大学的历史考察》，《当代中国史研究》，2001年第3期。
　　[2]　《上海通志》，《第三十五卷　教育》，上海市地方志办公室网站：http://www.shtong.gov.cn/Newsite/node2/node2247/node4592/index.html。

聘和增聘问题，处理较慎重，没有发生偏差；但在职员精简问题上，尤其是那些停办或撒并单位，事先发动群众、广泛征求群众意见的工作做得不够，突然宣布精简、举办精简人员训练班，相关人员思想上发生较大波动。鉴于此，高教处经研究改为带薪学习，人们的不安情绪才逐渐稳定下来。训练班共举办了两期，共计一个半月时间，学员近300人，参加人员大多是学校精简的职员和教育部驻沪办事处的人员，也有少数教授。办训练班的目的，主要是摸清各学员的历史情况、学习党的政策、提高对人民政府的认识，然后根据每个人的表现和能力，重新安置工作。两期训练班结束后，大多数人给介绍了职业，三分之一的人工作安置有困难，则薪水照发，以后再逐步予以解决。高教处派了6名干部专管此项工作。

1949年，全市私立高校专任教师687人，兼任教师839人。1949年5月上海解放，绝大多数高校教师留用，大批南下干部充实教师队伍。是年，全市高校有专任教师1889人，兼职教师千余人。1951年，教会大学外籍教师开始离职回国。1952年初，在高校教师中开展思想改造学习运动。是年，全市高校专任教师2592人。1953—1958年，全市高校聘请苏联专家、教授123人。① 从数量上来看，上海高校教师处于稳步增长状态，如表3-2所示。

表3-2　1949—1956年上海普通高等学校专任教师数量

年　份	数　量
1949	1889
1950	2045
1951	2159
1952	2592
1953	3438
1954	3683
1955	4111
1956	5467

资料来源：《上海通志》，第三十五卷教育，上海市地方志办公室网站。http://www.shtong.gov.cn/node2/node2247/node4592/node79668/node79677/userobject1ai103457.html。

---

① 《上海通志》，《第三十五卷　教育》，上海市地方志办公室网站：http://www.shtong.gov.cn/Newsite/node2/node2247/node4592/index.html。

五、价值观构建：政治课初貌

就实施高校价值观教育而言，其主要依赖于政治课。上海高校的政治课建设的条件和全国一样，也是从摸索阶段慢慢步入正轨。如陈红研究所示，1949 年下半年，高教处对于课程的开设还在调整中。[①] 是年 10 月，由原来先开设"新民主主义论"改为"社会发展简史"。这使得各校非常被动，影响到课程的正常进展。当然此时对于课程的要求是比较宽泛的：政治课的教材内容 1949 年度第一学期为"社会发展简史"，同年度第二学期为"中国近代革命运动史"及"新民主主义论"，其他如"政治经济学""唯物论辩证法"等等，"准许各校量力增设"。[②]

刚刚解放之时，上海各高校的政治课教师极为缺乏。据称，1950 年上半年，上海高校政治课存在以下三种情形。第一，教师缺乏，质量低。据称"教师是东凑西拉，素质不齐。教学上或因工作太忙，没时间了解学生思想情况，或仍没用老的一套教法，对学生思想实际缺乏联系"。第二，政治课教师兼任多，专任少。1949 年下学期"社会发展史"共有教师 57 人，其中专任的只有 7 人，兼任的有 50 人。1950 年上学期"中国革命问题"共有教师 46 人，专任 14 人，兼任 32 人。这种情形算是"已较改善"。虽然交通大学和复旦大学都是政治课开设的重点学校，但教师人数也极其不理想。交通大学无专任教师，只有兼任教授 2 人；复旦大学专任和兼任教师各 2 人。大量的兼任教师影响了教学质量。因为"兼任教师上课时匆匆而来，下课后匆匆而去，和学生很少接触"。除教师外，政治助教人数也不多，全上海共有 31 名，公立学校占 21 人，私立学校占 10 人。第三，各高校普遍采用大班上课，影响课堂秩序及教学效率，同时许多教师的教学法存在非常大的问题。[③] 上海高校政治课的三大问题，每一个问题都比较突出，且会直接影响高校价值观教育的实际效果。根据访谈，余子道说，当时有理论、有文化的革命老

① 陈红：《一九四九年至一九五二年上海地区高校思想政治教学研究》，《中共党史研究》，2012 年第 3 期。

② 《上海市公私立大专学校政治教学概况》，上海档案馆：B1-1-2198。

③ 《上海大专学校政治教育情况概述》，上海档案馆：B1-1-2198。

干部也到校做报告，但这些老干部很少；有文化、有理论的在职干部太忙，只能偶尔做报告，不能长期上课。[①]

不仅上海高校如此，其他地区也均是类似情况。如清华大学1950年上政治课学生3000多人，共分为17个班。[②]北京大学也是类似情况，1949年沙湾区文理法三院学生1600人左右，分为12个班，工学院360人，分成2个班，医学院270人，分成2个班，医院100余人，为1个班级。[③]学生人数多，而教师数量少，因而，进行大班教学成为当时不得不采取的折中方式。

如前所述，1949年上海高校专任教师1889人，至1950年才升为2045人。因而，此时不仅政治课教师极其缺乏，从学校教师总体情况而言，也存在师资困难的情况。当时作为重点的复旦大学情况也不乐观。1949年，复旦大学专任教师只有307人，其中教授162人，副教授26人。1952年院系整后，教师总数为311人，其中教授116人，副教授34人。同济大学也是类似情况。1949年接管后的同济大学共有教职工472人，其中技工和工人158人，专职教师仅314人。到1949年的第二学期略为改观，教师人数为363人，其中教授114人，副教授34人，讲师26人，助教149人，教员40人。后因同济大学文法学院并入复旦大学，教职工人数较大幅度减少。1950年，教师人数总计212人，其中教授62人，副教授18人，讲师22人，助教93人，教员17人；职员385人，工人415人。1952年，全国院系调整，11所高校的建筑土木学科汇集同济大学，其他学校共有124名教师调入同济大学，同济大学有144名教职工调至复旦大学等学校任职。调整后的同济大学共有教师394人，其中教授73人，副教授22人，讲师94人，助教195人，教员10人；兼任教师29人；另有职员263人，工人255人。[④]前已述及，并校的情况相当复杂，并不可避免地会影响到学校师资调整，因而在总体师资尚不能保证数量充足的情况下，不能强求政治课教师人数能够充足。

鉴于专任教师人数不能保证，兼职教师就成为普遍现象。到1950年，上海高校兼职教师占政治课教师总数的70%左右，即使重点学校交通大学、

① 复旦大学教授余子道访谈资料，2017年8月12日。
② 《教学相长师生互动的学习——政治课学习在清华》，《进步青年》，1950年第219期。
③ 邓华：《北大的政治课》，《新建设》，1949年第12期。
④ 《上海高等教育志》编纂委员会编：《上海高等教育志》，上海：上海社会科学院出版社，2010年版，第265—266页。

复旦大学也高达 50%，教师数量和质量的不足严重影响了政治课的教学。据报告，兼职教师主要由机关首长、干部、民主人士、民主教授和机关留用人员组成。这些人员任教各有不同的弊端。如机关首长、干部普遍都有繁重的本位工作，很少有时间担任政治课，"匆匆而来匆匆而去，与学生缺少联系，无法经常了解学生的思想情况"。民主人士和民主教授数量最多，但讲解还不够理想，好处在于能有时间与学生联系。机关留用人员一般具有一定的政治基础，并且经过一段时间的政治学习，但这些人数极少，"立场还不够坚定，教学方法是老的一套"。① 机关首长和干部任教显然无法满足正常的教学需要，后两类人员成为教学的主力。但即使有这些人员任教，其数量也难以满足正常小班教学的需求，因此不得不采用大班教学，导致教学效果不佳。

更重要的是，有些教师对政治课的重视程度严重不足，据反映，"师资缺乏，教学方法不良，或把政治课当作业务课教，政治性不强，或把政治课当作理论课教，忽略了政治教育的直接目的是思想改造。或因兼职过忙，开会过多，缺乏准备，无暇考虑如何联系实际的问题。助教人数既少，一般兼职又多负有党、团、工会重要责任，把政治教育反置于次要地位"。② 这里列出了两种主要情况，一是师资困难，导致尚未培训成熟的教师在上课时没有掌握政治课的教学方法、教学目标和教学理念；二是部分教师兼职太多，没办法专心于教学。当然，核心原因在于专任的政治课教师师资力量严重不足。根据访谈，1949 年 7 月余子道到复旦大学当助教，因政治课教师缺乏，是年 9 月他便要给学生上课。③

上述情况，对于教学也产生了不良后果，使得学生对政治课不够重视，在认识上产生严重偏差。如复旦大学详细汇报情况称，最初学生对政治课的学习抱有积极的态度，"想赶快学会辩证唯物论与历史唯物论"，对政治课寄予过高的期望与要求；但是"开课后，这种情绪和要求就跌落下来"。很显然，开课后学生的学习热情有所下降，这跟教学内容和教学效果是有密切关系的。当然，不同年级学生的认识也存在差异。三、四年级的学生普遍地想多学课程，过多地选了业务课；低年级学生对政治课大半不感兴趣，尤其怕

---

① 《上海市公私立大专学校政治教学概况》，上海档案馆：B1-1-2198。
② 《上海大专学校政治教育情况概述》，上海档案馆：B1-1-2198。
③ 复旦大学教授余子道访谈资料，2017 年 8 月 12 日。

开会。虽然理学院的同学希望学习自然辩证法，但政治课的讲授内容与方法偏重条文，忽略结合同学们的思想情况，因而有的学生表示"不如看看艾思奇同志的'社会发展史讲授提纲'和解放社编的'社会发展简史'，既省时间又方便"。还有的学生把政治课看成了仅是两个学分的一门课程。许多老师也过多强调了业务课的重要性，忽视政治课。所有这些都影响了政治课的教学开展。① 教师的态度和授课方法对于政治课教学有着十分重要的影响。因而，为了提高高校政治课的教学效果以及推动一系列思政教育工作的开展，政治课教师队伍建设十分迫切。

据张恂如称，师资问题由华东局宣传部通知各部门负责干部，要求他们把政治课作为自己应尽的责任和义务，尽可能到高校兼任政治课教学工作。政治课教学采取上大课的办法，课后由政治助教进行辅导。政治助教从华东人民革命大学调入二三十位同学担任，或由学生会组织进行。教学内容由高教处研究确定，先从搞通基本观点、基本立场入手，第一学期讲授社会发展史，初步树立劳动观念、阶级观念、国家政权概念等根本问题，下学期再讲新民主主义、中国革命等问题。高教处指定专人负责拟定教学提纲，作为各校政治课教师讲授的根据。② 为了解决课程建设和师资困难等现实问题，高教处不仅要提供管理和指导，还必须提供现实的帮助。

六、共性和差异：价值观教育初步效果

就大多数情况而言，新中国初期上海高校学生对于学习政治课并不抵触。"一般的都希望通过政治课获得了解新社会的基本知识，尤其渴望对现实的认识和了解，如物价问题、中苏关系等等；也有抱着新奇的心理来的，尽管有各种不同的态度，基本上对政治课的学习兴趣是存在的，加上学生联合会与校委会的协助推动，政治课的受到重视，也是比较普遍的。"③ 这是学生对接受价值观教育的基本态度，并表现出积极的学习兴趣。

①《国立复旦大学政治课学期总结》，上海档案馆：B1-1-2199。
② 张恂如：《接管上海高校》，载中共上海市委党史研究室编《接管上海　下卷·专题与回忆》，北京：中国广播电视出版社，1993年版，第233—244页。
③《上海市公私立大专学校政治教学概况》，上海档案馆：B1-1-2198。

　　具体而言，不同学校的学生对价值观教育的态度是有差异的。公私立学校情况也不一，公立学校学生要比私立学校学生认真和重视，当然这和学校的管理有密切关系。"私立学校对政治课的学习比国立学校来得松懈，有些学校课堂上的秩序很不好或不很好，有一二个教会学校和私立学校甚至以增加考试资料来取消学生对政治课的学习兴趣。在国立学校，一方面学生的政治觉悟一般的较高，一方面有民主的校委会的协助加上政治助教的实际参加领导，无论就学习的情绪、学习的组织，都比较高涨，比较开展，也比较严密。"理工科高校，对政治课的重视是不足的。"理工性质的学校，由于重视业务课，对政治课认识不够，产生了单纯技术观点，因此业务课与政治课不免矛盾起来。"① 公私立学校存在的这些不同情况，实际上反映了当时不同学校价值观教育的难度。余子道称，当时学生情况很复杂，因为对时局尚不明确，很多学生不重视学习政治课。②

　　时称教会大学的学生思想问题比较多，也比较严重，具体表现为："超政治、超阶级、纯技术观念在理、工、医三院的一般学生中是相当的严重的，尤其是医学院，他们对政治不感兴趣，盲目崇拜英美科学，认为只要读好书，就可以当'专家'。理学院学生说：'学好业务，谁来都要我'。医学院学生则认为：'做一个大医师，不仅名利双收，而且是很清高的。'"③ 当然，很多教会大学的学生被认为有较浓的资产阶级思想表现。

　　非但学生在学校价值观教育上有差异，教师也有同样情况。据报告称，学生和教师的思想情况在某些方面是一致的，如重业务轻政治、对己和对人标准不一致等等；这种情况在教师身上有非常明显的表现。1949年11月27日，公私立大专院校主任委员暨政治教授、助教联合座谈会举行。会上陈望道教授着重指出，政治学习必须与业务学习结合起来，政治学习搞通了思想，可以帮助业务学习，确定学习方向。④ 事实上，教师和学生轻视政治课的情况都是比较普遍的。据称，围绕政治课的开设，教师内部思想斗争很激

---

　　① 《上海市公私立大专学校政治教学概况》，上海档案馆：B1-1-2198。
　　② 复旦大学教授余子道访谈资料，2017年8月12日。
　　③ 《中共上海市圣约翰大学委员会关于学生思想改造与统一分配工作的总结》，上海市档案馆：A26-2-180-33。
　　④ 《帮助同学贯彻学代决议　大专院校主任教授座谈　一致认为开展新民主主义学习是师生共同的任务》，《文汇报》，1949年11月27日第3版。

烈，普遍对政治课不重视，认为政治课耽误了专业课，学技术的不应与政治搞在一起；也有的以为这与国民党党义课一样；特别是教会大学采取反对态度，坚持上帝创造世界等观点。① 因此，要开设政治课，首先要提高教师的认识，这成为学校的重要任务。在一定程度上来说，提高教师对价值观教育的认识较之学生更为重要、更为迫切。

1950年比1949年情况略有改善，但也出现了新情况。首先，最初学生将政治课看成过去的"公民""党义"或"三民主义"课程，为了学分不得不读，随后这种思想扭转过来了，但学生对教师又抱着过高的期望和要求。其次，理、工、农、医各院学生抱着"单纯技术观点"，认为"政治与技术无关，技术是超阶级的、超政治的"；或者虽然也承认技术与政治有关系，但认为二者应该分工，搞政治要妨碍业务，认为中国既经解放，只要跟着共产党走就好了，政治上不会再有问题，便应该专心一意学好业务课，以迎接即将到来的经济建设高潮。"这种单纯技术观点，已经克服了不少，不过直到目前还是相当存在着。"再次，相比较而言，文、法学院的学生存在好高骛远的缺点，嫌政治教师讲得太浅，希望学习高深一些的理论，"他们不注重理论与实际的联系，或虽然认为到了理论应与实际联系这一点，但也只是停留在口头或空洞的理论认识上，没有贯彻到具体行动中去"。最后，党、团员以及进步师生都强调政治学习和思想教育的重要性，但一部分人的这种强调只是对别人的，不是对自己的，常不上政治课或不参加小组会，即使上课，也是抱着"起带领作用"的任务观点，"对别人马列主义，对自己自由主义"。② 学生对价值观教育的兴趣和积极性缺乏的问题很快得到改善，但是另一个更突出的问题显现出来：学校及其教师价值观教育如没有得到同步发展，就容易出现上述学生"吃不饱"以及学生认识高于学校和教师能力的现象。

因为国家和学校重视政治课程，政治课程的增多无疑会造成专业课的减少。1951年12月26日，上海华东纺织学院就有教授为学生的专业学习"打抱不平"，对学生发牢骚，进而引起学生思想波动，并组织班会商讨对策：

① 张恂如：《接管上海高校》，载中共上海市委党史研究室编《接管上海　下卷·专题与回忆》，北京：中国广播电视出版社，1993年版，第233—244页。
② 《上海大专学校政治教育情况概述》，上海档案馆：B1-1-2198。

"在早上，也许是我们的陶教授和我们班上打抱不平，也许是他感到我们太吃亏了，所以发了一课的牢骚，说我们业务课被剥削得太凄惨了，而后他还是说结论是佛说不可说！唉，我们每个同学多跟起来了。"① 最后班会无终而散，学生表示无奈接受现状，显然会影响对政治课以及价值观教育的认识。

当然，相关部门对高校政治教育的管理和扶持也是不一致的。鉴于当时条件，对于政治教育采取优先发展公立学校的方式，同类学校中也偏重于优先发展大学校。"上海公私立大专学校共有四十单位，学生近两万人，不可能以同等力量全面照顾，所以我们把政治教育的重点放在国立学校，尤其是交通大学、复旦大学，至于私立学校则只注重几个大的学校。"② 就当时而言，为了能够更好地体现对教育的管理和发展，选取重点学校予以扶持不失为一个可行、现实的做法。

事实上，即使这些受重点扶持的学校，也存在不同问题。据复旦大学汇报称，当时部分学生的价值观思想认识存在偏差："上海解放后一般同学要求工作和学习的情绪很高，大半优秀积极的同学都参加了革命工作，留校的则较落后（理农学院除外），但亦有学习要求。由于同济、暨南、复旦三校的文法商学院合并，以及招收将近 1 千名新同学，当时在思想上表现出复杂、散漫、松懈、无组织、无纪律的现象。11 月上旬，学生会号召组织全校性的学习小组（8 人至 12 人）才有了初步的秩序；然而有许多新同学却感到这种学习小组的不方便，认为是多余的。"③ 这里把学生分成两类，其中突出的是除理农学院以外的留校学生，他们学习积极性不高，而合并后的文法商学院以及新学生，也不能立即投入积极的学习之中。虽然学生会利用学习小组提高学生积极性，但新同学却不认同。当然，这其中有限于时间短暂的因素，因为学生学习状况的改变需要一个循序渐进的过程。

1951 年 9 月华东纺织工学院新生开展学习小组时，情况就有了明显的改善，虽然学生来自不同学校，但据当时学生称思想情况并不复杂："下午来个小组讨论，也即是个小组漫谈。因此又知道我现在已编入第一组第二小组，全组共九人，三个女同学。的确我们是多受过相当教育的人了，所以这

---

① 参见复旦发展研究院当代中国社会生活资料中心，日记扫描：D13S007-10。
② 《上海大专学校政治教育情况概述》，上海档案馆：B1-1-2198。
③ 《国立复旦大学政治课学期总结》，上海档案馆：B1-1-2199。

会开得并不坏。我们的小组共八人，而我们是全从不同的学校转过来的，所以表面上虽然很复杂，但实际上却仍很纯洁，尤其是一个格致中学的女同学，我们的组长，青年团员，的确是最天真了。所以现在的我们一组是非常的来得轻松，嘴总是合不拢。"①从记述内容来看，学生思想比较单纯，小组学习的气氛也很轻松，其后学习效果也是非常不错的。

解放前的上海是旧中国的经济、文化中心，全国高等教育的集中地，又是半殖民地半封建社会各种矛盾的汇集点。高校是传播文化思想的重要阵地，广大高校师生对新生政权的认同与否是关系到政权稳固与否的大事。因此，能否成功接管上海高等教育是对中共的执政能力的重要考验。总体上讲，中共在上海解放前后复杂的社会环境下，对于上海高等教育的接管是正确和成功的，但也有遗憾和不足。②

同样，院系和学校的归并调整也直接影响到许多学校的发展。1949年下半年到1956年，上海交通大学经历过大大小小8次院系调整。其中，1951年和1952年间两次大规模的调整，使学校的传统办学格局发生了很大变化。据不完全统计，上海交通大学调出的教师中有教授50余人。③有学者评议，院系调整后，各学校是党和政府直接领导下的专业人才架构，这种新的生态架构符合计划经济下工业化建设的需要，但内部蕴含的狭隘与功利性，却造成了人才素质水平的降低，对于创新性人才的培养是不利的。④院系调整的远期影响不作评议，客观而言，院系调整所涉及学校、师生人数众多，对于师资调整、师生思想状况等都有直接的影响，无疑会给高校价值观教育带来一系列的情况和问题。

回到历史场景之中，我们对该时期问题进行再次反思。综合上海各学校情况，我们意识到当时的困难不在于存异，而是求同。显而易见，价值观的求同基础还非常薄弱。无论是上海高校教师和学生的思想政治情况，还是政治课课程、教师整体队伍建设情况，都并不乐观。这个问题直到1952年开

① 程应镠：《我和冯契的关系》，《文汇报》，2016年10月28日。

② 沙煜博：《解放初期中共对上海高等教育的接管》，复旦大学硕士学位论文，2012年，第35页。

③ 陈进主编：《思源籍府　书香致远——上海交通大学图书馆馆史（1896—2012）》，上海：上海交通大学出版社，2013年版，第127页。

④ 王立诚、管蕾：《建国初期上海高校的院系调整研究》，载王立诚《近代中外关系史治要》，上海：上海人民出版社，2012年版，第334—350页。

展思想改造运动才有所解决。教师的数量和质量难以适应价值观教育的迫切要求，这和当时全国高校思想政治教育形势是一致的，因而上海市高校政治课课程建设、教师队伍建设也必须在各个层面展开。就当时的现实情况而言，尤其是价值观教育层面，现实的困难远远超乎想象，当时的政府、高校乃至教师、学生都已经尽可能地去改善状况。

第四章 教育实践和教学关系：场域中的价值观教育

　　学术界对于院系、大学文化、大学制度以及大学教师、大学校长等方面的研究日益增多且深入，教育学、社会学、思想政治等各学科都有比较多的关注。近代以来中国知识分子研究也一直是研究的重点，近代中国知识分子①、新中国成立以来知识分子政策②、知识分子改造③等课题都有大量的研究成果，且研究视角呈现出多样化态势。就高校教师研究而言，有教师队伍建

---

　　① 张岱年等：《中国知识分子的人文精神》，郑州：河南人民出版社，1994年版。[美]史景迁著，尹庆军等译：《天安门：知识分子与中国革命》，北京：中央编译出版社，1998年版。罗志田：《权势转移：近代中国的思想、社会与学术》，武汉：湖北人民出版社，1999年版。陈平原、夏晓虹主编：《触摸历史——五四人物与现代中国》，广州：广州出版社，1999年版。马嘶：《百年冷暖——20世纪中国知识分子生活状况》，北京：北京图书馆出版社，2003年版。[日]佐藤慎一著，刘岳兵译：《近代中国的知识分子与文明》，南京：江苏人民出版社，2014年版。

　　② 杨凤城：《中国共产党的知识分子理论与政策研究》，北京：中共党史出版社，2005年版。席富群：《十年建设时期中国共产党对知识分子政治态度的演变》，《史学月刊》，1997年第1期。席富群：《建国初期中国共产党的知识分子政策述论》，《史学月刊》，1998年第5期。隋云：《三中全会以来邓小平关于知识分子的思想》，《马克思主义研究》，1998年第6期。王素莉：《二十世纪五十年代中期党的知识分子政策的历史演变——以什么是社会主义、如何建设社会主义为背景》，《中共党史研究》，2008年第4期。申秀清：《论邓小平知识分子思想与高校师资队伍建设》，《毛泽东思想研究》，2007年第1期。韩亚光：《中国共产党对知识分子阶级属性认识的曲折过程》，《当代中国史研究》，2006年第3期。周良书、王玉：《"大潮"中的"细流"——对1978年前后中共知识政策转变的考察》，《北京党史》，2015年第2期。

　　③ [美]R.麦克法夸尔、[美]费正清编，谢亮生等译：《剑桥中华人民共和国史 上卷，革命的中国的兴起：1949—1965》，北京：中国社会科学出版社，1990年版。钱理群：《1948：天地玄黄》，济南：山东教育出版社，1998年版。朱正：《1957年的夏季：从百家争鸣到两家争鸣》，郑州：河南人民出版社，1998年版。谢泳：《逝去的年代：中国自由知识分子的命运》，北京：文化艺术出版社，2000年版。章诒和：《往事并不如烟》，北京：人民文学出版社，2003年版。

设研究 ①、教师政策研究 ②、知识分子与高校教师的关系研究等不同的视角和问题 ③。

布迪厄提出，场域是一个开放性的概念，它产生于特定系统中的相互关系。他将场域定义为"各种位置之间存在的客观关系的一个网络（network），或者一个构型（configuration）"。④ 布迪厄认为知识分子场域的兴起是决定性的："只是到了十九世纪末，只是在文学场、艺术场和科学场获得了极高程度的自主性的时候……与那些转化为政客的文化生产者（例如基佐或拉马丁）不同，他们是凭借一种权威进入政治领域的，这种权威源于他们自己场域的自主性，并且强调构成其存在基础的全部价值，诸如伦理上的纯洁和技能。"⑤ 新中国成立以来，高校政治课教师在价值观教育实践中处于何种地位，如何正确地处理师生关系，学生的主体性地位如何体现，这都是价值观教育中非常重要的问题。本章选择教育场域的视角，分析新中国成立初期高校政治课教师和学生在教学实践和教学关系中的地位、角色和状态，进而剖析教育场域中的价值观教育的有效性问题。

一、师生关系：加紧学习，搞好团结

自 1919 年起学生运动在全国各地发展迅速，且影响巨大。对此胡适和蒋梦麟写了一篇《我们对于学生的希望》，肯定学生运动的积极作用，但不

---

① 曾绍元主编：《中国高等学校教师队伍建设和发展》，北京：航空工业出版社，1996 年版。中华人民共和国教育部人事司、高等学校教师队伍建设研究课题组：《中国高等学校教师队伍建设研究报告》，北京：高等教育出版社，1999 年版。全国高等学校师资管理研究会编：《高校师资管理研究》，上海：华东师范大学出版社，1986 年版。曾绍元、李建平主编：《新世纪中国高校师资管理研究》，青岛：青岛海洋大学出版社，2002 年版。

② 陈洪涛、张耀灿：《新中国成立以来高校思想政治理论课教师队伍建设相关政策发展研究》，《学校党建与思想教育》，2009 年第 19 期。李晓波、速成：《基于政策视角的高校教师发展研究现状及趋势》，《贵州师范大学学报（社会科学版）》，2015 年第 2 期。刘立志：《高校教师队伍建设政策发展的理论研究》，华东师范大学博士学位论文，2003 年。

③ 王全林：《"知识分子"视角下的大学教师研究》，南京师范大学博士学位论文，2005 年。

④ ［法］皮埃尔·布迪厄、［美］华康德著，李猛、李康译：《实践与反思——反思社会学导引》，北京：中央编译出版社，1998 年版，第 134 页。

⑤ Bourdieu P. Universal Corporatism: The Role of Intellectuals in the Modern World. *Poetics Today* 12, no. 4（Winter 1991）: 657—658.

倡导学生运动："单靠用罢课作武器，是最不经济的方法，是下下策，屡用不已，是学生运动破产和表现！"① 新中国成立后，学生运动这个词汇仍在使用，但内容和方法必须有所改变。

上海市学生第一届代表大会明确了当时学生运动的主要任务。1949 年 11 月 10—14 日，上海市学生第一届代表大会在光华大学举行，报到学校 341 所，出席代表 436 人。大会通过了《上海学生运动当前任务》的决议和上海学联章程。大会指出上海学生的具体任务是"学习、学习、再学习，并协助人民政府为克服困难、建设新上海而奋斗"。学生会和学联的"一切组织形式和工作方式，应服从和服务于开展学习这一中心任务"。大会的口号有"师生团结，贯彻新民主主义教育政策""开展新民主主义的学习运动""加强学习政治、文化、科学知识，培养自己成为新中国的建设人才"等。② 学生运动的任务变为开展新民主主义的学习运动，主要目标是培养成为新中国的建设人才，这是与共产党确立了执政地位、动员学生进行国家建设密切相关的。时任上海市学生联合会主席的郑兰荪称，这次代表大会的报告是团市委负责同志亲自领导起草的，上海市委对这份报告很重视，陈毅市长亲自作了修改。会后他们集中精力宣传贯彻大会精神，传达并督促检查，落实工作非常不容易。③

前面章节叙及，1949 年高教处承担着非常重要的接管任务，虽然对公私立学校的接管工作在 9 月即已完成，但是建立正常的招生和教学是下半年非常重要的工作。对于这一次，高教处非常重视，在各种会议上动员师生团结和配合以共同进行新民主主义学习的任务。1949 年 11 月 20 日，上海高教工作者联席会议上，主席刘佛年提出："今后学生运动的新方针是加紧学习是师生的共同任务，希望教师能够配合学生代表大会的号召。"④ 明确提出恢复和维持正常的教学是师生的共同任务，这个提议得到大家的认可。1949 年 11 月 27 日，高教处召开公私立大专院校主任委员暨政治教授、助

---

① 胡适、蒋梦麟：《我们对于学生的希望》，《新教育》，1920 年第 2 卷第 5 期。

② 上海市学生第一届代表大会秘书处编：《上海学生运动的当前任务》，上海市学生联合会印行，1949 年版，第 30、41 页。

③ 《五十年沧桑再首——郑兰荪将军访谈录》，载燕爽主编《复旦改变人生　近思录》，上海：复旦大学出版社，2005 年版，第 25 页。

④ 《高教工作者联席会议　加紧学习来完成任务》，《文汇报》，1949 年 11 月 22 日第 3 版。

教联合座谈会，与会教授周谷城、陈大燮、夏坚白、陈望道、廖世承、潘世兹、余日宣等都踊跃发言，认为学生代表大会决议内容详尽周到、合情合理，展开新民主主义学习运动是师生当前共同的任务，应当在团结的基础上全力搞好学习。①这两次会议都号召师生将学习作为当前最重要的工作和任务。

"为团结学生"而改革教学被提到一个相当高的层面，即要求教师的教学态度和教学方法都要积极进行改进。无论是教育管理部门还是学校，都要求把师生团结学习作为学校教育的重要内容。1949年11月27日公私立大专院校主任委员暨政治教授、助教联合座谈会上，高教处处长唐守愚提出，对于政治学习与业务学习相结合，校方必须诚心诚意推行，政治教授联系实际认真教学，共同团结来教好学生。并指出"大家为学生服务，也就是为人民服务，并希望各校把校委会记录及各种业务讨论记录，教学改进的方法及经验教训，经常送到高教处参考"。②教师加强学习，尤其是从学生角度改进教学，被提到相当高的地位，甚至于提到"为人民服务"的高度。

学生和教师被要求加强面对面交流。1949年11月20日上海高教工作者联席会议上，复旦大学胡守菜、沪江大学卓如提出教育方法的改进，认为教师不论在讲课方式、教材内容各方面都必须和同学的学习小组取得密切的联系，使理论与业务真正结合起来，希望能做到教师学习小组每周轮流去参加同学的学习小组，利用互相听讲的方法，了解同学们的学习情绪，以所反映映的教学的困难以及他们的需要作为教学改进的基础。③这是对教学方法的改进，既是教师教学方式的改进，也是为了更便于学生深入掌握学习内容，核心目标是以学习为中心任务。

各所学校也有针对性地解决教学问题，尤其是教师和学生的交流问题。1949年12月1日，复旦大学校委会召开全校师生学习问题座谈会，在"师生团结、教学相长"的原则下，开展了总结学习运动，对于课程内容、教学方法、学习态度、师生关系等方面进行检讨和总结。复旦大学成立了全校性的学习委员会和各院系的院、系务委员会，以领导全校政治学习和业务学

---

①《帮助同学贯彻学代决议　大专院校主任教授座谈　一致认为开展新民主主义学习是师生共同的任务》，《文汇报》，1949年11月27日第3版。

②　同上。

③《高教工作者联席会议　加紧学习来完成任务》，《文汇报》，1949年11月22日第3版。

习，并提出了加强政治学习的口号。①

私立大学也专门召集座谈会，讨论教学存在的问题。1949 年 12 月 6 日，圣约翰大学召开全校师生座谈会。教授代表倪葆春、黄嘉德对于学生所提的意见一致表示接受，称改良教授法方面，正在收集各方意见，进行检讨和改革，并希望今后师生在课外要加强联系，了解彼此思想情况，减少工作上的困难。学生会、化学系、财务科、经济系、政治系、教育系、文学院、工学院、新闻系等学生代表都纷纷发言，提出了学习上的种种困难，坦白检讨了"在反动统治下造成的不正确的学习态度，不关心政治，对教授要求过高的种种偏向"。学生在教授法方面"也诚恳的提出意见，一致要求师生团结，相互加紧学习，在团结学习中，提高自己，改进学校"。② 无论是教师还是学生，都直面教学和学习中存在的问题，对于师生团结落到实处有促进作用。

师生团结学习被学校落实为教育的重大改革，也落实到行政事务中。北京大学法律系学生对教师教学内容和教学方法的建议通过小组讨论的形式提出，教师也征求学生意见。系务会议上也将相当一部分时间用来讨论学习问题，听取学生反映，还讨论教授参加学生小组事宜。③

当然，无论是专业课还是政治课，各校教学内容和教学方法上都会存在一些问题，因而进行改革也是有必要的，在实际操作上也得到了各部门和各学校的重视。1950 年 2 月 21—26 日 ④，为了商讨改进教学，高教处特意召开上海市高等教育改进教学座谈会，各公立大专主任委员、教务长、院长及各私立大专校长、教授与各校学生代表等 100 余人出席。全体与会人员按行政和业务性质分成 5 个小组，讨论课程改革、教材改进、教学法改进和加强政治课等问题。⑤ 事实上，改进教学方法不但被视为重要的工作，还被视为师生团结的重要表现，因而政治寓意也被提升。1950 年上海市高等教育改进教学座谈会上，改善师生关系被作为会议的主要讨论内容。高教处处长唐守愚在总结会议上讲道："师生团结是改进教学的关键，学生应尊敬教师，教

---

① 复旦大学校志编写组：《复旦大学志　第二卷　1949—1988》，上海：复旦大学出版社，1995年版，第 7 页。

② 《约大交大师生集会研讨提高学习效率》，《文汇报》，1949 年 11 月 22 日第 3 版。

③ 余叔通：《改制中的北大法律系》，《人民日报》，1949 年 11 月 15 日第 5 版。

④ 会议实际共 4 天，小组讨论 3 天，2 月 25 日休息 1 天。

⑤ 《本报高教改进教学座谈昨举行第一次会议　唐守愚李正文分作报告　会期预定廿六日结束》，《文汇报》，1950 年 2 月 22 日第 3 版。

师应爱护学生，在尊师爱生的基础上，共同为了改进教学，可经常举行座谈会，或相助课外访问。不该一团和气，为团结而团结。更不应相包庇，妨害教学改进。"① 为了加强师生团结，高教处提出了一些具体的方法，如座谈会、课外访问等，同时强调了师生团结的基础是尊重教师、爱护学生，即师生关系应置于一个妥当的位置。

师生团结可能会淡化了师生各自不同的地位和角色，因而如何向教师提意见，如何正确看待教师的教学这个问题也被提了出来。1950 年 3 月 18 日，北京市学生第二届代表大会上，中国新民主主义青年团北京市工作委员会副书记张大中说："最大多数的教师都是要求进步的，同学们应尊重他们，共同开展新民主主义的学习。至于如有个别教师反对真理，毒害青年，那当然就不能盲目地去尊敬他们。向教师提意见是应当的，但要经过研究考虑，并采取虚心和诚恳的态度。"② 如前面章节所述，建构与新政权、新政府相适应的学校价值观教育是非常必要的。这表现在高校价值观的学习上，既要教师与学生充分交流、听取意见，又要教师加强自身学习以及对学生思想的引导作用，两方面都要重视，并妥善处理，教师自身的负担无疑也会加大。

新中国初期学校价值观教育的任务不仅是紧迫的，也是相当繁重的；对于教师和学生而言都是如此。政府对于这一点，也有清楚的认识。1950 年 5 月 4 日，上海市第二届学生代表大会开幕，大会通过《克服困难，维持学校，继续开展新民主主义学习》的决议。在大会上，陈毅勉励青年学生要和上海人民团结一起，克服各种困难，维持学校正常的秩序，坚持开展新民主主义理论的学习。③ 这次学生代表大会的核心任务即要学生克服困难、坚持新民主主义理论学习。

然而，当时高校价值观教育面临的困难不仅如此。刚刚成立的新中国并不能安心进行经济建设；同样，高校学生并不能安心以学习为重。1950 年 6 月 25 日，朝鲜战争爆发。同年 10 月，中国应朝鲜政府请求组织中国人民志愿军入朝作战。为应对现代战争，加速军队现代化建设，中央决定动员大批青年学生参军，组建各类军事干部学校，特别是空、海军的建设尤为迫切。

① 《改进教学座谈结束　唐处长作总结报告》，《文汇报》，1950 年 2 月 28 日第 3 版。
② 《京市二届学代会上　团北京工委副书记张大中关于学习问题报告》，《人民日报》，1950 年 3 月 20 日第 4 版。
③ 中共上海市委党史研究室编：《陈毅在上海》，北京：中共党史出版社，1992 年版，第 473 页。

据郑兰荪反映，动员工作一开始进展并不顺利："主要是因为解放后同学们都希望好好读书，以便参加和平建设，而现在突然又要参军打仗，思想弯子一下子转不过来，报名不够踊跃，远未达到预期目标。"为了尽快解决这个问题，华东局专门开会讨论如何动员学生参加："领导上有些着急了。有一天，当时的华东局领导在他的办公室里开会研究如何深入动员学生参军问题，参加会议的有华东局宣传部长舒同、团市委副书记鲁光、学生部长钱李仁，还有我作为学联的代表也参加了。最后决定了两条：一是开展大规模的仇视、鄙视、蔑视美帝的'三视'教育，并组织全市大游行；二是召开全市各界代表会议，主题就是动员家长支持学生报名参干。会后团市委作了具体部署，决定在这个大会上由学联主席为首的十六所大中学学生会主席带头报名。"① 刚刚一心投入学习的高校学生，很多难以接受到朝鲜战场作战的号召，这也是实情。为了能够号召学生踊跃报名，必须有一批人身先士卒才行。

1950 年 12 月 9—10 日，上海市第三次学生代表大会召开，同时举行了"抗美援朝，保家卫国"的游行大示威活动。学生代表大会有 1200 名代表参加会议，会议宣读了全国学联的《关于参加军事干校问题的报告》。据郑兰荪讲述："我在大会上作了表态发言，引起了强烈反响，会后很快掀起了报名高潮。但此时也有同学持观望态度，说郑某某'他是来钓鱼的，他们诱鱼上钩，等我们上了钩，他就溜之大吉'。这样将了我一军，我便在全市及各区动员大会上反复表明自己的态度，同时宣传了几个典型，其中有复旦大学农学院命名为'金日成班'百分之百报名的班集体，有新闻系女同学、上海著名爱国企业家吴蕴初的'千金小姐'吴志莲，有上海中学的独生子朱琪琪等。最后经市委研究，决定我和上海市参干的同学一起入伍，我到参干人数最多的空军去。"② 很显然，抗美援朝是一次将自身学习与献身国家事业相结合的典型时机。只是，刚刚被灌输参与国家建设的高校学生，尚未能这么快接受更为严峻的考验，因而会出现各种情绪和问题。好在通过积极动员和典型示范，一批青年学生积极响应了号召，投笔从戎。

总体来看，师生共同学习进步的情况在上海高校还是比较好的。1951 年

---

① 《五十年沧桑再首——郑兰荪将军访谈录》，载燕爽主编《复旦改变人生 近思录》，上海：复旦大学出版社，2005 年版，第 26 页。

② 同上，第 26 页。

9 月 29 日，冯契教授在华东纺织工学院学生政治学习班作总结，指出通过学习全班同学有五项优点和收获："（1）一般的能从祖国出发，建立起爱学校、爱自己学习的好习惯，同时打破了专修科与学系制之分别，及克服了目前的校舍之困难是暂时性的心理，基本上认清编织工业之前途是乐观的。（2）表现团结友爱精神，为以后之全校师生团结上打了个基础，更发扬了集体主义和班级友爱，表现出团结就是力量，为加强学习的好现象。（3）初步体会到学习革命理论和自我改造的重要性，知道学习的动力是爱国主义思想，同时马列主义和毛泽东思想是人类文化之总结。（4）初步批判了纯技术观点，知道技术必须与政治和劳动相结合，理论必须和实际相结合。（5）明确了学习的态度和方法，知道了学习必须建立劳动观点、群众观点和革命观点，必须以主人翁的态度学习。"① 如冯契所述，全校师生团结学习确实成为当时高校师生的主要任务，由此，学生树立了正确的价值观，树立了爱国主义思想，端正了学习态度，建立了劳动观点、群众观点和革命观点，成效非常显著。这既是政府和相关部门大力推动和加强的结果，无疑也是师生共同努力的呈现。

经过各种努力，师生关系确实非常融洽。如吴铎回忆 1952 年在华东师范大学政治教育专修科学习时："教党委特别重视我们专修科的思想政治工作。校党委书记周抗亲自兼任我们的班主任，负责我们班的思想政治工作和党的发展工作，与我们学生关系非常亲密。"② 鉴于对政治教育课程的重视，还由校党委书记兼任班主任，可见学校之重视。师生关系亦比较融洽，对于价值观效果提升而言是非常有益的。

二、课程调整：有步骤、有领导

新中国刚成立，教育体制、教育思想都处于初建、初发的状态，教育改革也开始全方面推动，其中最为突出和急切的是课程调整。

前已叙及，最初教育的基本要求是"维持现状，逐步改进"。课程改革

---

① 参见复旦发展研究院当代中国社会生活资料中心，日记扫描：D13S007-10。
② 汤涛主编：《丽娃记忆：华东师大口述实录（第二辑）》，上海：上海三联书店，2016 年版，第 19 页。

的指导思想是：原有课程非万不得已，不予变更；增设课程必须必要。也就是说，上海解放初的课程调整或者说课程改革，最主要的是废除原来课程中公民、党义等内容，开设政治课，把思想改造作为学校当前的中心工作，集中力量抓好学生的政治课教学；此外，对于文、法学院的某些课程也根据客观条件进行了初步的改革。① 1949 年秋季，复旦大学根据高教处课程设置要求，取消三民主义、伦理学、理则学②、自然科学、社会科学等 5 门全校共同必修课，新增社会发展史、辩证唯物论和历史唯物论、政治经济学、新民主主义等课程。文、理、商、农学院的业务课程没有多少变动，而法学院有些系的课程和反动政治关系密切，必须变动，其中法律系的课程则应从根本上加以改革，然而当时限于师资条件，只能逐步进行。③

　　课程调整和教学方法改革，是有着较强的现实性需求的，对于政治课来说尤其如此。1949 年 12 月 25 日，教育部召开第五次辩证唯物论与历史唯物论教学座谈会。艾思奇对政治课作了初步检讨，他指出："在组织方面，各校建立了新的教学组织，是有成绩的。思想方面，克服了对政治课的不正确看法，打破了对社会发展史不值得一学的想头，证明接受劳动观点与阶级观点并非口头所能解决，而是新旧思想的斗争。搞好学习的重要经验，是教授、讲、助团结起来，共同组织教学。在学生方面要成为群众的学习运动，解决问题要善于依靠积极分子，团结中间状态的分子。下一阶段学习仍应继续解决同学思想上尚未明确的问题，学习思想意识部分，应着重联系自己的阶级出身，分析知识分子长期脱离劳动所造成的缺点。"④ 很明显，当时最迫切的任务是让学生接受政治课，并初步结合实际理解阶级、劳动等观念。

　　1950 年 2 月 6 日，复旦大学校务委员会决定了精简课程的步骤。全校开始酝酿精简课程，并于是月 9 日邀请高教处唐守愚处长来校作有关"精简课程"问题的报告。是月 11 日，复旦大学各系展开精简课程的讨论，许多教授自动地把为了凑课时⑤而开的课程精简掉，师生都进行了自我检讨并提

　　① 张㤵如：《接管上海高校》，载中共上海市委党史研究室编《接管上海　下卷·专题与回忆》，北京：中国广播电视出版社，1993 年版，第 233—244 页。
　　② 逻辑学的旧译名。
　　③ 复旦大学校志编写组：《复旦大学志　第二卷　1949—1988》，上海：复旦大学出版社，1995年版，第 7 页。
　　④《京津各大学开哲学教学座谈会　检讨政治课教学问题》，《人民日报》，1949 年 12 月 30 日第 3 版。
　　⑤ 规定每个教授每周须授课 9 个小时。

出了改进的意见。①1950 年 2 月 28 日，召开上海市高等教育改进教学座谈会。在小组座谈意见的基础上，唐守愚指出，各校课程时数的具体规定暂为文法商各学院学生每周上课时间不得超过 24 小时，理、工、农各学院学生每周上课时间至多不超过 21 小时，实习课以 2 小时作 1 小时计，全部上课时间（实习在内）总计以不超过 28 小时为限，各院系学生每周作业（自习时间在内）不能超过 60 小时；在精简过程中要防止因人设课的现象，但也不能因人减课；提出课程改革必须与改进教学方法和改进教材相结合；教学内容必须与中国的实际情况相结合，教员每学期必须拟订讲授提纲，包括讲授内容、重点、进度、目标；做出教学计划，参观实习应有计划、有目的地定在教学计划内；并尽可能编纂中文讲义，适当采用中文课本。② 各院系对所开课程分别予以改进、合并、停开或改为选修。这次课程改革，主要是减少院、系必修课，减轻学生学习负担，同时要求任课教师拟定教学计划，提出教学重点、目标和进度，探索理论与实际联系的途径和方法，以提高课程质量。

开设政治课面临两大问题，一是师资问题，二是教学内容、教材问题。许多学校课程设置存在许多不合理的状况；师生对精简课程的认识也比较混乱。如复旦大学文法学院有内容相重复的课程，有内容不切合实际的课程。复旦大学理农学院感到学分多和课程繁重，如农化系平均每周上课、实习 36 小时，学生们整天忙于上课、赶习题、做报告，连自修看报的时间都没有，直接影响了政治课的学习和必要的课外活动。这样大大地降低了学生们的学习效率，甚至直接妨碍了学生们的健康。但对于如何精简课程，教师和学生的看法是不一致的。学生们有的认为凡是教得不好的课程都要把它"精简"掉，教得好的可一概保留下来；有的以为精简课程就是减少课程，多精简几科，自己可轻松一下。教师们有的唯恐精简掉自己所授的课程，影响工资，因而怕谈课程的精简；有的以为精简了课程，学生就会偷懒，会降低学习的水平。③

---

① 《复旦精简课程　有步骤有计划的进行课程的改革，逐步提高新民主主义的学习运动》，《文汇报》，1950 年 2 月 24 日第 3 版。

② 《改进教学座谈结束　唐处长作总结报告》，《文汇报》，1950 年 2 月 28 日第 3 版。

③ 《复旦精简课程　有步骤有计划的进行课程的改革，逐步提高新民主主义的学习运动》，《文汇报》，1950 年 2 月 24 日第 3 版。

1950 年 3 月 2 日，上海交通大学校委会主任委员吴有训在对全校师生讲话中总结学校半年来推行新民主主义教育的收获，称："在开展新民主主义教育方面，组织政治学习，启发教职工建立劳动观点和唯物观点，加强自我改造。教师在业务上抛弃雇佣观点，建立对人民负责的观点；学生改变学习单纯为文凭的观点，树立为人民学习的观点。师生相互合作，教学相长。"吴有训对师生团结、加强政治总体情况做了肯定的评价，但也指出明显的缺点："政治学习，学校照料不够；教学还缺乏计划性；各部门和院系团结合作不够。"① 3 月 13 日、17 日，上海交通大学教务长陈大燮在校务委员会上传达高教处关于精简原则的指示，讨论决定："一、教师所授课程不同，每周排课 8—10 小时，其课程完全相同者任课 10—12 小时，系主任任课 6—8 小时；二、各系相同课程合并上课，专任教授排课不能太少，为节省支出，尽量少请兼任教员。"② 将前后两次的内容对照来看，若要妥善解决政治学习不强、教学缺乏计划性的问题，强化课程的精简、规定必须的教学时间非常有必要。

政治课程的问题更为紧迫。由于政治课为新设，存在师资缺乏、开不出新课的困难，这在全国高校都是一个普遍的问题。如北京大学、清华大学政治系基本课程中国革命史、中国革命问题、近代世界革命史等，都因缺乏适当教授担任而开不出来。

当然，基于政治课课程的本身性质，课程改革和调整过程中必须坚持课程性质不变。1950 年 2 月上海市高等教育改进教学座谈会上，高教处处长唐守愚提出："在当前反轰炸、反封锁、克服困难支援前线的总形势下，我们的主要任务是坚持教育岗位，师生共同在教学岗位上为实现总任务而斗争，因此要严格执行精简课程，密切注意课程内容，尤其是政治课要与总任务相结合。加强防空工作，克服麻痹思想和太平观念，明确在新形势下处理问题的基本态度，要有全局的观点，历史的发展的观点，理论与实际相一致的观点。"③ 政治课的教学要与国际形势认识和国家建设任务保持高度一致，这是由政治课自身性质决定的。同时，唐守愚强调了政治课作为马克思主义理论

---

① 上海交通大学校史编纂委员会编：《上海交通大学纪事 1896～2005》，上卷，上海：上海交通大学出版社，2006 年版，第 426 页。

② 同上。

③ 《改进教学座谈结束 唐处长作总结报告》，《文汇报》，1950 年 2 月 28 日第 3 版。

课程，需要有正确的观点，即全局观、历史发展观和实践观。

课程调整和改革原则上与师生团结是两个问题，即师生团结要重点关注被教育方——学生的思想和学习情况，避免教师忽视学生；而课程调整和改革中师生的地位和关系是不一样的，对此各高校有着明确的认识和要求。1950 年 2 月 26—27 日，中国新民主主义青年团中央委员会召集列席中华全国学生联合会第十四届第二次执委会扩大会议的各地青年团委学生部长举行座谈会。会上清华大学和南京市的代表介绍进行合理精简和改革课程的经验，指出这是一项长期的工作，必须由教育行政当局有领导、有步骤地进行，学生只能起着配合与助手的作用。[①]

1950 年 8 月，政务院颁布《关于实施高等学校课程改革的决定》，提出课程设置要根据精简的原则，有重点地设置和加强必需的重要的课程，删除重复的和不必需的课程和内容。[②] 同月 3 日，复旦大学校委会根据政务院《关于实施高等学校课程改革的决定》，以及各系科的具体情况，调整了小部分课程，重点是贯彻《决定》关于教材建设的指示。校委会认为教材建设的原则有两点：一是配合国家的建设需要，二是贯彻爱国主义精神。教材建设主要侧重于三个方面：一是将英文教材改为中文教材，二是将外国教材改为本国教材，三是将旧观点改为新观点。在该学期中，复旦大学各院系教师自编教材讲义达 150 种左右。与此同时，校委会开始要求各院系组织教学研究小组，开展有组织、有计划的教学；要求学生订立学习计划、提倡自学。[③]

1950 年 9 月 9 日，教育部要求各院校向教育部汇报 1950 学年度教学计划的制订情况。1951 年 1 月 23—26 日，教育部在北京召开全国高等学校 1950 年度教学计划审查会议。1951 年 4 月 9 日，教育部通报审查情况：总结各校教学情况，一般的学校都有课程改革的愿望，尽可能参照部订草案开课，对政治课大多重视，课程的精简有了比较明显的成绩，对理论与实际的联系亦有了初步的计划与努力；但理论与实际脱节的缺点尚未基本好转，课

　　① 《团中央召集各地团委学生部长座谈　交流领导学习的经验》，《人民日报》，1950 年 3 月 2 日第 3 版。

　　② 上海市高等教育局研究室、华东师范大学高校干部进修班、教育科学研究所合编：《中华人民共和国建国以来高等教育重要文献选编（上册）》，上海市高等教育局研究室，1979 年版，第 5 页。

　　③ 复旦大学校志编写组编：《复旦大学志　第二卷　1949—1988》，上海：复旦大学出版社，1995 年版，第 7 页。

程编排的计划性也差，大多无系统、无重点，不能达到在系统理论基础上的专门化的目的；争取在两三年内基本完成高等学校课程改革的工作。①1951年春，复旦大学校委会根据教育部关于1950年度教学审查会议的精神，纠正个别系科因人设课的情况，重点在于贯彻每周50个学习小时的制度，以保证学生身体健康，并根据各系科的具体情况，在学时的折算比例上考虑给予机动；同时继续进行教材建设，本学期自编教材讲义达到150种左右。②

1951年6月25—29日，教育部在北京召开高等教育课程改革讨论会，修订文、法、理、工各系及财经学院若干系的课程草案。复旦大学出席会议的有12人，是外地学校赴京人数最多的学校。③同年8月21日，教育部拟定1951年度各系科教学计划暂行，要求各系科教学计划及教学大纲，必须充分贯彻爱国主义的思想教育；编排课程时，应从培养一定专门人才所必需的课程着眼，业务课程应有重点，选修课程应尽量减少；各种课程均须拟定教学大纲；政治课各系科的基本课程，着重于系统的理论知识的讲授，时事学习着重于时事政策教育；将实习作为学习过程的一个重要组成部分；每周学习时数，包括上课、自习、实验、实习、讨论、时事学习等最多不得超过54小时。④此次教学计划要求比较明确，对于基本原则、教授内容、课时等都有明确规定，在一定程度上，通过规章强化了价值观教育的效果。

1951年8月，华东军政委员会发出关于纠正学校教育工作中混乱现象的通知，明确指出：学校的任务是为国家准备和培养建设人才，党政机关有责任克服任何妨碍学校教育工作正常进行的错误倾向。学校教师的基本任务是把学校办好，把学生教好；学生的基本任务是把功课学好；而教学的主要方式，乃是校内的课堂教学。据此，复旦大学校委会制订了《1951年度第一学期教学工作计划》，提出普及和深入爱国主义思想教育以改造教学内容为重点，进一步贯彻课程改革的决定；加强教学的计划性、组织性，推进集体教学；改善学生健康状况，切实改进体育教学和保健教育；加强教师的马列主

---

① 中央教育科学研究所编：《中华人民共和国教育大事记（1949—1982）》，北京：教育科学出版社，1984年版，第36页。

② 复旦大学校志编写组编：《复旦大学志　第二卷　1949—1988》，上海：复旦大学出版社，1995年版，第8页。

③ 同上。

④ 中央教育科学研究所编：《中华人民共和国教育大事记（1949—1982）》，北京：教育科学出版社，1984年版，第43页。

义毛泽东思想的学习，提倡实事求是、刻苦钻研的学风；同时布置各系制订教学计划。①

通过数次课程体系和教学方法的改革，学校对于教学任务日趋明确，教学秩序逐渐正常，各院系课程内容逐步向专深方向发展。以复旦大学商学院统计系为例，解放前在大学四年中学生共学 142 学分，到 1951 年夏季改革以后，只有 96 学分，除政治课必须变动外，取消的课程有一年级国文、法学通论、经济学商业史、货币银行学、二年级统计应用数学、商业组织与管理、经济地理、经济统计学成本会计学、社会统计学、统计实务、商情预测、数理统计学、生命统计学统计实习。选修课的 16 学分改为分组课程（即分为商业统计组、工业统计组和一般统计组）20 学分。由于学分过少，统计系提出将学制由四年改为三年。其他各院系，也有类似情况。解放初期的课程改革，从当时有计划恢复和发展工业的急需考虑出发较多，还不够成熟。②

课程调整是非常有效的，一是教学可以比较多地与实践相结合。如吴铎回忆："教授不仅给我们传授知识，还十分重视培养我们的能力，尤其是社会调查、科学研究和教学工作的能力。虽然我们的学习时间只有两年，却分别安排了一个月的农村社会调查、一个月的工厂社会调查和一个月的教育实习。党委特别重视我们专修科的思想政治工作。"③从其记述来看，课程学习将知识与能力、学习与实践相结合。二是学校的课程建设都是公开状态，有益于价值观教育的确立。如复旦大学校刊上对政治课相关内容都有详细报道，教学计划也都付之刊物发表。④一些课程的教学方法、课堂组织方法也通过讲座不断进行改进。⑤这种教学和实践相结合的方式，尤其是教育计划和方法的公开，对于政治课和价值观教育的教学效果的提升无疑有很大的促进作用。

---

① 复旦大学校志编写组编：《复旦大学志 第二卷 1949—1988》，上海：复旦大学出版社，1995年版，第 8 页。

② 同上。

③ 汤涛主编：《丽娃记忆：华东师大口述实录（第二辑）》，上海：上海三联书店，2016 年版，第 19 页。

④ 如政治教学委员会：《新民主主义教学计划》，《复旦大学校刊》，1950 年第 36 期。

⑤ 杨樾：《怎样认识和运用小组讨论》，专门讨论思政课讨论小组如何运用问题，《复旦大学校刊》，1950 年第 23 期。

三、考试改革：面向态度和认识

在课程调整和教学方法改革中，考试改革是非常重要的一环，在各学校实践中也有比较大的改变。

1949 年 12 月，复旦大学召开师生学习座谈会，把考试作为重点问题进行讨论。会上教授们从新旧考试的不同提出考试改革的必要性，对考试改革的方法提出具体的意见和建议。教授陈望道、卢于道、钱崇澍、谢循初、潘震亚、萧孝荣、赵书文等表示："新中国以前考试只是为了决定学生分数的一种形式，有的甚至被反动派利用作为束缚学生思想行动的工具，学生们也被陷于被动的为考试而读书，或用反对考试作为革命运动的手段。新中国的考试在本质上是和过去根本不同的。现在考试是为了总结同学的学习态度、学习方法、学习心得，使学生把平时所学的片面、片断的东西组成有系统的新知识，并运用书本上的理论解释新知识，使学生测验自己'学习了什么？'和教师教学方法的得失。"他们提出，考试本身就是教学的过程、教学的方法之一。在试题方面要注意到代表性、原则性和概括的方式，不要学生啃死书、背教条，应注重平时学习与实际联系，使学生通过考试总结这一阶段的学习经验，把学习提高一步，更热烈、更积极地布置展开下一期学习。①

上海军管会的李正文指出，考试不仅是学习总结，更有一定的推进学习的功用。他还指出苏联学校考试期间，常常掀起个人与个人、班级与班级、学校与学校的热烈竞赛，比较学习成绩，把考试当作学习竞赛大会，把考试趣味化，意即在形式上要向苏联学习，让考试形式多样化、趣味化。教务长周谷城提出，考试要改变过去浪费时间、人力、物力，以及学生精神过度紧张的现象；不停课，不集中考试，不印试题，由各院系组科师生自由交换意见，共同商讨，进行不拘于形式、着重联系实际的考试。周谷城对考试改革提出非常高的期望："开学以来，同学们在政治学习、思想改造过程中，表现得还不够积极、切实和进步。希望大家通过这次考试把思想、理论与行动

---

① 《复旦大学师生座谈学习问题》，《文汇报》，1949 年 12 月 3 日第 3 版。

联系起来，尤其要把业务学习与政治学习结合起来。"①

上海交通大学对政治课考试进行了大刀阔斧的改革。1950年1月，学校将政治课大考的题目告知学生并登在报纸上。公布考试题目共十道："（1）人类社会发展史经过如何？有哪些生产方式？各种生产方式有何特点？（2）劳动创造世界可否说明一切生产的提高与发展都是劳动的收获？工人能否创造和发明新机器？体力与脑力劳动能否结合？为何要加强劳动观念？（3）阶级起源及各种阶级产生能否说明为什么有阶级便有斗争？为什么社会主义社会可以消灭阶级？（4）国家从哪里产生的？政权代表什么人的利益？为什么需要用政权来统治？能否说明各种政权发展过程及其代表的阶级性？（5）历史发展原动力是什么？唯心论和唯物论说法有何不同？学了社会发展史后对历史有何新的看法？试举例说明之。（6）奴隶制在今天还有哪些残余存在？被压迫阶级的工人农民有何不同特性，他们为何反抗？能否说明被压迫者的情况？自己是否感受过被压迫与被剥削的痛苦？（7）封建社会与资本主义社会有何区别？（8）半殖民地半封建的中国社会特点是什么？（9）社会主义与共产主义社会有何区别？全人类历史是否走向共产主义？（10）个人在社会上有何作用？在历史上有何作用？为何要改造社会、改造自己？不改行不行？个人的人生观有何改变？"②从题目设计来看，大多数题目都是基本概念和个人理解相结合，重点在于学生对相关问题的理解和认识。

题目公布后，上海交通大学又公布了评卷办法。在"关于政治课举行考试及民主评卷"通告中，指明考试是"为了初步检验学习效果和进一步推动学习的深度，了解教材及教法是否妥当，加以总结而进行必要的改进"。考试要求有三大点：一、为了初步检验学习效果，对学生测验的态度和答卷的要求，应完全基于自觉的基础和个人了解的水平，知道多少就答多少，怎样了解就怎样答，不文饰，不应付，不矫揉，不做作。二、为了推动学习深度，所以事前已把试题公布给学生，要求学生根据答案提要，将自己答卷进行校正和修改，以达到正确认识的目的。因此，"测验既不是'碰运气'，也不是'交卷完事'"。三、要求全体学生的学业态度要认真负责。阅卷方式以学生自评为主，也分为两种方式："一、自己阅完卷后，由各小组长收齐，

① 《复旦大学师生座谈学习问题》，《文汇报》，1949年12月3日第3版。
② 《交大政治课大考试题公布》，《文汇报》，1950年1月17日第3版。

交政治科，再由政治科将原卷加盖图章，再由本人参酌教授所拟答案提要，自行打分，并申述其理由，说明为什么要打这些分。二、民主评分：经过本人参阅打分以后，再以学习小组为单位，由大家民主评判讨论，好者加分，差者减分，讨论时先由本人朗读答案内容，并说明哪些是答对了，哪些是答错了，或者答不完全，本人报告后再由大家讨论打分。"① 由此可见，阅卷方式与考试方式的改革相一致，主要在于考察学生思想认识态度和深度，因而也提出在考试分数上将学习政治课及对测验的态度占分值的三分之一。

1950 年 2 月，在上海市高等教育改进教学座谈会上，高教处处长唐守愚在会议总结时提出："考试制度目的，是在于检查与总结教学效果，并藉以推进与提高教学。不是故意为难同学，专出冷门题目。考试命题应注意普遍性，重要性，代表性。评定分数可按客观条件试行学生民主评定的办法。阶段考试或学期考试之后，教师应根据学生成绩做出教学总结，以便改进教学。学生学期总成绩不及格学分如占二分之一即必须重新修习，不准补考。接连两年成绩有二分之一不及格，则应由学校当局另行设法处理。总之我们的责任是要把学生教好，考试的目的必须符合这一责任。"② 在讲到加强政治教育时，唐守愚也指出计算政治课的学习成绩时，应同时根据其思想行为作民主评议。

同期北京大学政治教学委员会将政治课考试分为笔试测验及学习总结两部分，笔试测验以斯大林《辩证唯物主义与历史唯物主义》、艾思奇《社会发展史讲授提纲》、刘少奇《人的阶级性》等为必读课本，测试着重于纯理论方法的基本知识，成绩占 30%；学习总结占总成绩的 70%，包括学习态度（包括自学、互助小组、大班及小组学习态度，占总成绩 20%）、工作与生活表现以及理论与实际联系的程度（占总成绩 20%）和思想总结报告（占总成绩 30%）三部分。对于思想总结报告的写作也有具体的评分标准，主要有三个方面：叙述是否真实具体，占总成绩 15%；运用马列主义观点分析个人历史及思想是否清晰，占总成绩 10%；相互批评及自我批评是否深入，占总成绩 5%。③

①《交通大学政治课考试公布了民主评卷办法》，《文汇报》，1950 年 1 月 22 日第 3 版。
②《改进教学座谈结束　唐处长作总结报告》，《文汇报》，1950 年 2 月 28 日第 3 版。
③《北大怎样总结政治课？》，《文汇报》，1950 年 2 月 2 日第 3 版。

　　虽然北京大学的考试方法非常详细，但未得到教育部认可，经教育部指示，对政治课考试方法重新做了调整：政治课主要考察学生通过课程学习思想进步的程度，鉴于每个同学的基础不同，进步情况有差异，因而应该在这些差异的基础上对学生的学习进步进行考察，考试结果不以百分法衡量，应用"及格"和"不及格"表示。1950 年 1 月 22 日上午，北京大学全校举行"辩证唯物论与历史唯物论"的笔试测验，答完后的试卷，立刻发还本人，每人按照上列括号中所指各书章节的基本参考资料，纠正自己的错误，并在小组会上进行讨论与民主评定，试卷由小组长收集传观、评定后与思想总和全部评定结果、小组意见，汇交该班教委转教学委员会。①

　　事实上，关于思想政治理论的考核可以是多方面的，方式也可以更加灵活。1951 年 4 月 23 日，上海南京工业专科学校某年级的期中考试，国文考试的作文题是论十月革命。考生 SHU② 在日记中记录："我为了机警，所以之前大概的看了一遍，但这对成绩没关系，而是参考罢。但据修教师说，这篇作文我做得很好，他更说可能本班中最好的。"③ 把思想政治教育的内容融入国文试卷中，无疑是政治考试的灵活应用。考试后，教师根据写作表现与学生也有进一步交流，可以进一步强化价值观教育的效果。

　　总体而言，考试是非常严肃而规范的，即使有些考试改为口试，也异常严格。张天飞对 1954 年到华东师范大学政教系的第一次考试印象深刻："当时的考试形式是借鉴苏联的口试，非常严格，第一次考试被戏称为'三堂会审'。我记得主考官是刘佛年老师，并有两位辅考老师。后面还坐着三四十个青年教师。考生要提前抽考签，然后准备半小时，写答题提纲，然后再进行口述。老师还会再提问几个问题，考生补充回答。当场就会出成绩，主考老师还要签名。这种形式一直延续到 1959 年。"④ 无疑，考试的规范对于学生学习是有约束作用的。张天飞在校学习三年，各科都是满分。

---

　　① 《北大怎样总结政治课？》，《文汇报》，1950 年 2 月 2 日第 3 版。
　　② 关于 SHU 的资料皆来自其个人日记，为了保护个人隐私，因此其名字用字母来代替。第七章有专门介绍和专题研究。
　　③ 参见复旦发展研究院当代中国社会生活资料中心，日记扫描：D13S007-10。
　　④ 汤涛主编：《丽娃记忆：华东师大口述实录（第三辑）》，上海：上海三联书店，2018 年版，第 217 页。

四、学生之考试：问题与解决

考试不仅仅关乎学生学习效果的考核，还涉及学生对于考试的态度和认识。对于大多数学生而言，他们确实非常重视考试，学校也通过学生组织来让学生重视考试。如上海华东纺织工学院的 SHU 在 1951 年 11 月 17 日的日记中反映："早上召开了各科代表会议，由业务学习委员召开的。结果讨论了关于迎接期中考试的步骤而决定了以自学为主、集体学习为辅，所以又决定了每小组再另选每课的小组课代表，以反映各小组之学习情况。真的，我们课代表得起作用了。同时，我自己也得好好的准备迎接考试了，因为这次考试的地位是和大考的地位相等的，所以，我一定要做好这次考试工作。"①由此可知，学习小组和课代表在考试和平时学习过程都发挥了一定的作用，这既是学校对学习和考试的有效组织安排，也是学生自觉性的发挥，可视为学生主体性的一种表现。

从考试成绩评定来看，有些学校掌握得比较严格。如 1952 年 2 月，上海华东纺织工学院的社会发展史课程有 19 名学生因考试不及格而补考。SHU 也是被通知补考的一员，考试成绩只有 50 分。最初，他还非常不乐意接受成绩不合格的现实，认为是"莫大的耻辱""冷门特击"："因为平心自论，虽然我以前对于这些知识是贫乏得可怜，但这学期呢？的确我非常用功且有兴趣。另外我还有决心搞好这门功课的欲望。因此上课时我特别用心的听讲，很详细的笔记，同时还特地的化（花）了三千元买了本参考书。"②一度，SHU 还想给负责课程老师冯契教授写信询问为什么给的成绩如此低。但是补考当天，即 1952 年 2 月 8 日，他发现补考人数高达 19 人，且经过几天的复习备考之后，想法有了大的改变："今天可以说是个耻辱，即今天我参加了校的补考。的确，这是件不光荣的事。但今后我却希望永远的不要再补考了。但自从通过这次考试后给的收获可不少。首先我明了了我平时对这课程不该太疏忽（考前没准备）以后得及时注意。的确，这门功课我上学期也太

---

① 参见复旦发展研究院当代中国社会生活资料中心，日记扫描：D13S007-10。
② 参见复旦发展研究院当代中国社会生活资料中心，日记扫描：D13S007-11。

当它假的了。其次我通过这次考试，却给我个复习的机会。的确，又给我一次从头至尾的有系统的复习。但有一个感觉，就是今天补考和不及格的人究竟不少。据知道有十九个。唉，我们的哲学根基是太幼稚了。但是冯教授也的确教得比较深（理论）。而别个大学听说没有我们的深，因此这倒也是件好的事。"① 因此，SHU 不仅接受了补考，还检讨了自己平时学习的态度，并进而庆幸政治课因为教授讲授内容深而受益。至 1952 年 1 月 11 日政治讲座考试时，SHU 的心态完全不一样："下午政治讲座考试，的确，这次比不得前次考试时存在着恐惧心，而是很笃定的等待考试。但所巧的是虽然这次我一些没准备而考的成绩却很满意。这也许是题目比较容易，全是些思想改造且合我的胃口罢。"②

1951 年 11 月底，上海华东纺织工学院微积分考试中出现了舞弊现象。对于这个事件，大多学生的认识还是比较正确的。如 SHU 在 1951 年 11 月 29 日的日记中记载，学生主动提出要协助老师做好考试思想认识工作，并在随后的考试中保持了良好的考试秩序，详细记载如下：

早上好容易的等到了九时，我就同学习部一起到我们的教授符老师这里，首先是反映了昨天棉纺考试的 TR 主动的提出了要求老师协助做好我们这次考试工作。后来答应在考试前和我们作一个思想动员。这样的当我们全班同学多集合在绘图室时候，符老师首先他很诚恳的说明了考试的意义。同时他还说出，我们年青（轻）人是一块雪白的布，比不得他自己已经是块什么颜色都有的布了。所以他又说假使沾上了污点，是一种耻辱，一种永远不能洗清，永远不能忘怀的耻辱。因此他又说，他为了爱护我们，爱护我们这一代年青（轻）人，所以他绝对不允许我们如此做。就这样一来，同学们多感动的。真的，年青（轻）人是最有情感的了，听到了这些话，那还用说什么呢？除了忠诚的做好这次对祖国半年来的汇报工作外，假使考试是零分的话，那我们同学们也愿意的了。因此这时候，考试就发下来了，同学们也就毫无顾虑、静思默想拼命从他们的脑子中的每一角落中搜索，来对付这次考试。舞弊的事，当然谈不到了。而我呢，舞弊当然是不会发生的。因为首先

---

① 参见复旦发展研究院当代中国社会生活资料中心，日记扫描：D13S007-11。

② 同上。

我先向小组、先向班内挑战不舞弊、不偷看。那怎么还会有这种事呢？不过，我相信我这封挑战书是有功劳的。这不但是给同学们的一个刹车而也是给我自己一个很好的考验，而主要的成绩呢，我不敢保证 FULL Mark，但至少八九十分是无疑的了，而且今天我又第一的交卷。①

从 SHU 的日记内容来看，他和同学们对于学习的目的和作用都有了十分清楚的认识，并上升到自觉的层面。政治课考试形式变化固然重要，如果学生仅仅是在政治课考试中取得好成绩，并不是价值观教育成功的全面体现，其他科目考试的态度等内容无疑也都涵盖其中。

五、教育主体和能动性

20 世纪初，胡塞尔提出了"主体间性"概念，指出："知识的基础并不是客观，而是交互主体性，是主体间的关系。我是通过与客观世界以及他人之间的互惠式关系而获得人性的。"② 如何正确理解主体间性？在课程教学中，学生和教师之间的关系是不是两种主体的"间"性关系？我们是不是因此要重视学生作为"主体"的存在，而不是让其被教师的"我"所压制？胡塞尔说："应当永远记住：不管物是什么——我们单单能对其作出陈述的物，对其存在或不存在、如是存在或如彼存在进行争论和作出合理决定的物——它们都是经验之物。正是经验本身规定着它们的意义。"③ 由此可见，胡塞尔并没有否认主体本身的作用，而是从主体性方面肯定了经验的意义，也就是肯定了主体本身的作用。

前文不厌其烦地对师生关系、课程调整和考试改革做出了详细的陈述。我们看到在高校这个教育场域中，政治课教师与学生的关系被高度重视，提倡一种民主平等、积极互动的师生关系。而政治课程的性质使得课程调整必须服从教育部门的规划，政治课考试必须深层次体现学生的理解和认识。在

---

① 参见复旦发展研究院当代中国社会生活资料中心，日记扫描：D13S007-11。
② ［加］大卫·杰弗里·史密斯著，郭洋生译：《全球化与后现代教育学》，北京：教育科学出版社，2000 年版，第 188 页。
③ ［德］胡塞尔著，李幼蒸译：《纯粹现象学通论》，北京：商务印书馆，1992 年版，第 130 页。

各种课程改进和教学讨论中，教师必须调动全部能力来实现主体的主动性和能动性的发挥。鉴于教师和学生都是教学主体，为了充分发挥学生的主体性，教师的主体性难免被削弱。在高校这个场域中，我们比较多地看到了政治权力的运作；同时，我们也看到一些变通的情况，比如国文考试中灵活地加入政治课相应内容，师生的交流会更加自由灵活一些。

当然我们深知新中国成立初期设置政治课和培育政治课教师，是为了树立新政权国家的价值观，以期更好地实现国家和社会的发展。法国哲学家米歇尔·福柯指出："权力和知识是直接相互连带的，不仅仅是因为知识为权力服务，权力才鼓励知识；也不仅仅是因为知识有用，权力才使用知识。更重要的是，不相应的建构一种知识领域就不可能有权力关系，不同时预设和建构权力关系就不会有任何知识；通过权力，我们服从于真理的生产；只有通过真理的生产，我们才能实行权力。"① 新中国基于知识的政治控制和对知识的政治建构，是与共产党执政、以建立社会主义国家为目标这些现实需求和目标直接对应的。政治课教师只有深刻认知到这一点，才能真正把握教学的要求和重点，才能避免出现为了方法和技术的改革而疲于奔命，才能掌握自我知识和学术建构的方向，才能在政治深入的教育场域有效发挥主体性。当然，这种主体自主性和能动性的发挥是以国家政策的支持和相应措施的保证为前提的，也需要教师理解价值观教育的主导思想。

---

① ［法］米歇尔·福柯著，刘北成、杨远婴译：《规训与惩罚：监狱的诞生》，北京：生活·读书·新知三联书店，1999 年版，第 29 页。

第五章　国家塑造与价值观认同：上海高校政治课教师队伍建设

近代以来，国家塑造和国民塑造成为现代国家的重要内容，学术界有较多研究成果，主要包含以下两个方面：一是教育、媒介、美术等方面表现出现代国民意识的塑造，体现了国家与社会对国民意识的多重影响，如刘超、李孝迁、王儒年等人 ① 的研究；二是政治运动和政策对国民的塑造。

中国共产党在革命时期和新中国时期的国家塑造，成为学术界研究关注的重点。曹树基认为，20 世纪 50 年代国家对于农民利益的关注和承诺，导致了农民观念中的国家意识的根本变革。20 世纪 50 年代新的国家形象的塑造是国家与农民"同谋"的结果。② 庞龙斌指出，从塑造的必然性和可能性来看，塑造农民的政治心理既符合党改造农民的愿望，也与农民的实际承受能力相吻合；从塑造的社会环境来看，二元制社会结构导致农民的心理失衡，人民公社化运动在农村的推进迫切需要农民的参与。③ 郭晓明认为红卫兵存在的社会政治环境包括"文化大革命"前 17 年中国教育制度、政治体

---

① 王儒年：《20 世纪初期上海报纸广告对市民的身份塑造——以二三十年代的〈申报〉为例》，《郑州大学学报（哲学社会科学版）》，2005 年第 3 期。刘超：《民族主义与中国历史书写——清末民国时期中学中国历史教科书研究》，复旦大学博士学位论文，2005 年。李孝迁：《"制造国民"：晚清历史教科书的政治诉求》，《社会科学特辑》，2011 年第 2 期。余伟民、刘昶主编：《文化和教育视野中的国民意识——历史演进与国际比较》，上海：上海辞书出版社，2012 年版。章莹：《塑造"国民"：清末民初中小学历史教科书中的国民教育》，扬州大学硕士学位论文，2013 年。王儒年：《20 世纪初期上海报纸广告对市民的身份塑造——以二三十年代的〈申报〉为例》，《郑州大学学报（哲学社会科学版）》，2005 年第 3 期。王海燕：《新中国国家形象塑造——建国 17 年绘画题材研究》，上海大学博士学位论文，2010 年。

② 曹树基：《国家形象的塑造——以 1950 年代的国家话语为中心》，《上海交通大学学报（哲学社会科学版）》，2008 年第 3 期。

③ 庞龙斌：《试析人民公社化运动中党对农民政治心理的塑造》，华南师范大学硕士学位论文，2004 年。

第五章　国家塑造与价值观认同：上海高校政治课教师队伍建设　101

制——社会结构下的红卫兵家庭、舆论传媒的政治指向性、突发政治事件的爆发与刺激。①

　　有学者指出，政治运动中展现的认同未必是真正认同，而多有仪式化特征。运动中的政治认同即便存在，也具有即时性和生活化特征。因此，对于高校教师的观念和角色的变化需要关注多种活动的综合影响。本章以新中国成立初期上海市高校政治课教师为中心，重点解析国家对教师的塑造及其影响，进而深入剖析新中国成立初期知识分子价值观认同问题。

一、政治课教师队伍培养

　　对于各校政治课教师队伍，上海教育部门希望实行严格的管理，以期提高教师队伍质量。1950 年 2 月 6 日，上海市高教处发文，宣布对政治课教师的选聘具有决定权，要求各校无论是新聘请还是续聘的主讲教授以及助教，均须先呈报核准，未经核准者，校方不得发聘书。②1950 年 9 月 2 日，华东教育部发布《上海市院校政治教学进行办法及政治教授助教聘请暂行办法》，明文规定各学校聘请政治教授及政治助教先报华东教育部核准，只有"政治讲座"聘请人员可由各校自行接洽。③

　　如前所述，新中国成立初期上海市高校政治课教师队伍中存在的问题是相当大的，因而急需通过各种措施提高队伍素质和思想政治教育工作的成效。上海市高教处努力实行各种措施，包括配合教育部定期选拔助教进行培训，还通过举办暑假学习会、专题讲座等方式，以期提高教师素质。根据访谈，余子道 1949 年 7 月成为复旦大学的助教，是年 9 月就被安排上政治课。1953 年 9 月，他被派到中国人民大学中共革命史班进行培训，1955 年 8 月毕业，是复旦第一批去中国人民大学培训的教师。④由于教师的缺乏，一些年轻教师成为政治课教学的主力，并不能在任教一开始就接受正规的培训和学习。

　　选拔助教去北京培训，对于各校而言并不是教师培养的长久良策：一是

---

① 郭晓明：《影响红卫兵政治心理塑造的政治环境因素》，《兰州学刊》，2006 年第 9 期。
② 《上海市人民政府高等教育处公函》，上海档案馆：Q241-1-47。
③ 《上海市大专院校政治教学进行办法及政治教授助教聘请暂行办法》，上海档案馆：Q241-1-126。
④ 复旦大学余子道教授访谈资料，2017 年 8 月 12 日。

去北京学习的名额有限，二是许多人培训结束之后并未回原校工作而是留北
京重新分配，这种情况影响了各校送助教去北京学习的积极性。① 当然有些
学校也将到人大、北大进修作为助教培养的一种有效方式，因为助教通过集
中学习，受到良好的指导和训练。但这种培训对于学校是有要求的，师资力
量强的，每年可抽调一部分进修培养，而师资力量弱的，则是"心有余而力
不足"，无法向助教提供到人大、北大培训的机会。②

　　根据华东区的调查，至1954年各高校政治课师资亦不平衡："政治经济
学"教师基本可以维持教学任务，"中国革命史"教师数量比教学任务缺少
十分之一，"马列主义基础"师资极为缺乏，导致27所高等学校尚未开设课
程，"辩证唯物主义"的师资也很缺乏，有6所高校尚未开设课程。因此华
东局党校设立专门机构，为本区高校长期培训政治课师资。主要方式有：举
办学习班，时间为一或两年，学习对象为现有辅导助教及机关在职干部；在
暑假或寒假举办短期讲习班或讲座，或者必要时举办"业余讲座"，采取
"在职学习，夜间上课"的方式，帮助在职教师自修和进修。③

　　由于筹备问题，1953年暑期政治经济学讲习班和1954年暑期中国革命
史讲习班皆委托复旦大学举办。讲习班实际效果因现实条件约束亦会有所
欠缺。1953年暑期政治经济学讲习班，从32所大学、专科、师范学院抽
调68名学员进行学习。原定的参加学习的学员条件较突出，希望符合以下
条件：（1）以经济系及政治经济学的优秀助教为主；（2）具有政治经济学基
础知识，有培养前途的他系助教；（3）有社会科学基础知识，有培养前途的
助教。但各校所选拔出来的学员，其业务水平却非常不一：学过"政治经济
学"，并有过一年左右教学经验者，是极少数，仅有3人；虽然学过"政治
经济学"，但没有实际的教学经验者，占大多数，共有45人；没有学过"政
治经济学"的人数也相当多，有20人。这反映了各校对选送学员工作不够
重视，普遍抱着"送去学学亦是好的"的观点，华东当局也没有采取有效的
审查办法。④ 至1954年对于学员条件似乎也没有特别大的要求。如1954年暑
假中国革命史讲座的对象要求是中国革命史的教员、开课和未开课（辅导）

────────────

　① 《华东师大、政法学院、体育学院三校关于政治理论课情况汇报》，上海档案馆：A26-2-391。
　② 《政治理论课程师资及教学基本情况综合汇报》，上海档案馆：A26-2-391-12。
　③ 《华东区高等学校政治理论课教师师资培养计划》，上海档案馆：A26-2-290。
　④ 《华东区高等学校一九五三年暑期政治经济学讲习班工作总结》，上海档案馆：A26-2-188-10。

的助教，是针对教师和助教的；而1954—1956年马列主义基础讲习班的学员条件是具有高中以上文化水平，两年以上党龄，一定理论知识，身体健康，能坚持学习者。相对而言，条件非常宽松。①

1953年暑期政治经济学讲习班采取委托学校举办的方式，被认为是可行的途径，前提条件是被委托学校具有良好的师资条件并且学校领导机关能够重视和配合。该期讲习班结束后学员们普遍反映收获大大超过了预期，但学员情况不一，学习效果也有差异。有10人对政治经济学体系有了基本的了解，试讲内容基本正确，教学态度也较严谨，已经完全具备独立开课的初步能力，占总数的17%。大多数学员经过学习，试讲内容基本正确，讲解亦清楚，但对政治经济学体系尚不够了解，在集体备课的条件下可以开课，暂时还不能独立开课，共有36人，占58%。此外尚有15人对政治经济学体系和基本内容都还不够明确，只能担任辅导工作，占总数的25%。②

关于学习班和业余讲座等，在现实操作过程中往往也会遇到各种问题，大多教师本身工作量较大，导致进修时间少。据高校反映，教师进修并没有具体计划，对于讲师、副教授和教授之区别没有明确要求。③

据统计，1955年上海16所高校共有政治课教师333人，其中青年讲师、助教占多数，高达76%，而在马列学院、中国人民大学、北京大学等进修的共58人，占总数的17%，其中青年讲师、助教52人。④这说明青年教师是培训的主要力量。1957年上海17所高校四门政治课教师330人，招考毕业生和人大党校系统学习进修过的139人，⑤尚不到一半，更何况专门进行进修之教师。高校政治课教师队伍建设工作最重要的在于对现职人员能力的提升，并且相关工作最好都便宜地落实在本校工作之内，而不是另外增加成本到外地学习。如1955年华东师范大学提出，最好"有马列主义基础苏联专家来校指导教学"。⑥

就高校政治课教师本身素质的提升不完全依靠外地培训，在这一点上上海市相关部门以及各高校都做了相当多的工作，包括对于教师工作的定期检

① 《华东区高等学校政治理论课教师师资培养计划》附件，上海档案馆：A26-2-290。
② 《华东区高等学校一九五三年暑期政治经济学讲习班工作总结》，上海档案馆：A26-2-188-10。
③ 《华东师大、政法学院、体育学院三校关于政治理论课情况汇报》，上海档案馆：A26-2-391。
④ 《关于上海市16个高等学校的政治师资情况及意见的报告》，上海档案馆：A23-2-47。
⑤ 统计数字不包括三个高等师范学校。《关于政治课师资情况的调查报告》，上海档案馆：A23-2-1629。
⑥ 《华东师大、政法学院、体育学院三校关于政治理论课情况汇报》，上海档案馆：A26-2-391。

查、指导，并通过相关组织加强教师工作的效力等等。直接关乎思想政治教育工作的主要有两类教师，一为政治教授，一为助教，兹从以下两个角度详细进行分析。

二、政治教授：检查与指导

为了提高教学实效，上海高校对于"政治教授"的上课方法、存在问题以及影响作了详细的调查，以期能有效解决问题。

1949年度复旦大学政治课教师教学存在四个问题："1. 不联系同学思想情况；2. 不能结合实际（不常用实例解释提纲）；3. 条文式地讲解；4. 方法呆板不生动。"这种教学状态严重影响了学生上课的积极性，上课率大为减少："一开学，同学们的学习情绪本很高，不致一个月，上课的人数大为减少，有的班上还不到三分之一。"据称学生不上课主要是由于"教授内容不充实，与实际联系不够，显得呆板无味"。①

其他学校也存在类似问题。如上海美术专科学校主讲教师优点有三条：教授态度严肃负责，不缺课，不迟到，不早退；教授有系统，有条理，联系实际，能掌握学生听课情绪，使学生易于接受和理解；教导工作有步骤，有计划，能坚持原则，负责工作。缺点也被归纳为三点：教师联系群众不够普遍深入，对学生的思想情况掌握不全面，因而不能及时解决同学的思想问题；有的教师讲课语速太快，不方便记笔记；教师态度过严，使同学感觉教师不易接近。② 由此可见，与现实以及学生联系不够密切是主讲教师普遍存在的问题，而在上课态度等方面则基本比较好。因而，上海美术专科学校提出的解决方法都与此有关："政治教员必须主动地更紧密地联系群众，深入群众，参与群众的日常活动，才可能掌握全面思想情况，而发现问题，解决问题。下学期应该朝着这个方面努力。教员讲授对同学的进步有决定因素，教员必须充实讲授内容，做好准备工作，讲授必须多举实例，必须精神振作和贯注，才可能掌握同学听课情绪，才可能易于被接受。最好多写黑板。"③

① 《国立复旦大学政治课学期总结》，上海档案馆：B1-1-2199。
② 《上海美术专科学校一九五零年度第二学期政治学习总结报告》，上海档案馆：Q250-1-75。
③ 同上。

该时期的检查总结不仅仅是为了发现问题，也是为了解决问题。因此，这些被检查出来有各种问题的政治课教授，并不因其存在问题而有影响，是新中国初期教育部门和高校倚赖的专家。如表 5-1 所示，上海高等学校教师委员会整理名单的依据是"高等学校专家、名教授小传及人民出版社预约写

表 5-1　1954 年上海高等学校历史学专家、学者名单

姓　名	职　　务	党　派	学　术　专　长
周谷城	复旦大学历史系教授	农工民主党中央委员	历史学；著作《中国通史》《世界通史》等（已出版）
周予同	复旦大学历史系教授兼副教务长（市文委副主任）	—	历史学；著作《今古文学》《群经概论》等（已出版）
胡厚宣	复旦大学历史系教授	九三学社	甲骨文、考古学；著作《从殷墟的发掘来看中国的奴隶社会》（准备写）
胡绳武	复旦大学历史系讲师	—	近代史
陈守宝	复旦大学历史系教授	九三学社	明史学；著作《清明史》（准备写）
谭其骧	复旦大学历史系教授	民盟	历史；著作《史地杂记》（已出版），《隋唐五代史》（准备写）
陈旭麓	华东师范大学历史系教授兼系副主任	中共候补党员	历史学；著作《辛亥革命》（准备写）
戴家祥	华东师范大学中国古代史研究组教授	—	考古学；著作《商周历史》（已出版），《秦汉史》（准备写）
吴泽	华东师范大学历史系教授兼系主任	中共党员	中国史；著作《中国历史研究法》《中国史简编》《古代史》（已出版），《康有为和梁启超》（准备写）
束世澂	华东师范大学中国古代史教研组教授	—	甲骨文；著作《中英外交史》《中法外交史》（已出版），《宋辽金元史》（准备写）
李平心	华东师范大学教授	—	历史学；著作《中国历史年表》（准备写）
吕思勉	华东师范大学历史系教授	—	历史学；著作《白话本国史》《理学纲要》《先秦史》《中国民族史》（已出版），《隋唐史》（准备写）
盛华	华东纺织工学院院长	—	学术专长《中国革命史》，著作《中国共产党怎样领导第一二三四次革命战争》（准备写）

资料来源：《上海高等学校中对马列主义理论、文学、历史学、政治经济学方面较有研究的专家、学者名单》部分内容，上海档案馆：A26-2-344-1。

稿人名单"。① 从名单内容来看，这些专家学者所依赖的是其学术专长；从党派情况来看，中共党员也未占绝对数量。从专业素质来讲，这些被拉入政治课的专家比一般教员肯定要高一些；虽然这些政治教授都有助教协助工作，但鉴于思想政治教育活动的广泛性，以及教师总体缺乏的状况下很多教授都还兼授其他课程，因此这些政治教授并不能专全力于学生的政治课教学。但总体来说，这些政治课教授的授课和学术水平是非常高的，也能得到学生的认可及尊重。

据吴铎回忆，1952年他进入华东师范大学政治教育专修科学习时："当时国家十分重视对急需人才的培养，学校配备了最强的教授阵容在我们专修科任教。四门专业基础课分别由教务长刘佛年教授讲授联共（布）党史，知名哲学家冯契教授讲授哲学，经济学家、我校国际金融专业奠基人陈彪如教授讲授政治经济学，知名党史学者刘惠吾先生讲授中共党史。其他专业课也都是知名教授担任。历史学家陈旭麓教授讲授中国近代史，历史学家曹汉奇教授讲授中国通史，政治学家石啸冲教授讲授国际关系，教育学家曹孚教授讲授教育学，心理学家谢循初教授讲授心理学。这样的师资力量可以说是最高水平的。"② 从其所述可知，上海市高度重视高校教育，在学校师资配置上已尽其所能，也能为学生信服。

1953年9月28日，上海市高等学校教师学习委员会（下称学委会）成立，在第一次会议上提出，为了满足高等学校教师在思想改造运动后普遍增长的学习政治理论的要求，准备在教师中组织系统的马克思列宁主义理论学习，不断地提高教师的政治理论水平，在今后四年内大体上学完"中国革命史""马列主义基础""政治经济学""辩证唯物主义与历史唯物主义"四门课程。是年秋季开学后，先学"中国革命史"，此后每学年依次学习其余课程。③ 因而，政治教授同时不得不承担着对全体教师进行授课的任务。

据材料，政治教授对教师进行讲课、做报告等形式的思想政治教育工作，也是受到严格的检查与指导的。1954年度各高校又对教师授课情况反映

① 《上海高等学校中对马列主义理论、文学、历史学、政治经济学方面较有研究的专家、学者名单》部分内容，上海档案馆：A26-2-344-1。
② 汤涛主编：《丽娃记忆：华东师大口述实录（第二辑）》，上海：上海三联书店，2016年版，第19页。
③ 《上海市高等学校教师学习"中国革命史"的计划》，上海市档案馆：A26-1-216。

进行了详细汇报，汇报包括授课问题以及相应的解决措施。

医科大学由胡曲园讲课三次，两次上课、一次解答，一般反映尚好，如理由概念较明确，讲得较慢易记录，举例生动，浅显易懂；只是对胡曲园的解答报告不满意，认为回答似是而非。汇报详细记述其两个观点，认为是错误的："辩证唯物论是马列主义政党的宇宙观而非共产阶级的宇宙观。因工人阶级中黄色工人等，把马列主义与阶级（共产）分列开来，把个别与集体分列开来。宣罗祥学去胡家中当面谈起，胡仍坚持已见。关于和平共处问题，谈和苏联因无矛盾故可和平共处，而与英美因有矛盾故不可和平共处。"对于讲述中一些例证，汇报认为举例不当，如"第三讲中的互相联系互相制约的问题，举了无产阶级与资产阶级也是互相制约。关于偶然性与必然性：列宁的产生对中国革命来讲是偶然性，没有他也能胜利。中国的革命战争胜利，不在于总的战争上而在相许多个战争胜利合起来的胜利。关于举例：匹夫洛夫的学说，成立感性认识到理性认识。狗肺不能装在人身上（不同的事物不能适合于不同的规律）"。虽然前述有三大优点，但基于这些错误学校党委研究决定，引言报告尚可请胡曲园作，解答报告易请他人。①

第二医科大学也请胡曲园讲过一次，对胡的反映却是尚好。该校认为舍诺不太好，并附详细理由，认为舍诺讲课技术存在问题，"语言听不懂，讲话无重点，只提原则，而不在原则上反复讲说，而应是在提出原则时再说明"；认为舍诺举例也不恰当，如"水在一百度能发生蒸气，九十九即不能产生蒸气。温度表（孟达勒斯）不适于高温"。当然，该校对于舍诺的态度还是高度认可，舍诺备课准备了两个星期，认为其"备课还是很认真的"。②

平心而论，这些批评并不因官位的高低而有所不同，确实从当时的要求提出了各种问题。如同济大学共做四次报告，薛校长讲两次，朱士耀讲两次。对于薛校长"反映普遍不满"，一是不能很好掌握时间，往往一讲即四五个小时。二是报告内容评价很低，有如下问题："头重脚轻，报告一开始讲要讲几个问题，后来因时间不足而简略结束，报告平淡，只平铺直叙地，有时又扯东扯西。在导言中谈社会发展史，因而占用时间很长。"朱士

---

① 《关于讲课后收集的各校反映》，上海档案馆：A26-2-308-52。

② 同上。

耀第一次报告反映较好，第二次则有较多意见，原因是只讲书本的东西，报告重点不突出，同时不能结合实际情况，没有与中国国情、学校情况、教师特点相结合。鉴于这些，认为朱如果长期在同济讲课是"成问题的，从教师对学习理论的要求讲，应通过讲课提高教师认识，但朱不能做到这一点"。①这些批评，反映了对于政治教授要求之严格。

如前述相关进修培养等名额都倾向于年轻的教员和助教等，对于教授而言缺少进修的条件。当然1950—1951年亦有教授进修的文件出台，如《华东区高等学校教授进修暂行办法（草案）》，进修方式包括学习、研究、考察、实习等，但进修条件非常严格：1.继续在一校担任专任教授七年以上其教学成绩优良，申请进修经核准者；2.由于实际需要，经学校行政方面之建议经核准者；3.由于实际需要，由华东军政委员会教育部（以下简称华东教育部）指令调派者。进修名额也有限制：各校（院）进修教授在同一时间不得超过该校（院）专任教授名额百分之五，以不影响教学为限。华东教育部严格掌握教授进修的程序：由本人提出进修计划书（包括内容、期限、地点、步骤），经过系（科、组）务会议通过［不属于系（科、组）者，由教务会议通过］、教务长同意，提请校（院）长校（院）务委员会审定，报华东教育部核准。进修教授进修期满后须提出工作报告或研究成果等，提经系（科、组）务会议审查［不属于系（科、组）者，由教务会议审查］后，也必须要呈报华东教育局。在进修期间，未经华东教育部核准，不得接受其他职务；进修期满应回原校工作，未经华东教育部核准，不得接受他处职务。进修待遇倒是非常不错，规定进修期间保留原职，除支原职薪津外，根据进修计划酌予进修补助费用。②

在新中国成立初期，政治教授虽然专业素质高，但因为政治课教学以及其他政治工作都较重，无法专力进行学生教学工作。由以上材料可知，值得学习的是，此时并未放松对政治教授的授课要求，经常检查和指导以便于保证授课质量。有些批评未必全对，但对当时而言，这些批评未影响政治教授的地位，还是可取的，对于政治课教师队伍素质的提高不无裨益。

---

① 《关于讲课后收集的各校反映》，上海档案馆：A26-2-308-52。

② 《华东区高等学校教授进修暂行办法（草案）》，上海档案馆：B105-5-152-10。

三、政治助教：指导与学习

在政治课教师队伍中，助教占有非常重要的位置。如前所述，助教是政治课教师培养的重点对象，也是推进教师与学生联系的重要人员，在定期政治助教会议上以口头汇报和书面报告的形式反映学生学习情况。

实际上，不仅仅是政治助教，所有助教在当时都是高校师资的重要来源，因而相关政策也对助教给予倾斜，积极帮助助教向教员发展。根据1950—1951年《关于加强华东区高等学校助教的学习和研究工作的意见》，高等学校对于改进助教的学习和研究工作，必须予以重视并给予具体的领导，教授和副教授（以下统称教授）负有领导助教进行学习和研究工作的责任，教授应有计划地指导助教进行学习和研究工作，以提高其学术水平及培养其教学能力。为使助教的学习和研究得以正规地进行，明文规定助教工作范围主要有两方面：一是协助教学工作，如协助教授、讲师指导学生做练习、实验、实习、改正习题和报告，向学生解答自习过程中的一般疑问，搜集学生学习情况及所发生的问题及时反映给教授、讲师，协助教授、讲师搜集整理教学上所需要的资料等；二是有计划地进行研究工作，此项研究工作，或根据本系（或本教研组）的集体研究计划在系主任（或教研组主任）的指导下进行，或根据本人所提出而经系主任（或教研组主任）批准的个人研究计划进行。①

为了避免助教被行政工作所拖累，还明确规定助教"应在系主任（或教研组主任或指定教授）领导下进行系（组）务工作，如指导技术员或技工管理实验室及其他实验设备，协助管理本系（或本教研组）的教学参考资料，以及协助拟定系（组）务计划、教学设备预算等等，凡可由一般职员担任的工作，应有步骤地转移有关职员办理，尽可能避免以额外负担加诸助教，以致影响其学习和研究工作的进行"。②

新中国成立初期，上海高校仅公立学校配有较多助教。在1949年第一

① 《关于加强华东区高等学校助教的学习和研究工作的意见（草案）》，上海档案馆：B105-5-152-8。
② 同上。

学期，复旦大学思政助教小组便很好地开展了工作：

> 我们七个人组成了一组，每星期开两次工作会议，发挥了集体领导的精神，解决了一些工作上学习上的问题。同时直接掌握着同学的小组长联席会，进行布置学习大纲、检查工作、解答问题等等。然后采取分别小组的优劣，个别参加同学的小组讨论，取得经验教训，随时纠正偏向。我们的优点是这学期紧紧地掌握了课程的三个中心——劳动观点、阶级观点和国家学说，结合了同学们的思想情况，基本上是成功的，给同学们提高了学习情绪，尽可能地使同学联系实际、联系自己。①

当然，组织成立初期缺点也是非常明显的，许多助教工作重心明显偏离学生思想政治教育工作，其在总结中也没有掩饰这一点：

> 缺点是因为我们除去政治课工作以外，大部分的时间被另外的工作占去了。（为曾乐山、袁识先同志是党支委，胡绳武、张灵运同志在教协和员工会，邵懋昭同志在化学系担任了三个下午的实习。）因而不能与同学密切联系，即使我们的助教小组本身除去开会以外的联系也不够，每次助教小组开会时也没有很好的计划和准备，只临时提出问题和解决问题，还有每半月一次的本校政治教员会议，也开得不成功。我们还没有很好地照顾到教授，这些地方都需要改进的。总结起来说，我们通过小组长来领导和组织同学的学习，是正确的，适合于复旦的情况的，只是起初我们没有经验，不能明确地确定小组长联席会议的性质和任务。既没有很好地运用各系的学艺股②，又没有及时地解答同学所提的问题。教授更没有根据这些实际情况，在课堂上予以解决。除上课外，与同学更无联系。只是在期末才由我们的助教小组把两次讨论提纲拟完答案，在本校铅印周刊《新复旦》上发表。③

其时由于师资的缺乏，很多工作之所以没有达到预期效果，也和助教人

---

① 《国立复旦大学政治课学期总结》，上海档案馆：B1-1-2199。
② 学艺股是学生自治会下设组织。
③ 《国立复旦大学政治课学期总结》，上海档案馆：B1-1-2199。

少、工作量大有密切关系。同上资料显示："政治助教太少，不能符合同学们的与政治助教密切联系的要求。他们要求开小组会时最好有政治助教出席，事实上我们每个人平均指导的约有 25 组，在一个星期之内只能参加两三次，一学期中根本不能够每组都轮流参加。"①《复旦大学校刊》1950 年第 20 期总结一个月的政治助教工作，检讨主要缺点是效率不高，工作忙乱而计划性不强，与各方面的配合更是不足。政治助教的工作较为被动，处理事情显得拖沓。对于这些缺点，政治助教表示有勇气来改正，以争取工作的更大成就。②

根据相关政策，助教的工作和学习都要求学校和院系给予充分的保证。助教的学习和研究时间都算在助教工作时数内："助教每周工作时数包括协助教学工作时间（为协助教学所需的听课时间亦包括在内）工作时间以及协助系（教）务工作时间，以四十八小时为标准；其中应以协助教学工作为主。但研究工作时间不应少于十二小时。在以上工作时间以外，助教并应进行政治上的及有关科学基础的学习，以为提高自己的业务能力创设条件。"对于助教的研究工作，系主任（或教师组主任）并应指定一定教授给予经常的指导和督促，"必要时并应协助其制订专题研究计划"，"系主任（或教研组主任）及教授在分配助教协助教学方面的工作时，应尽可能与其研究计划相配合，并竭力避免时常调动工作"。③

为了应付急迫的开课任务，对政治课教师的基本要求是掌握教学内容，培养开课能力。大多数学校采取了边学边教、短期速成的方式。具体办法有：1.系统听课。助教系统听主讲教员的课，有些学校尚未开设该课程，则到开课的邻校旁听。2.有计划地组织教师学习，学习内容以讲稿、教科书为主，也谈一些重要经典著作。由教研组或主讲教员帮助助教订出计划，定期检查。3.试讲。教研组或主讲教员帮助进行试讲，以取得组织教材及讲授的经验。在这种短期速成的方式培养下，助教一般两年可开课，也有的一年即开课，甚至于一上来就开课。④

---

① 《国立复旦大学政治课学期总结》，上海档案馆：B1-1-2199。

② 政治助教小组：《一月来的政治助教工作和同学们底学习情况》，《复旦大学校刊》，1950 年第 20 期。

③ 《关于加强华东区高等学校助教的学习和研究工作的意见（草案）》，上海档案馆：B105-5-152-8。

④ 《政治理论课程师资及教学基本情况综合汇报》，上海档案馆：A26-2-391-12。

当然，在各校的具体工作中，对助教的培养是重中之重，确有学校能够按要求培养助教。如1955年，华东师范大学马列主义基础教研组培养助教颇成系统，专定一教师负责培养助教工作，助教是在指导教师有计划的指导之下进行学习的。指导教师在助教学习一开始就提出两年培养目标，要求助教：基本掌握教材，能独立进行教学工作；养成科学研究的兴趣和毅力，能进行初步的科学研究，写出有一定质量的论文；在专业基础上学好四门政治课，并不断提高文化修养、锻炼思想品质、掌握教学方法。指导教师的指导工作分为三个过程：

1. 培养助教的读书习惯，主要是培养阅读原著的习惯，要求一字一句的精读，防止急躁和粗枝大叶。在学习每一单元前，指导教师先作启发报告，指出重点及注意的地方，助教在学习中发生的问题，教师进行具体指导，助教学一原著必须按重点做读书笔记，学完一单元进行一次讨论会，指导教师参加指导。学两三单元后，指导教师提出进行考查一次。经过考查后，指导教师进一步提出要求。

2. 指导教师指出，学原著必须要进行分析综合、融会贯通、联系实际，提出问题、解决问题。指导教师做示范，使助教从实例中明确如何分析与综合一篇原著，两学期结束时进行一次口试。

3. 培养助教初步的科学研究能力，指导教师提出一些问题让助教进行思考。当助教讲完一个题目时，指导教师要求助教汇报对这题如何思考的。指导教师提出应继续进行思考的地方。要求助教详细占有材料，然后进行科学分析，抓住中心问题反复论证，最后写成书面。这就是该组培养助教的简单情况。①

以上材料详细说明了在助教培养过程中，要注意理论素质和科研能力的提高，其详细记述各过程要求，说明对于实际效果是高度重视的，而不是走形式。沈仲菜回忆："1953年我留校以后，政教系选了八个留校同学，组织起来专门学习马列名著，如《共产党宣言》《哥达纲领批判》等，由冯契先生带我们学习原著。冯先生对我们很严格，一个学期结束就要考试的，每个

---

① 《华东师大、政法学院、体育学院三校关于政治理论课情况汇报》，上海档案馆：A26-2-391。

人都是口试。我觉得能够留在政教系对我来说是一件很了不起的事，说明组织上对我很信任，感到很荣幸，所以拼命读书，一天三个单位的时间都在学习。就这样学了一年，一年后我做了刘佛年先生的助教。当时他在我们政教系上《联共（布）党史》课，他上完课后，我协助他辅导学生。"① 根据沈仲荣的讲述，教授指导学习经典著作长达一年时间，并且有严格的考核，学习之后，才能成为助教进行课程辅导。

1955 年据华东体育学院汇报，其助教情况如表 5-2 所示，虽然大多是党员、团员，历史清楚，大多都是大学毕业生，有一定理论水平，年轻，进取性强，工作积极负责，但同时"缺乏实际斗争经验，而且也缺乏实际教学经验，更重要的是理论水平不高，因此教学过程中问题也是不少的"。②

表 5-2　1955 年华东体育学院助教概况

姓　名	性别	党　派	教育背景	工作情况及其他
刘秉芸	女	中共党员	1952 年毕业于复旦大学法律系	1954 年暑假以后调来我院，现任政治经济学讲授与辅导工作。
茅鹤清	男	中共党员	1952 年毕业于复旦大学政治学系	1952 年暑假中毕业后即分配来我院，曾担任过新民主主义论讲授辅导工作一年。1953 年暑假后开始辅导政治经济学，现在担任政治经济学讲授与辅导工作。
王琪	女	中共党员	1952 年毕业于华东师大教育系	1952 年毕业后即分配来我院。一直担任中国革命史讲授与辅导工作。
陈昌霖	男	青年团员	1954 年毕业于东北师大中国革命史教研室	现担任中国革命史讲授与辅导工作。
温定昌	男	群众	1954 年毕业于武汉大学合作贸易系	现任马列主义基础辅导工作。
于崇奥	男	中共党员	现在人大大学习马列主义基础	学习时间二年，1954 年毕业后，1956 年暑假前回校。

资料来源：《华东体育学院政治课教学小组情况》，上海档案馆：A26-2-391。

对教学的影响，主要在于教学质量不高，具体论述有三条：第一，讲授时重点不突出，教师自己对章节之间的内在联系领会不深，因此往往为讲授

---

① 汤涛主编：《丽娃记忆：华东师大口述实录（第三辑）》，上海：上海三联书店，2018 年版，第 150—151 页。

② 《华东体育学院政治课教学小组情况》，上海档案馆：A26-2-391。

而讲授，为分析而分析。如中国革命史在讲授时，不能把党在各个时期的政策路线与当时的国际、国内形势联系起来，往往把分析过的形势、阶级关系变化丢在一边。割裂了章节问题间的联系。学生听起来就觉得抓不住中心，问题不明确。第二，教学内容分量过重。教师还没有能够按照苏联教学大纲或兄弟学校的教学大纲制订出切合该学院具体情况的教学大纲，往往只能照搬，因此教学上内容多，分量重，进度快，教学不能及时补习消化。如马列主义基础上学期只有三次课堂讨论而政治经济学只有两次，这与高教部规定的课堂实习是不符合的。第三，各课在各讲中还不能够很好地做到理论联系实际。虽然教师有尝试和努力，"但只能做到点滴、零碎的联系。因此对问题的分析不深不透，不能够帮助同学从本质上来提高认识"。①

这种教学情况，华东体育学院认为各课基本还是能够保持理论的系统性、完整性，主要问题是政治课的战斗性、思想性不强。就如何通过培养师资解决问题，华东体育学院认为要加强教学小组工作，并表达出主要希望通过教育相关部门解决，如："第一，要求能够上级适当组织国家社会主义建设和国际形势的报告，最好能做出计划，以提高师资的政治水平。第二，希望中央高教部能够对工科理科艺术性学校的政治课的教学大纲作一次研究，或者可以把某一学校比较切合实际的教学大纲向各校作介绍。第三，希望上海市委能够介绍一些政治课教师下工厂、下农村，这样可以使理论联系实际方面能有所改进。第四，有些资料为图片照片等等（文字的、文件的、图画的），希望能比较统一的来搞。"②寄希望于上级部门来解决问题，可见其时学校困难应该颇多。

四、政治课教师队伍建设成效

单纯从数字来看，政治课教师队伍一直处于师资力量薄弱的状态。如表5-3所示，一半学校尚缺乏两位数以上的教师，包括师资力量较好的交通大学。

---

① 《华东体育学院政治课教学小组情况》，上海档案馆：A26-2-391。
② 同上。

表 5-3　上海各高等学校 1955—1956 学年度需增加政治课师资情况

学校	合计			马克思列宁主义基础			中国革命史			政治经济学			辩证唯物主义与历史唯物主义			社会主义经济建设		
	总计	主讲	辅导	小计	主讲	辅导	小计	主讲	辅导	小计	主讲	辅导	小计	主讲	辅导	小计	主讲	辅导
合计	160	82	78	68	38	30	31	20	11	44	17	27	16	6	10	1	1	0
交通大学	12	12	0	5	5	0	5	5	0	2	2	0	0	0	0	0	0	0
同济大学	14	5	9	6	2	4	3	1	2	4	1	3	0	0	0	1	1	0
华东化工学院	5	5	0	1	1	0	2	2	0	2	2	0	0	0	0	0	0	0
华东纺织工学院	12	12	0	7	7	0	5	5	0	0	0	0	0	0	0	0	0	0
复旦大学	6	6	0	6	6	0	0	0	0	0	0	0	0	0	0	0	0	0
上海俄文专科学校	17	7	10	10	4	6	0	0	0	4	1	3	3	2	1	0	0	0
上海财经学院	8	5	3	1	1	0	0	0	0	6	3	3	1	1	0	0	0	0
上海水产学院	3	3	0	1	1	0	1	1	0	1	1	0	0	0	0	0	0	0
华东师范大学	25	5	20	7	2	5	6	1	5	6	1	5	6	1	5	0	0	0
华东体育学院	3	2	1	1	1	0	1	1	0	1	0	1	0	0	0	0	0	0
上海第一医学院	14	4	10	7	2	5	0	0	0	7	2	5	0	0	0	0	0	0
上海第二医学院	5	3	2	2	1	1	1	1	0	1	1	0	1	0	1	0	0	0
华东政法学院	19	5	14	4	1	3	2	1	1	9	2	7	4	1	3	0	0	0
中央戏剧学院华东分院	2	2	0	1	1	0	0	0	0	0	0	0	1	1	0	0	0	0
中央音乐学院华东分院	3	3	0	1	1	0	1	1	0	1	1	0	0	0	0	0	0	0

（续表）

学校	合计			马克思列宁主义基础			中国革命史			政治经济学			辩证唯物主义与历史唯物主义			社会主义经济建设		
	总计	主讲	辅导	小计	主讲	辅导	小计	主讲	辅导	小计	主讲	辅导	小计	主讲	辅导	小计	主讲	辅导
上海师范专科学校	12	3	9	8	2	6	2	1	1	1	0	1	1	0	1	0	0	0

说明：1. 此表中数字系根据各校报来的数字汇总而成，未经领导严格审核。各校所报数字在掌握上宽严各不一致，绝大多数学校确定之现需补充师资数均系根据1955—1956学年度实际教学任务（授课学生数）进行计算，仅有个别学校（华东师范大学）系估计数字。

2. 各校所报数字中，有五校提出要配备兼主讲教师的教研室主任，其中华东师范大学提出要三人，上海第二医学院、华东体育学院、华东音乐学院、华东戏剧分院等四校各要一人。

资料来源：上海档案馆：A26-2-390。

具体分析而言，这和课程开展情况以及现实条件有着密切关系。依教师所负担教学任务计算（即统计教师数与授课学生数之比），1957年上海高校平均是1∶116，其中政治经济学1∶74，马列主义基础1∶171，中国革命史1∶130，哲学1∶93。音乐学院的马列主义教师与学生比例是1∶43，同济大学的哲学教师与学生比例是1∶233。[①] 如表5-4所示，中国革命史和哲学教师数量也是相对少。论讲师以上人数占总人数比例，中国革命史和哲学这两门课程与马列主义基础相当；论党团员人数占总人数比例，以马列主义基础和中国革命史为高。因而也可以说，将教师职称和政治面貌都全都考虑在内的话，各门课的情况并不悬殊。

各校政治课教师的分布多寡不一，甚至是悬殊，如复旦总数是66人，中国医学院是1人。复旦大学四门课教师情况如表5-5所示，以政治经济学教师力量最强，中国革命史最弱。除了政治经济学，其他三个教研组都有人员需求，复旦大学详述如下：

中国革命史教研组：在我校现有的政治课教研组中，它是教师力量最弱的

---

① 统计数字不包括三个高等师范学校。《关于政治课师资情况的调查报告》，上海档案馆：A23-2-1629。

表 5-4　1957 年各高校四门政治课教师概况

总　　　计		总人数	讲师以上	助教	教员	辅导	进修
		330	71	99	44	55	61
政治经济学	小计	115	32	30	8	21	24
	党员	42	14	4	4	4	16
	团员	48	4	21	3	13	7
	群众	25	14	5	1	4	1
马列主义基础	小计	90	16	30	20	8	16
	党员	48	8	8	19	2	11
	团员	33	6	17	0	5	5
	群众	9	2	5	1	1	0
中国革命史	小计	67	12	23	11	14	7
	党员	39	11	8	9	7	4
	团员	20	0	11	1	5	3
	群众	8	1	4	1	2	0
哲学	小计	58	11	16	5	12	14
	党员	17	5	1	3	0	8
	团员	28	4	9	2	8	5
	群众	13	2	6	0	4	1

资料来源：《关于政治课师资情况的调查报告》，上海档案馆：A23-2-1629。

表 5-5　1957 年复旦大学政治课教师情况

教研组	教　授	副教授	讲　师	教　员	助　教
中国革命史教研组	0	0	4（党员，1 人在人大进修）	0	8（党员 6，团员 2，其中 3 人在进修）
马列主义基础教研组	0	2（党员）	3（党员）	1（党员）	10（党员 4，团员 6）
政治经济学教研组	4（农工 1，九三 2，民建 1）	3（党员 1，团员 1，民盟 1）	5（党员 2，团员 1，民盟 1，无党派 1）	0	9（党员 6，团员 3）
辩证唯物论、历史唯物论教研组	0	0	3（党员 2，团员 1）	2（党员）	12（党员 5，团员 4，无党派 3）

资料来源：《关于政治课师资情况的调查报告》，上海档案馆：A23-2-1629。

教研组，只有 4 个年轻的讲师和 8 个助教。最迫切的是领导干部的缺乏，长时期没有领导骨干。仅由年轻讲助去完成一般教学任务，对现有讲助理论水平的提高影响很大，因此希望能抽调有丰富的革命斗争经验而又具有一定的政治理论水平的，相当于副教授以上的干部来负责领导。同时我们认为从革命史师资培养的长期打算，在集中力量重点建设上海或华东区的革命史教研组（不久我校将设立中国革命史专业）。如此巩固阵地，推广影响，其他兄弟学校可以派进修教师、交流经验，否则平均地分配干部力量，很难发挥应有的作用。

辩证唯物论、历史唯物论教研组现只有教员 2 人（相当讲师水平），讲师 3 人，助教 12 人，均系年轻讲助，因此在提高他们理论水平很有影响，希望增加 2—3 个具有较多政治斗争经验而有一定理论水平的干部来担任教学工作。有一个能胜任教研组正主任的工作。因此要求增加有较高好业务理论水平，相当于副教授以上的教师 1—2 人。

马列主义基础教研组：根据现有师资力量，完成一般教学任务是勉强可以的。便是对于年轻讲助政治理论水平的提高是有困难的，且现有副教授中吴常铭同志担任了党委宣传部长的职务，因此一般年轻的教师不需增加，希抽调 1—2 个具有一定的政治理论水平与丰富斗争经验的相当副教授以上的干部。加强教研组的领导骨干是非常迫切的，同时希望建重点教研组，实为上海或华东培养马列主义基础干部的中心，重点配备了干部，就可以发挥这方面的作用了。①

　　如材料反映，复旦大学对于政治课的定位决定了其对于本校政治课教师要求也高，有建设专门研究中心的长远打算。复旦大学还提出了可操作性的解决措施，视角也非简单关注本校，而是有上海或华东的整体视角。

　　对于一些专科类学校而言，政治课师资培养工作有许多困难和不足。如水产学院和俄文专科学校理论指导力量很弱甚至没有，有的学校一个教研组中全员都是新毕业的大学生，都是"在暗中摸索"。甚或连请专家到本校作报告都感到困难，主要是政治课教师数量少，专门请专家开销"不经济"。许多政治课教师兼任行政职务，无法集中精力于课程。②

---

① 《关于政治课师资情况的调查报告》，上海档案馆：A23-2-1629。
② 《政治理论课程师资及教学基本情况综合汇报》，上海档案馆：A26-2-391-12。

基于各学校现实困难和条件制约，不少学校希望上海市高教局能够提供更多帮助。如复旦大学、财经大学、俄文专科学校和水产学院对上海市高教局提出：1. 有计划地在大学相关专业中培养政治课师资，统一分配时注意其所学专业及政治水平；2. 扩大人大、北大进修名额，并与上海市委学校联系，扩大到党校学习名额；3. 希望市教局统一组织时事政策报告，并请有关部门联系争取参加有关专业会议；4. 希望市教局统一考虑抽调教员下厂、下乡参加实践工作的办法，并适当地组织参观；5. 希望有计划地邀请专家到上海作报告，解答疑问，希望高教局商请党校或其他单位替教师解答疑难问题；6. 希望与市委联系，使政治课教师有进行报告、参观等一些活动的机会；7. 政治课教师负责学生思想工作，因做工作量定额。[①] 这从学校层面反映了相关教育部门对于思想课工作的实际投入以及相关政策、法令的制定等都有相当的不足。

当然各校学生数量也不一样，有的学校政治课教师数量虽低，但结合其学校情况而言，未必不佳。如南洋工学院共有政治教师 10 人，其中教马列主义基础的有 3 人（讲师 1 人、助教 1 人、实习助教 1 人），教政治经济学的有 4 人（讲师 1 人、助教 3 人），教中国革命史的有 3 人（都是助教，其中有 2 人在人大进修），政治教师中共有中共党员 7 人，团员 1 人，群众 2 人。据其校反映："从数量上来看，政治师资是不少的，政治质量基础上也是好的，仅在群众中有 1 人的思想比较落后，是基督教的信徒。"[②]

表 5-6　1957 年上海交通大学政治课教师情况

	讲师、教员	助教	党员	团员	群众	总计
哲　学	2	3	2	3	0	5
政治经济学	4	8	2	9	1	12
马列主义基础	3	6	3	6	0	9
中国革命史	4	8	3	9	0	12
小　计	13	25	10	27	1	38

资料来源：《关于政治课师资情况的调查报告》，上海档案馆：A23-2-1629。

---

① 《政治理论课程师资及教学基本情况综合汇报》，上海档案馆：A26-2-391-12。

② 《关于政治课师资情况的调查报告》，上海档案馆：A23-2-1629。

　　虽然交通大学政治课教师数量算是比较多，共有38名，党团员数量也占比高（如表5-6所示），根据自身需求而言，其校自我评价却不甚高："我校政治课师资较多，共有38人。其中讲师及教员有13人，助教有25人，他们中间大部分是高等学校毕业的学生改到政治课（有2人是研究生），缺乏群众工作经验，理论基础不深，同时又有教条主义倾向。另一部分是原来的工作干部转为政治课的，一般都经过人大或马列学院学习，理论知识较差。"针对本校政治课师资状况，交通大学分析了原因并表达了期望："我校根据第一条情况来看，主要是缺教学骨干。由于缺人领导，以致四门政治理论课还没有分开成立四个教研组，希望能配备能领导科学研究的骨干，前来担任四门课的教研组主任，条件是有一定理论水平，一定工作经验的人，甚至有丰富学知的党外人士亦可，特别是政治经济学及哲学。"①

表 5-7　1955 年上海交通大学政治课教师情况

课　程	主讲教员	辅导教员	学生
中国革命史	5	5	本一、专一共 2018 人
马列主义基础	3	4	本二共 1086 人
政治经济学	2	2	本三共 840 人
社会主义经济建设	2	主讲兼作	专二 602 人
辩证唯物主义	1	主讲兼作	研究生 54 人

资料来源：《交通大学政治理论课程教学工作情况》，上海档案馆：A26-2-391-1。

　　当然，如果从纵向发展而言，交通大学的政治课师资应是有了较大发展。如1955年尚共有教员24人，除1名讲师外，其余均为助教，教员工作量非常大，平均要担负200多名学生的工作，因而难免难以按要求完成对学生的辅导工作，如表5-7所示。1957年交通大学对政治课师资评价不高，和其基础是有密切关系的。1955年的24名政治课教师中，除了教研室主任，其他均为新干部，而是年教研室主任因病不能上课。23名助教中，在人民大学学习的仅有7名，其余均未经过专门学习或训练。②若按其实际需求来讲，

---

① 《关于政治课师资情况的调查报告》，上海档案馆：A23-2-1629。

② 《交通大学政治理论课程教学工作情况》，上海档案馆：A26-2-391-1。

实际教师数量与其发展还是有一定差距。如表 5-8 所示，按交通大学的规划，至 1957 年需补充教师 29 名，至 1958 年高达 37 名。

表 5-8　上海交通大学政治课程三年师资缺额统计

课　　程	1955—1956 年		1956—1957 年		1957—1958 年		合计
	主讲	辅导	主讲	辅导	主讲	辅导	
中国革命史	1	7	2	0	0	1	11
马列主义基础	1	3	1	4	1	2	12
政治经济学	1	5	2	0	0	3	11
社会主义经济建设	0	2	0	0	1	0	3
辩证唯物主义	0	0	0	0	0	0	0
合　　计	3	17	5	4	2	6	37

资料来源：《交通大学政治理论课程教学工作情况》，上海档案馆：A26-2-391-1。

从政治课教师来源而言，综合性大学有专门系科培养政治课师资以及人大马列主义研究班、党校轮训等培养途径。但这些为数不多的学生还不能满足全国高等学校的政治课师资的需要，因而势必使一部分法财经等专业毕业生来充实这支队伍，或是一部分具有革命斗争经验的老干部从工作转入教学工作。除人大马列主义研究班增设专业外，至 1957 年一些综合性大学的历史系也增设中国革命史专业与哲学系，可以一定程度地解决中国革命史与哲学部分师资问题。①

政治课师资质量问题，时称"从教学质量来看是不错的，尤其是复旦、财经"。当然，教学质量是逐步提升的。如前所述存在的问题，都需要一定的时间来解决："尤其是非本专业毕业的青年助教，在教学工作中是抵不上一人使用的，甚至连辅导都有问题，他们几乎都是边学边辅边进行，所以最初只能勉强地完成教学任务，加上实际斗争知识贫乏，体会少，普遍的通病是教条、抽象、概念。有的由于整天忙于备课、写讲稿，无法从事科学研究来提高自己。至于部分老干部，虽然积累了斗争经验，但是由于文化水平、自然科学知识的限制，在完成教学任务中也有某些困难，很难把原理阐述清楚。其中也有个别的不安于教学，效果是不甚好的，当然积累了教学经验总

① 《关于政治课师资情况的调查报告》，上海档案馆：A23-2-1629。

是可以提高的。"①

经过教师与学校以及相关部门的努力，师资力量逐步得到提高，因而至1957年教师补缺问题并不十分严重："上海学校的政治课教师数量尚充足，但个别学校还是不够的，尤其是哲学与中国革命史，计缺20余人。"② 与1955年相比情况有了明显改善。

五、国家塑造和塑造教师

新中国初期，党对高校教育的要求是相当高的。1951年10月23日，《人民日报》提出，高校教师学习必须把革命理论和学习者自己的思想意识密切联系起来，开展批评和自我批评，避免教条式的空谈和无目的的漫谈。③高校教师的批评和自我批评，既要有理论高度，还要切合实际和目标，这种高要求短期内实际上难以达到。这些要求和毛泽东的共产主义世界观理念相一致的，按照他的理念，最终知识分子要与工农群众确立共产主义世界观的共同语言。他在1957年提出："如果我们的知识分子读了一些马克思主义的书，又在同工农群众的接近中，在自己的工作实践中有所了解，那末（么），我们大家就有了共同的语言，不仅有爱国主义方面的共同语言、社会主义制度方面的共同语言，而且还可以有共产主义世界观方面的共同语言。如果这样，大家的工作就一定会做得好得多。"④

王建华以陕甘宁边区发展劳动英雄与改造"二流子"为考察对象，认为在立足阶级动员的基础上，中共创造了"身份-角色"的个体改造机制；在改造过程中农民对土地的"眷恋"直接影响了新中国成立后的国家建设，那就是通过社会主义改造，提高社会动员能力，消灭私有产权意味着个体对抗"身份-角色"的内核被消解，个体的生存完全依赖国家，由此促成了新中国成立后的一系列群众运动。⑤靳道亮指出，在抗美援朝运动中，中共把抗美

---

① 《关于政治课师资情况的调查报告》，上海档案馆：A23-2-1629。
② 同上。
③ 《认真展开高等学校教师中的思想改造学习运动》，《人民日报》，1951年10月23日。
④ 中共中央文献研究室编：《毛泽东文集　第7卷》，北京：人民出版社，1999年版，第273页。
⑤ 王建华：《乡村社会改造中"公民塑造"的路径研究》，《江苏社会科学》，2008年第4期。

援朝动员与土地改革相结合，通过象征资源的运用、逻辑归因的建构和与乡村实际工作的结合，使国家目标全面渗透向社会。农民在翻身、报恩等心理基础上不仅参与、承担了国家义务，也对国家在乡村社会的目标和规划做出了积极反应。国家对农民利益的关注和民族国家话语的注入，促使了农民国家意识的初步产生。①

　　同样，高校政治课教师不仅是政治改造的对象，也是政治课教师队伍建设的重心。因而政治教师被赋予了更高的期望，也承担了相当多的硬性任务和要求。在国家强大的塑造之下，无论是政治教授还是政治助教，都担负了相当大的政治压力。高校教师，不但承担着向社会传授知识、传播价值和理念的责任，也肩负着为国家培养合格人才的任务。在国家的政治建设中和学校政治工作中，都极其强调了后者，日日渗于工作的政治要求使其疲于应对。在农村，相比于非常态化的政治运动，扫盲这类常态化的观念与生活改造更易使革命以潜在方式渗透进乡村日常生活世界。② 在高校，教师队伍建设的要求和批评以更强的政治干预方式影响了知识分子的日常生活和精神世界。背负知识传承和理念传输重任的高校教师，作为体制内的知识分子，是专家和思想改造对象这一极其矛盾的统一体，最终以思想改造对象的身份接受了国家对其教师身份的塑造，以保持与国家塑造的一致。

---

① 靳道亮：《抗美援朝运动与乡村社会国家意识的塑造》，《史学月刊》，2009 年第 10 期。
② 满永：《文本中的"社会主义新人"塑造》，《安徽史学》，2013 年第 4 期。

第六章 分工、合作与矛盾：大同大学政治助教工作研究

公私立高校在新中国成立后面临着截然不同的命运，私立高校无疑是改造之首要，学界对此亦有一些研究，如顾来红、刘丽华《建国初期我国私立大学的国家策略分析》[1]、柴松霞《建国初期私立学校改造措施的考察——以北京地区为例》[2]、刘松林《浅析1949—1952年我国对私立学校的政策》[3]、叶张瑜《建国初期教会大学的历史考察》[4]、王红岩《新中国对教会大学接受与改造述评》[5]等等。除此之外，还有专门对个别学校的详细个案研究，如李靖《建国初期私立大学变迁——以上海大同大学为个案的考察（1949—1952）》[6]、陈红《1949—1952年高校教学改革研究——以上海私立大同大学为例》[7]等。

1950年根据对上海高校的调查，私立学校对政治课的学习比公立学校松懈，"有些学校课堂上的秩序很不好或不很好，有一二个教会学校和私立学校甚至以增加考试资料来取消学生对政治课的学习兴趣"。当然这也与当时各学校师资情况有着密切关系。关于这一点，相关部门也承认，尤其是政

---

① 顾来红、刘丽华：《建国初期我国私立大学的国家策略分析》，《南京理工大学学报》，2006年第6期。

② 柴松霞：《建国初期私立学校改造措施的考察——以北京地区为例》，《当代中国史研究》，2007年第5期。

③ 刘松林：《浅析1949—1952年我国对私立学校的政策》，《当代中国史研究》，2004年第3期。

④ 叶张瑜：《建国初期教会大学的历史考察》，《当代中国史研究》，2001年第3期。

⑤ 王红岩：《新中国对教会大学接受与改造述评》，《许昌学院学报》，2004年第3期。

⑥ 李靖：《建国初期私立大学变迁——以上海大同大学为个案的考察（1949—1952）》，复旦大学硕士学位论文，2010年。

⑦ 陈红：《1949—1952年高校教学改革研究——以上海私立大同大学为例》，华东师范大学硕士学位论文，2011年。

治助教在私立学校中非常缺乏："政治课设立的决定是在各校开学之前，当时即考虑到重点应该放在国立院校和几个规模较大的私立学校，由于政治教员的相当缺乏，所以对政治教学的要求不能过高，得由各校自行聘请，经高教处批准，找不到教员的，由高教处介绍。目前各校政治教员的人选，大致包括了民主人士、开明教授和可能抽调兼顾的机关首长、干部，以及极少数的经过政治学习而且有相当基础的机关人员。政治助教配备由于各私立学校经费的困难而且也由于缺少干部，只能重点配备。所以目前还只限于国立院校，此事沿属初创，缺少经验，要达到比较理想的程度，还有待于今后在数量上的扩充，内部学习的加强和提高。"①

如材料显示，开设政治课以及设立政治助教等在各高校都属初创，因而在工作进展中难免会出现各种困难，甚或出现各种矛盾。为了推进高校政治教育进程，高教处采取树典型的方法："国立学校范例选定交大，私立学校重点放在大同。"②大同大学积极成立了思想政治教育相关组织。1950 年 3 月 24 日，大同大学举行了第一次政治课教授座谈会，由校长平海澜亲自主持。③政治教员们定期开会，交流政治课教学问题和学生思想问题。是年 5 月，大同大学全体政治教授和助教组织成立了"政治教育研究室"，主要推行思想政治教育事宜，交流总结教学经验和学生学习情况，并协助政治学习委员会推动全校政治学习。④

前面章节叙及，政治助教在政治课教师队伍中占有非常重要的位置。上海档案馆编号 Q241-1-212 的资料⑤载有大同大学政治助教组 1950 年 9—10 月的工作记录⑥，详细记录了他们的日常工作和冲突等。本章以部分记录为主分析政治助教的日常工作、分工和冲突，以解析其时价值观教育在政治助教工作中的体现。根据工作记录显示，大同大学政治助教小组主要负责人员为三人，董平、沈继宗、王国珍，主要工作以及分工和产生的矛盾也主要围绕该三人。

---

① 《上海公私立大专学校政治教学概况》，上海档案馆：B1-1-2198。

② 《政治教育工作计划》，上海档案馆：B1-1-2198。

③ 《私立大同大学 77 期第一次政治课教授座谈会》，上海档案馆：Q241-1-141。

④ 《大同大学政治教育研究室组织规程草案》，上海档案馆：Q241-1-141。

⑤ 本章除了特别注明，资料均来自此案卷。

⑥ 1951 年工作记录亦有，但是较简单的事情记录。

一、日常工作

政治助教的工作范围是非常广泛的，从工作记录中可以反映出来。其一是学生的思想政治工作。关注学生思想发展情况是工作重心之一，大同大学有一同学专门负责与政治助教沟通学生思想情况。

如1950年9月14日，"校党宣委张国诚同学来办公室与我们交换最近同学们的思想情况。报告新同学校有人当中，现在已知道的仅有十数名团员，所有党员大约再等一礼拜左右，其余的团员同志尚可搞团的关系档案来。正确的人数也才可以了解。新同学的思想方面，一般的存在两种情况，一种是那些同学投考国立大学未取，考入此地是不能安定学习情绪。一种是投考本校，原想攻读理工科，特别是工学院的电机系，在私立学校中号召声誉。结果召评（很）多同学取入了其他院系。这样他们都羡慕理工科，不重视文商或比羡慕电机系，不重视数理系的现象。老同学当中，只有为着出路打算，而且许多要求转系的情况"。学生反映的情况会直接作为政治助教开展相应工作的依据。根据张同学的反映，政治助教将初步拟定的新生和插班生调查表与张作研究。张同学算是比较认真稳重之人，他希望政治助教暂不发出，"由党团等方面直接了解，再反映给我们为妥"。

9月15日上午，张同学再来反映学生思想情况："对朝鲜问题还有些人看法模糊；安东被美机侵略事件，还不了其问题的本质是什么；不知道谁要和平谁要战争（一部分）；世界大战可能冬天爆发，因为苏联人适合冬天作战；重视工科轻视数理系的心理普遍存在，新生考不取国立考入大同的，及考不取工科转入理科的，尚有不安定情绪表现在转系问题上；读书目的不明确；不太爱看报，有些人仅看大标题。"反映问题既有教学需要解决的，也有其他方面的，政治助教需根据内容反映给相关人员。此次情况由王国珍转告刘克林先生。

如前所述这种反映情况一般会成为学校决策或重要报告的依据。9月17日开学典礼上，刘克林先生的报告根据反映的具体事例阐释："强调政治课、业务课结合的重要，同时指出学习政治课是帮助我们建立正确的革命人生观，在学好了自己本领与建立正确的革命人生观的基础上，也才能做到为人民服务。"之所以由学生随时报告，和当时学校管理情况有关系。学生思想差异大，教师人员不足，让学生参与相关工作也是比较变通的做法。1953 年胡友庭调至华东师范大学时，发现高校管理"比较混乱"。他建议改变解放区干部管理大学的局面，让大学生担任大学干部，参与大学管理。①

其二是协助政治教授工作。大同大学的政治教授，或者是专业教授或者是民盟成员或者有留学背景，在学校中地位较高。如曹汉奇曾任天津南开大学教授，并在大众文化处上海办事处任职；曹锦焕时任上海市民主妇联委员；蒋畴余曾在英国伦敦大学经济学研究院学习，曾任私立东吴大学经济系主任兼教授，大同大学总务长；张一凡毕业于日本早稻田大学经济学部，曾任沪江大学和光华大学教授、《申报》经济专刊作者、现代经济研究所主办人等职务，大同大学工商管理系主任；夏炎德英国伦敦大学经济学硕士，曾任暨南大学、私立大夏大学、四川大学、中央大学等教授与经济系主任及中央研究院秘书；萧叔纲从美国加利福尼亚大学毕业，曾担任过中央大学政治经济教授。② 因此在记录中也反映出，对于教授委托之事，助教不加任何推辞地去应对。

当时助教和教授之间的关系是否良好？助教是否会对教授的指派工作表示不满？工作记录里未能反映该类问题，估计和材料性质有关，是助教工作记录而不是学校或院系工作记录。根据吴铎的回忆，1952 年他到华东师范大学政治教育专修科学习时，刘佛年教授认真教学，让人信服："建校初期的教务长总揽全校教务工作，是很忙碌的。但是，他总是把为我们授课作为第一要务。每一堂课，他都经过精心准备，任课的一年期间，他从未因其他工作忙碌而上课时迟到、早退，更没有缺过一次课。他对全班 60 多位同学从来都是非常和蔼可亲，对学习上的问题，总是循循善诱，没有责备训斥过任何一位同学。他把每一位同学都看成是自己心爱的弟子，鼓励我们克服困难，学得多一点，学得好一点。他是在用自己的心灵和行为，为我们诠释'师范'二字的真谛，为我们树立教师的形象。"③ 时任教务长的刘佛年老师，给学生时期的吴铎树立了为人师表的榜样，日后吴铎留校任助教后，也以刘

---

① 汤涛主编：《丽娃记忆：华东师大口述实录》，上海：上海三联书店，2015 年版，第 4 页。
② 《大同大学关于聘请校长、各系科主任、委员会委员、政治课教师及校董、系科主任辞职和解聘职员等与华东教育的来住函件、名单》，上海档案馆：Q241-1-48。
③ 汤涛主编：《丽娃记忆：华东师大口述实录（第二辑）》，上海：上海三联书店，2016 年版，第 29 页。

师为标榜。

有时助教要协助政治教授做教学的辅助工作。如9月14日午后2时左右，"我们替曹汉奇先生综合归纳了H40B、H40F、H40C三学程新生关于是否学过社会发展史、阅读书报纸、对于政治课三个问题的意见情况。在当中，我们了解到学过社会发展史的同学甚少。读报方面以新闻日报为居多。以此推测其家庭成分应是工商业占多数。再对于政治课教学意见，大多希望组织小组讨论，讲课能结合实际，配合时事及补充材料，并有希望教授能参加小组，直接进到指导"。

关于政治课学习，同学提出小组讨论的学习方式，并且希望理论联系实际，能得到教授的直接指导。关于小组学习，前面章节也有叙及。事实上，小组学习成为当时非常重要的学习方式。据张瑞琨回忆，1952年他考入华东师范大学，因为学生差别大，有应届高中毕业生，也有调干生，学习小组的效果非常好："特别是调干生，即使他们学习非常困难，也非常刻苦。在这样的情况下，我们分了5个学习组，一个学习小组12个人。学习比较好的学生和学习比较困难的学生在一个组里，我们希望在自己学好之后能够把相互帮助的对象的成绩也搞上去。我们经常自己复习完，还要和别人讨论，所以自修教室晚上人都是满满的。这种方式对彼此的提升都有很大的好处。通过这个学习小组，你要动脑筋去想怎么和别人讲，这个过程就加深了自己的理解，我认为这种形式实际上是双赢。"[1]据其所述，学习小组这种普遍方式，对于提高成绩、理解认识和交流思想都可以起到比较大的促进作用。

9月14日收集意见后，政治助教还作了引申发挥，认为"综合几项情况，我们也可推想到上海的许多中学政治教员的讲课，过去没有能够做到结合实际的情况"。将中学教学与大学教学相比较进而促进教学法，也是其时比较落地的做法。如吴铎回忆自己1954年从华东师范大学毕业并留校任教，担任思想政治教育学课程（时称"教材教法"）。因其没有中学任教经验，学校安排苏联专家杰普莉斯卡娅和他进行谈话指导。专家建议到中学从事教学实践，于是1956年他到华东师范大学一附中教了一年的政治课。[2]

如果教授有事不能上课，其课或相关工作往往由政治助教代做。9月15

---

① 汤涛主编：《丽娃记忆：华东师大口述实录（第二辑）》，上海：上海三联书店，2016年版，第3—4页。

② 汤涛主编：《丽娃记忆：华东师大口述实录（第二辑）》，上海：上海三联书店，2016年版，第20页。

日曹锦焕教授因事缺课，电话请助教代为给学生做不记名测验，并索要上学期的关于土改的不记名测验卷子。就此事，董平、沈继宗、王国珍赶紧做了分工。王国珍下午去邀请刘克林来说明情况，故请沈暂代。17 日古辛同志因其他工作缠身，拟由王国珍代收点名簿并授课各学生签名。当然有时政治助教也会就教学给教授提意见。17 日这次，王国珍建议先进行一次测验，以了解学生过去及现在的学习思想情况，并征询对今后教课的意见。朱人杰同志因家中电话催返，测验工作由沈继宗代为进行，并替为归纳综合测验材料。有时教授对学生的看法往往也转达政治助教处理。如 9 月 16 日上午曾铮先生来谈，谓同学因听不懂他的话，秩序欠佳，并当面向他提意见。

其三是政治教师相关的工作，洽谈范围不局限于三人，往往是由他人召集，三人仅仅是参与了会议或服从安排。有些是包括三人在内的政治助教具体工作。如 9 月 11 日下午，"与曹汉奇先生聚谈关于我们工作、学习、生活制度及组织领导同学的初步计划，并请曹先生拟定全校政治教育计划以供我们参考"。这里提及曹汉奇对助教的工作、学习和生活都有关照乃至计划，由此可见助教很受学校、学院的重视。

吴铎在回忆中也有提及：一是教授和领导非常重视对助教的学习指导。当组织上要求吴铎担任指思想政治课教师时，他是唯一的专任教师。当时既无大纲、教材、参考资料，更无任何经验，因而思想上有很多的纠结。据其回忆："当年，校长、书记、苏联专家都给我谈话，提出要求，给予鼓励。在这些谈话、鼓励中对我影响特别深远的，是冯契老师的指点和智慧启迪。他对我说：你们都向往从事哲学教学，这很好。但是，眼光要放得宽广一些。其实，研究学科教学法，也就是研究认识论，研究认识论的具体运用。既要研究学生的认知规律、知识传授规律，更要研究学生品德养成的规律，也就是马克思主义内化为信、外化为行的规律。这件事做好了，那就真正体现了哲学的意义。冯契老师还以苏联世界近代史学家叶菲莫夫为例，说明教学法教师应该既是专业方面的专家，又是认识论的专家。叶菲莫夫教授撰著了《世界近代史教程》，为指导这门课程的教学，又撰著了《世界近代史教学法》。我用了很长时间研读叶菲莫夫的这两部著作。冯契老师的指点，对我来说是珍贵的智慧启迪。"[1] 从吴铎的回忆中，我们可以看到教授对于助教

① 汤涛主编：《丽娃记忆：华东师大口述实录（第二辑）》，上海：上海三联书店，2016 年版，第 29—30 页。

有指导之责，在某种意义上指导教师，所以吴铎称冯契为老师。

吴铎回忆刘佛年和冯契等教授对助教生活的关心："1955年春节，我时年22岁，作为上海的'外来人口'，没有一个亲戚，父母弟妹远在四川重庆。刚刚工作，薪资微薄，还要孝敬老人、照顾弟妹，因而囊中十分羞涩，这年春节也就准备就地而过了。但到了年关，不免感到孤独，深深思念亲人。佛年、冯契等几位老师，好像看透了我们的心。那天上午，他们便邀请和我情况相似的三位年轻助教，分别到他们家里过年三十，我有幸到了佛年老师的家。到老师家过年，是我有生以来头一次，见到佛年老师和他的家人，感到十分拘谨。而佛年老师却把我当作他的家庭成员一样，亲切地拉着我入席，将酒杯放到我的面前，说：过节，你也喝一点酒。面对佛年老师的笑容，面对老师全家的热情和满桌丰盛的佳肴，我完全沉浸到'回家'的幸福之中。"[①] 从吴铎的回忆中，我们可以补全历史场景，工作、学习、生活制度看起来是很规范化、文件化的事项，在其时是有具体活动和措施的实践，也有历史场景的支撑。

工作记录中有些是全校性的会议，因是本校范围内，有许多工作政治助教也可以参与决策。如9月12日中午曹汉奇先生来，适严沛霖、李锡玖两位先生在座，商谈政教工作如下：在新的政教领导机构未成立前，本周先召集政研室会议，望新组政治教师参加，商谈拟订本学期教学计划、教学进度等事宜；下周召集学委会议，商讨一切有关助教推行的办法；旧的政研室及学委会人事仍旧欢迎新的政治教员参加会议。9月17日开学典礼上究竟请谁做报告，9月14日上午严沛霖即与王国珍同志商谈，决定由刘克林做关于形势与学育的报告后，并约第二日3时至刘克林处反映有关思政教育情况。

政治助教还可以代表学校参加教育部门的相关会议，在这些会议上往往可以学习和了解比较多的信息，或者参与重要决策。如16日午后2时去上海教育工会参加政治教学会议，3时开会，高教处曹来风副处长主持。去北京参加政治教学讨论会的刘畅、曹汉奇、曾克熙、曾乐山四位先生分别报告北京观感及政教教学情况（重点报告人民大学、华北革大、北大、清华情况），包括政教教学方法内容、政教方针与任务。同日还讨论了组织华东政法教学委员会的问题，虽然是座谈性质，但也确定了基本原则，先从上海组

---

① 汤涛主编：《丽娃记忆：华东师大口述实录（第二辑）》，上海：上海三联书店，2016年版，第29页。

织，然后推及各校、全华东。并决定总的政教会暂时不拟设立，上海政教会的组织方式、内容及何时成立均视具体决定。

当然，除了以上内容，政治助教还有专门的教学工作。如1951学年王国珍负责掌握教育、经济、机械三系学生共426人的时事政策学习及其中87人的社会发展史学习，沈继宗负责掌握化学系化工专业及土木系（二至四年级）学生共517人的时事政策学习及其中86人的社会发展史学习，1951年新聘的胡保生和刘天一分别负责掌握理学院一年级及电机系学生共508人的时事政策学习与其中140人的社会发展史学习，以及掌握会计、工商管理、银行三系学生共487人的时事政策学习及其中52人的社会发展史学习。①

二、分工纠纷：团结还是分裂

政治助教工作是非常烦琐的，难免出现应对不及的情况，因而合作与分工非常重要。但人少事多，往往会出现纷争。

关于工作分工，政治助教就产生分歧，如9月11日，"四时以后，我们又讨论关于工作分工问题，为第一类工作当中的执单撰写总结一项争辩良久未得解决，最后决议待李锡玖同志来后再计研究决定"。对此，为了避免他人根据记录误解②，有详细的记录补充事情究竟。

争辩之一是关于刻蜡纸如何分工，是由大家分任，还是由沈继宗一人独任。争论主要发生在王国珍和沈继宗之间。王说沈的字好，坚持要沈独任，因为这样工作效果好。沈主张轮流分任，其理由是根据上学期经验，刻蜡纸数量太多，太费时间，而且字好只是形式，不十分重要，再说王的字也不坏。董平一开始时附和王的主张，但看到情势有些紧张起来，才不再跟着王坚持，同时建议王也不要再坚持一定要沈一人独任，或者现在停争，过一天再商量。但王还是强调书法好坏对工作效果的影响很大，而是否充分注意同志团结对工作效果的影响更大，最后甚至坚持到使沈非接受不可的程度，于

---

① 《大同大学政治教员调查表》，上海档案馆：Q241-1-48。

② 有意思的是，关于这点，是记录者自己意识到的。原文称从上述记录中读者可能误会到两点：（1）我们自己的分工问题到现在还没有得到协议。（2）我们自己的分工问题自己得不到协议，只好全体同志主动去找李锡玖同志来解决，但事实并非如此，故必须分两点补充记于后。

是沈在气愤之下接受了，当时董看到这会妨碍团结，建议王还是三人分写。王则表示万一沈太忙，他极愿帮助。这时沈倒表示愿意多负些责任，最后得到了"总的文书工作由沈来做，关于个别班级的分工来做"的协议。

争辩之二是工作总结如何处理，是由负责督促工作制度的同志负责，抑应由其他同志独任或全体轮流。董平主张工作总结应由大家共同负责来做，但应由多负责督促工作制度的同志来执笔，才能使工作总结得更深入与全面些。沈继宗赞成这个意见，但王国珍坚决反对，他说愿意多负责督促工作制度，但总结必须由董执笔或大家轮流执笔，坚持良久。沈善意地劝王勿太坚持，但王不接受，乃转而劝董让步。董则诚意说明工作总结乃提高工作能力而克服经验主义的主要关节，并分析工作总结为什么必须由大家负责，而由多负责督促工作进行同志来执笔才能总结得更深入与全面。王表示承认董的分析，但怕自己执笔，没有信心一定写得好。最后乃协议如下：工作总结原则上规定由王执笔，但董愿意尽量帮助。

整个协议结果如下：王国珍负责第一类（以工作为主），与高教处联系、与校外接洽，执笔写通报、写工作总结，多负责策划推动工作，坚持工作制度；董平负责第二类（以学习为主），与学生会、党、团联系，坚持学习制度、学习计划，收集学习资料；沈继宗负责第三类（以生活为主），与校方、工会联系，坚持生活制度，关心照顾同志生活，保管登记物品，负责总的文书工作。

关于工作总结问题，9月9日已达成一致意见，至9月11日王国珍传达政教科李锡玖意见，表示要修改他们的协议，由此又引起一场辩论。李建议总结由大家轮流来写，王认为可以接受，其他人则认为不妥当。后来沈继宗建议由董帮助王，由王、董两个人轮流执笔。董让步表示接受，但王还要坚持由大家轮流写，因此又无法取得统一意见，大家只好等李锡玖来向大家正式提出意见再谈。

9月12日午后，李锡玖与大家谈分工事宜。李提供意见：王国珍联系学生会、党、团，董平改为担任与校外联系接洽工作；工作总结由三人轮流完成。李的理由有两条：一是董久住上海，对校外人事熟悉，且过去统战工作搞得不好，如联系学生会、党、团，万一发生偏差，影响甚大，故以担任对外接洽工作为宜；二是轮流写总结，大家有练习的机会。

李锡玖的意见与大家9月9日达成一致的协定有出入，因而争论良久。

董平提出反对意见，理由是：第一，对外非自己特长，联系学生会、党、团与学习有关，故以与学生会、党、团联系为宜，且过去虽统战工作搞得不大好，但希望能在工作过程中锻炼改正；第二，王国珍原来多负督促责任，总结与工作分不开，故希望总结由王撰写。最后因李申明他的意见是代表政教科的，王、沈接着也都同意了他的说法，董申明保留自己的意见，依从了李。

因工作记录是三人分工记录的，如上述记录无疑体现了不同的观点，待事后其他人看见，难免会再起争执。如9月13日早晨，王国珍把补记9月11日的工作记录给沈、董观看，沈发现其文字把大家听王传达李锡玖要修改大家已成协议的分工办法之意见，后因为对这意见表示不同看法而引起的争论，写成了大家对分工不能达成协议的争论，这样无形中就把已成协议的事实否定了，因此建议王补充修正。

对于沈、董的建议王一律没有接受，因为他没有看出自己记录的不妥，认为可以不要改。后来甚至连分工已经成立协议的事实也坚决否认，到沈提出几个旁证他才不再不论，但也没有承认，对于记录的补充修改也不表赞成。董平就建议，天天争吵团结一定搞不好，反正争吵的是过去的事情，大家记忆不同，就把不同的记忆作为补充记录，记在王的记录后面，大家可以想着日后记忆正确的时候再修正。董劝说大家就此停止争吵，大家同意这个意见。沈叫董写补充记录，董执笔写记录稿。

关于分工，因有人告诉其他人，他人再多加评论，则又起风波。15日当沈继宗打电话问李锡玖要还上学期土改测验卷时，李以责问口气指责沈，对于分工一事不应当面答应、事后反复，沈答以并未构成反复之事实，对此说坚决否认，并问李从何处知道。李说：你不必问我，不要对人不对事！又说：这是星期三（9月13日）金诺同志从大同回来时说的。沈听完电话上楼又急又气，大呼冤屈。董、王都说那天没有对金诺同志提起分工事情。沈怀疑是王说的。但王不肯承认，最后二人同意立即请李来校问明究竟，以免是非不明，影响团结。董即表示沈、王二人找李谈话的动机都是要辩明是非，搞好团结，但在情绪激动之下恐怕不一定能达到目的。希望不必今天就请李来，等情绪平定后自己恳谈好了。沈、王都同意了，就不去请李来校。同时大家都觉得李未曾调查就肯定沈如何如何是不客观的，对沈的态度也不够温和，希望能够在大家检讨完毕后，再以小组名义向他提出善意的批评。

如上争执可反映三人处事有明显差异，董平往往充当了调解的角色，同时也具有一定的影响力，当然这和三名助教的经历是有一定关系的。三名助教中，董平年龄最大，1950年时33岁，沈继宗31岁，王国珍27岁。王国珍是1950年大学毕业后于9月刚刚任职，曾在华东革命大学及华东区宣传部教班任职。沈继宗和董平均是年4月任职，沈曾任西江女体师国文教员、西江中学文史教员以及国立复旦大学政治助教；董平曾任光华出版社编辑、中华工商专科学校政治讲师。① 相较而言，沈、董的工作经历要多于王。

经过上述讨论后，分工虽未完全达成一致意见，但至少不再因为分歧而起争端，效果看来是比较好的。如当日记录："饭后代金诺同志班上的测验材料做统计，大家分工来做，王同志做得最多，董同志最慢，统计结果由沈同志誊录保存。"

三人小组并不是密切的，因与外界的接触以及他人尤其是上级的评述往往会引发更大的冲突，但最终为了便于工作往往也易于达成一致意见。

三、薪水风波：内争与外论

日常工作分工为了工作便宜尚且容易协调，但其他事宜往往不能如此顺利。如关于政治助教薪水问题，争执亦是不断。

9月11日领取薪水后，大家发现学校给予的待遇与拟订薪给制度颇有出入，与其他同事按实际工作情况既定之薪额进行比较之后，"更召甚大不公平与不合理的现象"。于是经过小组决议，大家向蒋秘书长反映意见如下：

1.对王国珍同志九月份开始起薪，希望按统一的制度及工作情况重新考虑。2.过去与董平同志、沈继宗同志单独洽谈并允节减低三个钟点（原按十二个钟点算薪）算薪，与我们实际工作情况及校方因经济困难而减薪的情况，全不符合。现经我们小组决议，希请校方按我们工作的实际情况对于减少三个钟点算薪问题再行研究。

对此，蒋秘书长答复除允予考虑研究，要求大家再做个报告，申述理由

---

① 上海档案馆：Q241-1-48。

送于校长再转校委会研究决定。事后大家认为用书面报告去请求欠确当，遂决定再请复严沛霖同志来以商谈，反映大家的情况以转达校方。

如前所述，关于 9 月 11 日记述，与王国珍引起争辩，后详细补充记录如下：

事实经过是这样的：当沈王二同志都尚未到校时，董先到校办公，蒋畴余先生找董谈话，要求把沈董二人薪水减少三小时计薪，其理由是（1）上学期校委会一开始讨论我们的薪额时就确定以九小时计薪为原则，但会上有吕保龄先生提议，因为学生太多，助教工作繁重，应另加三小时薪水，结果通过以十二小时计薪，因此十二小时中有三小时是比一般业务助教多出来的。（2）这学期学校经济困难，有某些业务之育助及职员都对政治助教不满意，好像政治助教身份特殊，待遇比别人高，在最近一次校委会上就有一位同事提议，本学期政治助教人多事少，外加的三小时薪水可以取消了，但当时因未于事先和我们商量故还没有决议。（3）曹汉奇先生本学期排课只有九小时（当时由吴亮平同志建议九小时，现改为十二小时），政治助教如以十二小时计薪，曹先生情绪会受影响的。蒋先生说明理由后问道，假使校委会作出上述决议，你个人有困难吗？董同志答曰"在大同大学有困难及同事们对我们有不满情绪等条件同时存在时，我没有理由反对校委会的合理决定和漠视大同困难的。"沈同志回校后蒋先生又找沈作大同小异的谈话，沈同志亦予以同样答复。

上述记录非常清楚，政治助教计薪是有波折的。最初政治助教有 3 小时是额外加出来的；在学校经济困难之时，其他教员对政治助教以 12 小时计薪有异议，提到如果政治助教按 12 小时计算，则作为教授的曹汉奇则少于政治助教，如前所提及彼此地位是有差距的，但工资出现了反差，显然会引发大的争执，因而董、沈同意将薪水降至最初的以 9 小时计。

后来情况发生了变化，政治助教发觉校方减少自己薪给的理由已不存在：其他教员对于政治助教有着不恰当的看法，既然其他业务助教是 12 小时计薪，政治助教工作与其他助教没有差异，因而有权利享受与其他助教一样的薪水；而且曹汉奇的薪水也已提至 12 小时额，不至于影响内部团结。最终为了避免矛盾扩大，三人在提及方式上做了变通，希望通过其他人转达自己的要求而不是直接去找校长，以避免直接冲突：

事后经王同志创议应向校方恢复十二小时计薪，理由是我们单独应允校方要求是会妨碍统战工作的，同时我们工作也不止十二小时。首先不造成认为"我们如不应允校方要求才会引起业务同事不满，现在应允了反而会妨碍统战工作是没有理由的。况且已经答应后再反复，我是不肯做的。虽然个人有困难，只要求同志间能同意的话，我情愿单独放弃恢复原薪的权利，如不能同意，我就不坚持己见，停止争论，服从多数"。

直到后来大家发现了业务助教也有十二小时计薪的，若干普通职员的薪水也有不低于我们的原薪的，同时我们的实际工作也不见得比上学期减轻，于是全体同志才由衷的一致同意向校方交涉，其经过已见王同志的记录，最后由沈同志建议不直接去找校长而去找严沛霖同志转达我们的要求，这样对保持团结是较为有利一些。

9月12日又复述了上述情形。同时王国珍称，开学到职，校方以三个月给他计薪，与一般学校习惯制度均不符合。大家亦认为王国珍作为新聘教师，按制度应按四个月二十天计薪，未发8月薪水，这是非常不合理的，于是申述了小组的共同意见，明确强调政治助教"决不争待遇多寡，但为争制度的合理与否"。严沛霖同意了大家的意见，应允会转达校方考虑。

如前所述9月13日，董平发现记录与实际情况不符，请王国珍补充修正。此次冲突，确是关于谁是建议人之争，详记如下：

关于沈董既应允校方取消所谓外加的三小时薪水，后来又同意向校方交涉恢复原薪的这个转变关键，董的补充记录经沈同意的是："经王同志建议应向校方交涉恢复十二小时计薪"，王看后提出异议，认为是沈同志也应当负责，是沈王共同建议并共同坚持的，沈则谓两个人两张嘴决不可能同时说同样的话，必须有个先后。事实上是王同志首先注意并关心我们的薪水问题，并首先向李锡玖同志提出这个问题。故董的记录没有不客观的地方。董同志也列举亲身看到的事实证明是王同志首先建议与坚持的，最明显的例子，即我们三个人每谈到要否向校方交涉薪水问题时，总是由王同志带领的，而且也只有王同志一个人指责他（董）未经小组决定就答应校方，是会妨碍统一战线和政治助教小组的团结的。

王国珍误以为沈、董答应校方减少正常薪水，从而影响了包括自己在内的所有政治助教的薪水，而沈、董事实上只是答应了特殊条件下的补充部分。9月13日大家的争议焦点又聚于究竟是谁首先向校方建议的，沈、董都认为是王，而王则认为应该加上他人，并且指责董。这样就存在记录是否客观的问题，以至于引起内部争吵。董认为王的指责非常不当，有详细的论述：

董同志又分析这种指责的不妥当，其理由是：（1）董沈应允校方取消三小时"外加"薪水，是在特定条件之下决定的。这些条件决定了沈董的减薪问题是沈董两个人的特殊的个别的问题，丝毫没有损害到沈董以外的其他政治助教及政治助教以外的其他教职员工的利益。因而所谓统战问题和政治助教小组的团结问题，客观上是不可能合理存在的。（2）假使蒋秘书长提供的情况（即是使沈董不能不答应取消三小时计薪的特定条件）有不真实的地方，换句话说，沈董应允其减薪的特定条件如被沈董发现是不存在的，那么，沈董就有权利立刻根据所发现的真实条件否定校方提出的假托的条件，来从新表示自己的意见。绝不会因为有先前的诺言就丧失今日据实更正的权利的。今日发现的新条件是政治助教工作还是繁忙，并不比上学期轻，业务助教也有拿十二小时薪水的，故政治助教拿十二小时薪水并不特殊。在这些条件下，沈董的诺言就必然失效，因为事实上没有什么所谓"外加"的三小时薪水可容取消了。

由此可知，沈董先前在特定条件下所作的诺言，对于发现了特定条件并不存在这一事实后的沈董本身已失去其拘束力，对于政治助教的全体更没有拘束力可言。那么，妨碍政治助教内部团结的话，又从何说起呢？何况董同志在什么条件之下答应校方的，董早就告诉过王同志了！但事实上屡次指责董同志的恰巧就是王同志一个人！在董同志先行应允校方虽有特定条件，然而这些特定条件也适合于沈同志的。换一句话说，董先行应允校方对沈同志是有不利影响的。可是沈同志倒表示即使董同志没有应允在先，沈同志在蒋先生所提的几个特殊条件下也是要应允的，丝毫没有责难董的意思。

由此看来，对于校方要求沈董减薪最不满意的，以及要求校方恢复我们上学期薪额最殷切的就是王同志了，向高教处反映，使高教处不明白我们只答应减去特殊薪水，竟误会到我们是答应校方一般的减薪至影响统战的人，也就是王同志。这一切都证明了董的补充记录"经王同志建议应向校方交涉恢复十二小时计薪，"是完全客观的。沈同志也同意董的结论。

　　沈、董基本保持一致的意见。如此就出现了非常好笑的事情，如上述讲"恢复我们上学期薪额最殷切的就是王同志了"，此句实际上非常不妥的。王国珍本学期才刚刚到校，热心于同事的薪水问题也难以让同事领情。因此，经过董的长篇论述，王还是不甘心，以至于王、沈又有了更激烈的争吵：

　　经过董这样一说，王沉吟一会对董说："我还是认为沈也要负责，因为他同样是一道坚持下去的。"沈不否认曾共同坚持要求恢复原薪，但首先建议的人必然说清楚是王同志。王于是对董说："沈同志不老实，他在李锡玖同志面前只说你答应了蒋畴余，而没有说出他自己是怎样答应蒋畴余的，这是因为他要把责任全部推给你，你只要一问李锡玖同志就会知道的，因为李同志一直到今天始终认为答应校方妨碍统战是你一个人的责任……"沈同志本来躺在床上讲话，听了这两句话，立刻从床上跳起来对着王同志说："你不要当前同志面前挑拨离间，我明明把事实经过都告诉老李的，不信可以请老李来问清楚。你我都不要去打电话，请老董代打电话找他来谈一谈好了……"当时两人辩论激烈，董同志建议说："是非一不定期要搞清楚，但暂时最好不要再扩大争论，等午后金诺同志来了再说。"两位同志都同意了。

　　上述记录复原了争吵的详细经过，王对于沈还是有明显的异议，认为是沈做了不利于团结的汇报，因而希望找人对证，最终董又做了调解的角色。

　　到下午金诺同志来授课，大家都没有提起，因为金同志很忙，下课就走了。金同志走后董同志一想同志间成见未除，找金诺同志恐怕还是解决不了，甚至更会加深彼此的隔膜，于是就向沈王表示己意，并说："我既不相信沈同志会隐蔽事实故意推责任给我，也不相信王同志会存心挑拨是非打击老沈，破坏团结。因为沈同志已有事实表现确实进步很快，王同志也在讲习班坦白会上表现的非常进步。我希望大家不要把气头上的话当真，我们三个人都有错误，大家虚心检讨一下，接受并总结经验教训从此团结合作，搞好

工作，你们同意吧?"沈同志、王同志都同意了，并说明大家在心里都已有
此感觉了，于是沈同志首先检讨自己，王同志董同志接着也都检讨了自己的
错误，检讨结果将另行总结，不载于此。检讨后大家融洽非常，晚上同去看
电影精神上轻松不少。

董做劝慰，对王和沈都做了表扬，并站在中立的立场，希望大家能够团
结一致，避免内讧。最终解决是非常圆满的，大家消除了误会，且与学校的
争取结果也是理想的。9 月 26 日早晨学校就通知大家去补领新定薪额（每月
240 单位）与原发薪额（9 小时）间 3 个小时的差额金。沈和董都领到人民
币 19 万 3 千余元，王也领到了 8 月的薪水。如表 6-1 所示，政治助教的薪金
与教授相比有相当大的差距，但与教员则无特别大的差距，甚或高于部分教
员。1950 年 10 月 15 日下午，王国珍至华东军政委员会教育部政教科，金诺
科长指示大家的待遇和地位应坚持原则，即必须是助教地位和待遇。薪水风
波凸显出大同大学的管理工作并不仅仅限于学校内部，在相当大的程度上会
受到校外的影响。

表 6-1　1951 年度政治教员薪水表

职员	姓　名	年龄	周时数	薪　金
教授	蒋畴余	47	3	414 单位
教授	张一凡	48	3	414 单位
教员	张光业	38	6	168 单位
教授	曹汉奇	44	—	396 单位
教员	李哲明	43	12	342 单位
教员	江春泽	37	3	84 单位
教员	苗力沉	31	3	84 单位
助教	王国珍	27	领导自修 2 小时，讨论 6 小时	240 单位
助教	沈继宗	31	领导自修 2 小时，讨论 6 小时	240 单位
助教	胡保生	21	领导自修 3 小时，讨论 6 小时	180 单位
助教	刘天一	28	领导自修 3 小时，讨论 6 小时	180 单位
助教	董平	33	—	240 单位

备注：曹汉奇和董平均在革命大学学习。
资料来源：上海档案馆：Q241-1-48。

四、分工、合作与矛盾

根据 1950—1951 年《关于加强华东区高等学校助教的学习和研究工作的意见（草案）》，学校和院系要给予助教的工作和学习充分的保证。如为了避免助教被行政工作拖累，明确规定助教工作中"凡可由一般职员担任的工作，应有步骤地转移有关职员办理，尽可能避免以额外负担加诸助教，以致影响其学习和研究工作的进行"。[①] 之所以会有这个规定，前面章节都有叙及，政治课教师不足，助教是培养教师的重要来源。不仅如此，在特殊时期还会从其他专业教师培养政治课教师。1955 年，华东师范大学还从理科各系抽出一名青年党员教师，到哲学系跟随冯契先生学习哲学。袁运开即是其中一员，并于 1962 年被派到中国人民大学参加进修，回校后教授自然辩证法课程。[②]

由于政治课教师人数不足，学生思想教育的工作在很大层面上由助教来承担，这有利于助教成功转为讲师从而成为正式授课的政治课教师。如陈伯庚回忆，1955 年从华东师范大学政教系毕业后，他在中文系当党总支委员。因其学习成绩好、有教学能力，后在政教系主任冯契的帮助下至政教系工作，走上了政治经济学的教学和科研之路，自 1958 年上第一堂课到 2007 年最后一堂课，整整教了 50 年的政治经济学。[③] 当然，从工作记录中，我们也可以看到助教工作之繁重和琐碎。在所有记录中，笔者未能发现有关学习和研究的重点记述，反而是日常工作的争执和处理占据了相当多的篇幅。这些纠纷较多地体现了学校规章以及处理原则。

民国时期，大同大学师资以立达学社的成员为基础，担负学校的各项事务性工作，能够确保教学秩序的稳定，并具有较强的内部认同。[④] 这是大同大学作为沪上知名私立大学得以立足和发展的基本特征之一。作为一所成立于 1912 年且负有盛名的私立高校，其制度和教师一直带有明显的欧美特色。

---

① 《关于加强华东区高等学校助教的学习和研究工作的意见（草案）》，上海市档案馆：B105-5-152-8。
② 汤涛主编：《丽娃记忆：华东师大口述实录》，上海：上海三联书店，2015 年版，第 33 页。
③ 汤涛主编：《丽娃记忆：华东师大口述实录（第二辑）》，上海：上海三联书店，2016 年版，第 179—180 页。
④ 蒋宝麟：《学人社团、校董会与近代中国私立大学的治理机制——以上海大同大学为中心（1912—1949）》，《华中师范大学学报（人文社会科学版）》，2005 年第 1 期。

这也是为什么工作记录中反映的争议如此突出，而在处理过程中往往会保留各自的意见，这无疑是新中国初期高校政治课教员关系处理比较理想的一种表现。但是，这并不意味着大同大学比其他私立大学拥有独立于政治的特色。如学者研究指出，大同大学的治理模式既体现本校权力结构、制度和机构的独特性和适用性，又能适应国家需要，二者并无强烈冲突。1927 年之后国民政府时期的历史情况也揭示，大学永远无法自外于权力网络和政治氛围，私立大学也不例外。① 分工和薪水之间的矛盾，清楚展现了三人之间的争执是非常细微的，大家的纠结点在于谁是正确的，在解决过程中外人的介入和评价又引发内部更大的矛盾。当然这与学校环境也是有关系的，此时的大同大学性质已与之前有明显差异，虽然还是私立，但明显已受到新政权影响。

1949 年暑假至 1950 年初，大同大学即在高教处的指导下完成了校、院、系三级行政的重组，昔日的权力主体逐渐退出，新的负责人多表现出对新政权的靠拢态度。② 即如大同大学总结 1950 年的工作，"最近一年来，本校在中央教育部和华东教育部的直接领导下，各系课程和行政组织不断地精简改进。又成立了政治教学委员会，负责计划和领导全校师生员工的政治学习，通过了大家认真地学习，已逐步确立了为人民而学习、为人民而教育的正确观点，不但学校里的教学和行政有了显著的提高，而且在历次爱国运动中，本校师生员工都有热烈的表现"，③ 因而学校风格、议事程序乃至同事关系都出现了大的变化。

五、高校价值观的构建：从私立到公立

公立大学的发展不能独立于国家之外、不能独立于政治，私立大学亦如此。如学者研究指出，国民革命军北伐前夕，国内政治局势动荡不定，各党派为积蓄后备力量而争夺学生，大学校园不免成为各种政治势力、政治思潮

---

① 蒋宝麟：《国民政府时期的国家权力　与上海私立大同大学的治理模式》，《中山大学学报（社会科学版）》，2018 年第 3 期。

② 陈红对大同大学的行政改组有详细研究，参见《1949—1952 年高校教学改革研究——以上海私立大同大学为例》，华东师范大学硕士学位论文，2011 年，第 17—25 页。

③ 《校史》，《1951 年大同大学年刊》，上海市档案馆：Q241-1-351。

竞争的场域。大学内外政治舆论喧嚣，学生运动愈演愈烈，构成了20世纪20年代末上海高校的校园生态。[①] 在抗日战争结束后，私立大学面临的治理困境非常多，在政治斗争日益激烈，中国经济、社会趋于崩溃的背景下，单纯依靠一己之力重振办学、安定校园的努力注定会遭遇挫败。[②]

新中国政府通过改组校董会、重新立案等措施，加强了对私立高校的领导。[③] 如前所述，新中国成立初期大同大学积极成立了各种思想政治教育组织。任何学校的发展都不能独立于政治，妥善处理好学校与政治的关系，才可以更好地发展。现代化要求社会所有主要领域产生持续变迁，这意味着它必然因接踵而至的社会问题，各种群体间的分裂和冲突，以及抗拒、抵制变迁的运动，而包含诸种解体与脱节的过程。[④] 此时的大同大学虽为私立，但已然在迈向转型。1952年秋，大同大学被取消建制，院系分别被并入复旦大学、交通大学、华东师范大学和同济大学等等。虽然不是私立转公立，这也为后期并入其他公立学校奠定了基础。

私立大学转为公立，价值观在学校的确立代表了学校的大转型，无论是老师和学生都必须顺应这一转型。本章在讨论时用了华东师范大学的材料进行对照分析。如前所述，大同大学被取消后，教育系和物理系部分并入华东师范大学。1951年10月成立的华东师范大学，即以大夏大学、光华大学两所私立学校为基础。私立转为公立，办学理念和办学方式都会受到非常大的影响乃至有巨大改变，但是从长期发展而言，其教育理念和价值思想则有一定的继承性轻易变更。亦如华东师范大学对其学校办学和学校精神的总结："在华东师大60多年的办学历程中，师大人始终传承大夏大学、光华大学的爱国荣校和'自强不息'、'格致诚正'精神品格，坚守'求实创造，为人师表'校训格言，担负着为国家富强和民族振兴的使命。"[⑤] 私立和公立学校优良的大学精神并不因政权的更迭而断裂，经历长时间的磨炼和沉淀而会更加清晰，价值观教育的功用会更多地体现出来。

---

① 韩戍：《北伐前后的校园政治与学生运动——以上海光华大学为中心》，《史林》，2018年第1期。
② 韩戍：《战后私立大学校长的治理困境——以朱经农执掌光华大学为例》，《安徽史学》，2018年第5期。
③ 李立匣：《建国初期教育制度变迁与私立高等教育消亡过程》，《清华大学教育研究》，2005年增1期。
④ ［以］S. N. 艾森斯塔德著，张旅平等译：《现代化：抗拒与变迁》，北京：中国人民大学出版社，1988年版，第23页。
⑤ 汤涛主编：《丽娃记忆：华东师大口述实录》，上海：上海三联书店，2015年版，序言，第1页。

第七章　自我与他者：大学生价值观的构建

　　SHU[1]，男，1933 年 2 月 29 日（农历）生，上海人。他初中毕业后进入上海南京工业专科学校[2]电机系学习，1951 年 9 月考进上海华东纺织工学院机织科，1953 年毕业工作。复旦发展研究院当代中国社会生活资料中心收藏整理了 SHU 的 5 本日记，日记记录时间起于 1951 年元旦，止于 1959 年 12 月 31 日，共 70 多万字。[3]据 SHU 所述："把每天所做的事情，忠实的记录下来。用客观的及主观的眼光来研究观察，用冷静的头脑来仔细反省，这样才不失去这本日记的真义，而定然是会得到你所意想不到的收获的。"[4]从其记述来看，SHU 对于日记是有着清楚的认识和定位的，是为了通过主客观的观察和反省，能够有所进步和收藏。因而 SHU 的日记比较详细地展现了 20 世纪 50 年代上海大学生的生活和思想，尤其是当时大学生对生活、社会和国家的思考。同时，SHU 的日记是其个人真实情感的表达，因为其记录的初衷只是个人日常所思所想，不是为了让人观看，甚至可以说是极其私人化的思想和行为。在 1951 年日记本的首页，为了防止别人偷看，SHU 在是年 1 月 3 日专门写了一段提醒语："亲爱的哥哥姐姐同学朋友们：这是册属于我的私人日记本，也即是代表着我的生命在 1950 年的过程中，所以希望你们不要再往下翻了，而尊重你唯一的人格。"[5]由此可见，这些日记能够真实记录 SHU 的思想和行为，可以真实地反映当时大学生的价值观。

---

　　① 因为该部分主要引用资料为个人日记，为了尊重个人隐私，本部分研究对象名字以 SHU 来代替。
　　② 私立南京工业专科学校于 1947 年创建于南京，1949 年私立南京工业专科学校迁移上海，留南京部分资源并入南京大学，1951 年私立南京工业专科学校撤销，参与合并组建华东交通工业专科学校。
　　③ 复旦发展研究院当代中国社会生活资料中心，日记扫描：D13S007-10，末页"本人记录"。
　　④ 复旦发展研究院当代中国社会生活资料中心，日记扫描：D13S007-10，1951 年元旦。
　　⑤ 复旦发展研究院当代中国社会生活资料中心，日记扫描：D13S007-10。

复旦大学张乐天教授以原上海华东纺织工学院学生 SHU 在 1951—1952 年的日记为基本资料，阐述该校 1952 年开展的思想改造运动如何通过"作战"与"交待"改造 SHU 这个上海"小开"，在他身上发掘了"两面性的人"的图像，并解析了"两面性的人"的产生原因与特征。[①] 本章以同一资料为基础，即 SHU 在上海华东纺织工学院学习期间的日记为主，部分包括其在上海南京工业专科学校学习生活的日记，时间为 1951 年至 1953 年；以 SHU 为个案考察高校对学生价值观的塑造过程、结果，以及国家和社会对其思想和行为的综合影响，并考察价值观塑造的表现和结果。

一、日常生活：快乐与烦恼

SHU 出生于上海一个富裕家庭，其父为上海泛华机器工程公司的股东。上海泛华机器工程公司的详细资料未能获得。据资料称，1952 年上海泛华机器工程公司承办河南省治淮总指挥部淮河上游蓄水库坝基钻探工程 [②]，承包石漫滩水库工程的隧洞工程 [③]。1952 年 1 月 12 日，SHU 参加了公司的股东会议，了解到公司在淮河流域一带有业务，主要做自流井和钻探工程；并正在设计烘房和烘棉籽机，此类技术乃国内首创。[④] 上海泛华机器工程公司参与国家重大项目治淮工程，并积极进行技术创新。由此可见，公司业务能力很强，规模也比较可观。其父作为上海泛华机器工程公司的股东，家庭生活条件应该比较优越。

在 1951 年 1 月的日记中，SHU 详细记录了父母给零花钱的情况，从中可见其家庭经济情况："1 月 6 日父亲母亲给 130000，1 月 14 日父亲母亲给 50000，1 月 20 日父亲母亲给另用钱（零用钱）50000，1 月 25 日母亲给 30000，1 月 26 日父亲母亲给另用钱（零用钱）50000，1 月 27 日父亲母亲给购买人民装、皮鞋钱 280000。"[⑤] 从上述记录可知，SHU 该月的零花钱共

---

① 张乐天：《两面性的人：思想改造形塑的自我图像——一个大学生日记的文化解读》，未刊文。
② 中央税务公报编辑部：《工商业税解释例案汇编》，中央人民政府财政部税务总局，1952 年版，第 107 页。
③ 张向阳：《西汉留侯张良故里文集》，许昌市委文印中心，2013 年版，第 145 页。
④ 参见复旦发展研究院当代中国社会生活资料中心，日记扫描：D13S007-11。
⑤ 参见复旦发展研究院当代中国社会生活资料中心，日记扫描：D13S007-10。

计 310000 元，此时的货币应为老人民币。上海解放初推行"折实单位"，一个折实单位规定为 1 斤标准米、1 斤标准面、1 尺龙头细布、1 斤煤；20 世纪 50 年代初的折实单位价格约为老人民币 5500 元（合新人民币 5 角 5 分），1951 年 1 月的折实单位价格为 5027 元。① 据此可计算，SHU 一个月的零花钱约相当于 61.7 个折实单位；购买衣服所费约为 55.7 个折实单位。据研究，1950 年上海一般工人每月收入为 3 到 4 石② 米，即三四百斤米。由此可见，SHU 该月的零花钱和购置衣服费用合起来约为一个普通工人工资的三分之一，因此其家庭生活是相当富裕的。1951 年 10 月 28 日，父亲给 SHU 买了只手表，据称超过 70 万元。③ 由此可知，SHU 的父母平时对其也是非常慷慨。

SHU 为家中次子，有两个姐姐、一个哥哥，在家中比较受优待。他的日常生活是非常丰富而多彩的。1951 年 1 月 8 日的日记详细记述了他与朋友的娱乐生活："一直跑到霞飞路乘法商电车，到四川路下车，不巧得很，这时天已下雨，所以我们是淋着雨跑到城隍庙，而主要的目的是吃，所以便一同吃鱿鱼、鸡鸭血汤、糖粥、五香豆；算命、桔子。后又跑出来到原路再乘电车到……BIG WORLD。而到了里面主要的也是吃，所以是又吃了卷心菜、豆腐花、黄鱼、蛋、肠细粉；打考而夫，吃糖。而玩的呢？打弹子。我实足打了一个半钟点；听说书、唱歌、本滩越剧；甚至电影什么都跑到。所以这次可以说是全部地方都到了，是我最详细的一次了。六时多出来，到老广东吃饭。快餐 5000，再加上叫一点菜，还有沽的酒，所以是三人吃了三万多。以后再坐三轮车到红宝，准备看金黄牛，结果票子卖光……"④

从记述来看，SHU 到城隍庙、大世界等比较繁盛的地方游玩，吃喝玩乐等活动非常丰富。单单是晚餐三人花费三万多，约合工人月工资的 2%；因为其他消费未标明价格，但是有听说书、唱歌、越剧和看电影等消费，加起来所费不菲。从其吃的东西来看，也是非常多样化，小吃、快餐都有。乘坐的交通工具有电车和三轮车。由此可见，在丰厚的物质基础上，SHU 的娱乐生活是非常丰富多样的。

---

① 陈明远：《人民币的历史和购买力演变》，《社会科学论坛》，2011 年第 1 期。

② 周仲海：《建国前后上海工人工薪与生活状况之考察》，《社会科学》，2006 年第 5 期。

③ 复旦发展研究院当代中国社会生活资料中心，日记扫描：D13S007-10。

④ 复旦发展研究院当代中国社会生活资料中心，日记扫描：D13S007-10。本滩越剧指上海滩的越剧。文中"打考而夫"含义不清，疑为烤麸类小吃。

日常娱乐等内容在 SHU 的日记中并没有占特别大的分量，他对于生活的感受，与时局有明显关系的。如 1951 年 1 月 29 日记述："早上考微积分……家庭访问事……下午为了是两个姐姐都在，所以也没出去，而另一面是为了今天谢年，也得帮忙，且考得些经验，也可拜拜菩萨。这样等父亲到家后便开始，一直等正七时三十分完毕，而得全家大小一起团聚，吃那一年一度的大团圆的年糕汤。的确今年是比去年好得多了，虽然在去年我没有详细的记，但至少是知道为了有战争的气息，而是不是很高兴的。而今年呢，心定得很。第一没有如去年的恐惧性。第二是不怕那些国民党时代所谓一些流氓。第三是经济问题，虽然过去也不错，但我好做今年比前几年更好。"① 生活的安定，尤其是战争的结束、生活和经济稳定，对于 SHU 而言有着更重要的意义，这也反映了 SHU 对于新中国的高度认可。

SHU 的生活并不因为时局稳定、家庭生活优裕而完全无忧无虑。日常生活中，他的一个很大困扰是自己的健康问题。他在 1951 年 1 月的本月总结写道："健康是件人生中最重要的事情，尤其是我们在青年时代发育时代更为重要，因为这能够影响整个的一生，所以现在我感到的就是身体太不行了。而这呢，是出于环境的影响，而现在呢，放松了，这是给我们求学的学生唯一的休养时期，所以我绝对不放松它，而是好好的应用它、掌握它。"② 正是因为他对于身体健康高度重视，或者说他认为身体健康太重要，所以 SHU 自身的健康问题就成为生活中的一大困扰。

健康问题为什么在 SHU 的心目中占有中心的位置，并在日记中留下了大量相关的文字呢？因为 SHU 身体比较孱弱，个子矮小，经常生病，故而他对于自己的健康很是忧心。SHU 在 1951 年 6 月总结中写道："一个无病的人，是不知道无病之可贵，但假使是得了病，那你一定会知道无病的可贵是胜过了你所知道的一切。"③ 他因为身体原因在南京工业专科学校受到同学的歧视，这对于他个人的影响是非常大的，甚至可以说是"打击"。当然，从另一个角度而言，却又让 SHU 变得性格非常之强。1952 年元旦，他回忆记述曾经被同学歧视的感受："这是事实啊！但当时我可有什么别的办法呢？又可以和谁说？同时又有来帮助我呢？唉！这让我孤单，终究我仅仅是一

---

① 参见复旦发展研究院当代中国社会生活资料中心，日记扫描：D13S007-10。

② 同上。

③ 同上。

个人啊！且我还是个处世绝对没有经验的孩子呢！……真的，我尝满了打击，喝饱了刺激，受尽了折磨，它不但是摧毁我的身体，且还影响了我的学业。但是我的意志，我的心却相反的锻炼得更坚强有力，……我庆幸着，庆幸着，我自己的勇气，我脱离了这卑鄙龌龊的海而到了纯洁的我的理想的纺院。"① 因为离开了原来受歧视的环境，SHU 对于新的学校充满希望，称之为"理想"的纺院。

但是，SHU 在新的环境里并不是极其积极、高昂的，而是比较低调，以至于他希望在学校里过着平淡的生活。1952 年元旦，他在日记中写下了第一句话："在未写这本日记前，我有个愿望，就是在这一年中，我希望我的生活过得非常平淡。"当然这个平淡的生活也是与其身体健康有关系的。他解释说："我的目的也希望在学校里不闻不问，作好学生时代所应当作的事，就是把我的业务成绩弄好，把我的健康基础打好……。我不愿意做越过我本位工作的一切事情，而我宁愿把我美好的青春葬送在华纺院的教室和自修室中……。好！看着罢。"② 因此，据其实际情况来看，初入华东纺织工学院的 SHU，其态度是非常保守谨慎的，就是想做一个平凡、普通的大学生，顺利完成学业。

新环境并不意味着身体健康问题得以解决，SHU 对此还是非常敏感的。1952 年 5 月 17 日，SHU 到校医院去测量体重，结果只有 103 斤，体重比同龄男生都轻。他似乎受到了很大的刺激，甚至认为这是自己的耻辱："我的确是太可耻了，现在让我以沉痛、难受、悔恨的心理检查我最近二个月来的生活情况罢。"当然，他的态度是非常积极的，并没有深陷于悔恨、耻辱感中，而是决定革新生活，并着手制订具体的活动计划："根据这计划再一次地把我从求索、彷徨中惊醒过来罢！"具体计划分三个方面，排在第一位的是健康，第二是业务，第三是政治。因为身体的原因，SHU 对于身体健康格外关注，并把它列为第一位，还专门制定了健康计划。关于健康计划，他写道："健康方面。我决定了停止练跳和哑铃运动，等恢复了正常的健康后再锻炼，现在主要的是每天认真的（做）广播操，锻炼（扔）手镏（榴）弹和长跑，多注意营养，多注意睡眠时间，多注意精神的愉快。"③ 为了能够恢复

---

① 参见复旦发展研究院当代中国社会生活资料中心，日记扫描：D13S007-11。
② 参见复旦发展研究院当代中国社会生活资料中心，日记扫描：D13S007-11，"一年来的追忆"。
③ 参见复旦发展研究院当代中国社会生活资料中心，日记扫描：D13S007-10。

身体健康，SHU 采取了循序渐进的方式进行锻炼，并与营养、休息和精神相结合，注重身、心、神的全面健康。

SHU 的身体健康问题在当时高校学生中并不是孤立的个案。事实上，解放前由于长期战乱、经济困难、功课繁重、营养不良、卫生保健条件不好，很多学生的健康情况欠佳。当时在大学生中流行一句顺口溜，反映了学生健康逐年下降的情况："一年级买蜡烛，二年级买眼镜，三年级买药罐，四年级买棺材。"①1951 年 12 月 12 日，SHU 记述当晚的安排非常多："晚上今天是很紧张的。召开了次全体师生大会，今天的节目也是很紧凑的，共计有三个报告一个学生会决议，所以时间也是很长的，从七时一直到十时。"② 基于这种情况，国家非常重视高校学生的身体健康。毛泽东曾就学生健康问题给时任教育部部长的马叙伦写信。1950 年 6 月 19 日，毛泽东写信说："要各校注意健康第一、学习第二。营养不足，宜酌增经费。学习和开会时间宜大减。病人应有特殊待遇。"1951 年 1 月 15 日，毛主席再次致信说："此问题深值注意。提议采取行政步骤，具体解决此问题。'提出健康第一、学习第二'的方针，我以为是正确的。"③ 由此可见，SHU 的"健康第一、学习第二"的思想与毛泽东对于学生身体健康的指导要求是相一致的。

可喜的是，在华东纺织工学院一年多的学习生活后，SHU 的精神面貌有了很大的变化。1951 年 12 月 14 日，SHU 就表示不要熬夜，养成好习惯，以保证充足的精神上课："现在我有个感觉，就是万事多须体力的，使身体的精神等不够的话，那你的功课是不会好的。因第一听课须精神，第二做习题须精神，看书也须精神，不是个抽象的而是我实际体味的。所以现在起，首先保证不开夜车而必要时得早些起身。"在 1953 年元旦时，SHU 在日记里这么记述："我是在毛泽东时代的青年人，是有着最崇高的理想、坚忍不拔的意志。我想（相）信通过了这一年我将会变得更坚强、更有力，所以以上的一段仅仅于是作为我自己的警惕，并且是成功的借鉴。祝我在这一年中胜利的渡（度）过罢！祝我在这一年中身体健康罢！"④SHU 在文末仍是对于健康

---

① 复旦大学校志编写组编：《复旦大学志　第二卷　1949—1988》，上海：复旦大学出版社，1995 年版，第 8 页。

② 参见复旦发展研究院当代中国社会生活资料中心，日记扫描：D13S007-12。

③ 《毛泽东书信选集》，北京：人民出版社，2003 年版，第 351、370 页。

④ 参见复旦发展研究院当代中国社会生活资料中心，日记扫描：D13S007-12。

非常关注，但其字里行间表露的精神状态是非常积极、高昂的，对于新的一年充满期待，并有成功、胜利的信念。这种变化自然与学校价值观教育有着密不可分的关系。

二、价值观定位：新生开学教育

1950 年 6 月，中国纺织工学院、上海纺织工专、文绮染织和诚孚纺织专科学校合并，成立私立上海纺织工学院。①1951 年 6 月，私立上海纺织工学院、交通大学纺织系和市立上海工业专科学校纺织系合并成立华东纺织工学院。②1952—1953 年间又先后有南通、武汉、乐山、苏州、青岛等地的纺织院校和系科并入。因此，华东纺织工学院的教师、同学和职工来自 11 所不同学校，他们的历史、传统、条件、水平各不相同，思想情况也极其复杂。③因此，学校在各种活动中，都十分重视对学生的政治教育，以强化对学生价值观的影响。尤其是新生开学教育活动，华东纺织工学院非常重视，精心设计了多项活动环节。

1951 年 9 月 24 日，华东纺织工学院举行新生开学典礼，SHU 对于这个典礼的教育意义有很深的领悟："后又至礼堂照了我固定的第一大组第四小组上坐定，而是很用心的听报告。首先，我知道今天这个会是华东纺院新生学习班的始业典礼，是全体新同学在未开学前先把目前的政治基础打得更好，同时更彻底了解本校之近部，及纺织业今后之前途。明确了学习的方针及态度，以便在以后学习上打了个很稳的基础。的确，我认为这的确是解放后共产党领导下才会有这样的方法出现。"④新生开学典礼的政治主题宣传，SHU 表示非常欢迎，并且认为是中国共产党才有的新的方法，由此可见开学典礼不但是非常必要的，而且演讲的效果也是非常成功的。SHU 对于这次开

① 王立诚、管蕾：《建国初期上海高等院校院系调整研究》，《上海档案史料研究》第 1 辑，2006 年 3 月。

② 中共上海市委组织部、中共上海市委宣传部、上海市地方志办公室编：《上海通志 干部读本》，上海：上海人民出版社，2014 年版，第 483 页。

③ 华东纺织工学院：《一所新型纺织工学院的成长》，载中国纺织编辑部编《纺织工业光辉的十年》，北京：纺织工业出版社，1959 年版，第 367—376 页。

④ 参见复旦发展研究院当代中国社会生活资料中心，日记扫描：D13S007-10。

学典礼活动的记述也非常详尽。

开学典礼的政治教育目的性很强，在环节安排和内容上也下了很大功夫，首先是主题报告。"第一个报告的是本院院长兼学习班委会主任张方佐先生。他是个十足的宁波人，所以一口宁波话虽很多的话简直是乡下的土话，但同学们却一个不敢在私下讲话及笑他。首先他指出本校之任务、筹备近况及本校之特点和今后之方针。的确他说的后对同学们之顾虑是或大或小的有影响，及对学校抱着无限的希望，及感谢我们的政府和我们的党对待我们竟如此的好。"①1925年张方佐毕业于日本东京高等工业学校纺织科，回国后张方佐在江苏无锡、浙江萧山、江苏南通、上海等地纱厂任工程师、厂长。1950年7月，华东纺织管理局成立，张方佐担任副局长，1950年兼任上海交通大学纺织系主任，1951年华东纺织工学院成立后兼任院长。张方佐无论是在纺织技术革新还是纺织行业管理上都有突出的成就和经验，在上海解放前稳定纺织界人才，积极配合共产党对上海的解放。这样一位专业和政治行家，对学生的吸引力是非常大的。因而张方佐做报告满口宁波方言，但学生却非常恭敬，SHU还在日记中说这次报告会对学生以后的学习和生活有影响，对学校充满希望，对党和国家的爱护非常感激。

其次是本校的政治教授兼学习组班委会副主任冯契教授的报告。SHU对于冯契有非常高的评价。他在日记中说："他是个十足道地的哲学家兼政治家。在他的谈话中，我知道他是个具有马列主义毛泽东思想的人物。的确，我很爱上他，即爱上他的哲学。的确哲学是样惟妙惟肖、引人入胜的东西。最交（叫）妙的一句话即是他说打铁要乘（趁）热，即是乘（趁）我们每个新同学在现校求智心最近的时候来个突击的学习。他明知这是便办学习班，所以的效力最大。但事实是事实。这真的是对针（症）下药。一针见血的灵丹妙药。同学们的心不是全被他猜到了吗？"②据程应镠回忆，1950年冯契被选为上海市人民代表，是年暑假参加上海教育工会组织的高教界赴北京参观活动，并代表教育工会参加全国教育工会会议。冯契在去华东师范大学③之前，在几个学校（大专）担任政治课教授；冯契也曾约请程应镠至

---

① 参见复旦发展研究院当代中国社会生活资料中心，日记扫描：D13S007-10。
② 同上。
③ 华东师范大学成立于1951年10月16日。

华东纺织工学院做过一次专题演讲。①SHU 在日记里对冯契有多次深入记录，冯契给 SHU 的初次印象也非常深刻。

这次学习活动还让学生组织小组讨论，形式非常多样。SHU 也有详细的记述："下午来个小组讨论，也即是个小组漫谈。因此又知道我现在已编入第一组第二小组，全组共九人，三个女同学。的确我们是多受过相当教育的人了，所以这关过得并不坏。我们的小组共八人，而我们是全从不同的学校转过来的，所以表面上虽然很复杂，但实际上却仍很纯洁，尤其是一个格致中学的女同学，我们的组长，青年团员，的确是最天真了。所以现在的我们一组是非常的来得轻松，嘴总是合不拢。二（两）个苏北人是不响的，才是什么都不怪的，所以又尽我们的说笑。这到也的确使得另一个女的②，也是团员，一个是市工中转的，另一个也是省立学校出来的。"③ 从 SHU 的角度来看，学习小组成员关系融洽，学习过程也变得比较愉快了。

1951 年 9 月 29 日，在学习班最后的一次会议上，同学们总结自己五天学习的收获。对于同学总结，SHU 进行了生动的描述："同时同学们也为了已经经过了五天学习，所以更希望我们能自由结合小组，以奠定正式上课时之学习小组。但是以六人至八人为限，所以这问题也便受我们重视起来。因为基本上本组共有组员九人，叫那个跑开呢，而且我们组上还有三个女同学，所以这时有几个同学和我说，希望能编在一小组，而希望排击（挤）那个副组长，争取三个女同学，而更有同学对我说，SHU，我和你要一定编在一组的，因为你的脾气和我合得来，所以从这上面，我看到了的确是我的进步，因为是别人和我说的又不是我对别人说的，况且我们全是新同学，所以这样一来，便更加鼓励我的信心，使我知道这样的做人是对的，说话不可太多，但也不可太少，要走群众路线，待人接物和善……"④ 从记述内容来看，在学习小组成员的组合中，SHU 得到同学的认可，甚至有同学主动表示一定要与 SHU 编在一组。基于此，SHU 认为自己思想和学习是有进步的，故而他也更有信心，并总结出处事的方法。

冯契为大家总结五天学习的收获，SHU 记录了冯契教授的总结："（1）

---

① 程应镠：《我和冯契的关系》，《文汇报》，2016 年 10 月 28 日。
② 此处应有漏字。
③ 参见复旦发展研究院当代中国社会生活资料中心，日记扫描：D13S007-10。
④ 同上。

一般的能从祖国出发，建立起爱学校、爱自己学习的好习惯，同时打破了专修科与学系制之分别，及克服了目前的校舍之困难是暂时性的心理，基本上认清编织工业之前途是乐观的。（2）表现团结友爱精神，为以后之全校师生团结上打了个基础，更发扬了集体主义和班级友爱，表现出团结就是力量，为加强学习的好现象。（3）初步体会到学习革命理论和自我改造的重要性，知道学习的动力是爱国主义思想，同时马列主义和毛泽东思想是人类文化之总结。（4）初步批判了纯技术观点，知道技术必须与政治和劳动相结合，理论必须和实际相结合。（5）明确了学习的态度和方法，知道了学习必须建立劳动观点、群众观点和革命观点，必须以主人翁的态度学习。"[1]冯契的总结很全面，根据其表述，学校的价值观教育是非常有效的，学生树立了集体主义观念、爱国主义思想，并且初步掌握了马克思主义理论的一些基本观点。

　　冯契的哲学思想是积极入世的，进而在新中国初期也非常主动地参与国家价值观教育塑造的活动。"解放初几年，冯契应《文汇报》和《解放日报》之请，发表了许多理论文章和杂文，有介绍探讨马克思主义原理的，也有思想和舆论的辩驳。如驳斥一度流行的'哲学无用论'；如引用列宁，号召青年们'要幻想！'，即培育共产主义理想和进取精神；又如讨论新社会人与人如何相处，知识分子如何说出心里话，消除与党的隔阂。还有从现实斗争中找'习题'，阐发理论知识的千字小品，多数发表在《文汇报》的'社会大学'版，后来结集成《学而思小札》，书名则从《论语》里的'学而不思则罔，思而不学则殆'而来。另外，还有一本小书《谈谈革命的乐观主义精神》，也是由上海人民出版社出版。"[2]这种积极入世、学习的思想与当时的价值观教育需求是相适应的，教育效果也是非常好。对于这次学习，SHU的评价是："最后由组织宣布学习班胜利结束。这轰轰烈烈的五天便在不断的掌声中消失了，但它对我是有帮助的，对我们以后的学习是起作用的，是起决定性的作用的。"[3]SHU用"决定性作用"来高度评价了这次学习，说明对学校价值观教育的认可，亦证其时学校价值观的初步教育是成功的。当然，这个成功是政府与师生共同努力的结果。

---

　　① 参见复旦发展研究院当代中国社会生活资料中心，日记扫描：D13S007-10。
　　② 李纯一：《爱智者的本色——纪念哲学家冯契先生百年诞辰》，华东师范大学新闻中心：https://news.ecnu.edu.cn/ee/8b/c1835a61067/page.htm。
　　③ 参见复旦发展研究院当代中国社会生活资料中心，日记扫描：D13S007-10。

新生教育活动是帮助新生树立正确价值观的重要时刻。当然，学校还会利用其他重大活动进行夯实。根据 SHU 的记载，1951 年 12 月 12 日晚上学校召开全体师生大会，时间从七时至十时，安排了三个报告："第一个报告是由上海学联副主席给我们谈的全国学生第十五届大会的经过，同时谈到了思想及知识分子出路等。首先他强调着知识分子是国家的宝贝，是比工人和农民等重要的，后他又强调着服从统一分配的重要性，最后他把几项学代的决议很重点的和我们重点的谈个仔细。第二个报告是赴朝医疗队给我们传达了朝鲜的经过。第三个报告是出国代表们大医学院的学生给我们介绍苏联青年的生活，他们是怎样的支配时间，他们是怎样的幸福，他们是中国的前途，所以幻想着我们的国家的前途是多么美，我们青年人的责任是多么重大。唉，还要好好的用功，否则是会对不起国家的。"① 三个小时听取三个报告，SHU 接收的信息量非常大，但效果是非常好的，SHU 深刻认识到青年人的责任和努力学习的重要性。

三、价值观教育重要渠道之一：政治讲座

政治讲座和政治课是学校价值观教育的重要渠道，在 SHU 的日记中记述了相关情况，从中我们可以看到大学生对价值观教育方式和内容的真实反馈。如前述章节内容显示，华东纺织工学院的政治课、政治讲座与复旦大学、大同大学等学校相比，其资源是有一定差距的，但仍能完成正常的政治课教授任务。1954 年，华东纺织工学院的院长盛华，其专长正是中国革命史，并有写作《中国共产党怎样领导第一二三四次革命战争》的计划。② 在 1951 年进入华东纺织工学院之前，SHU 也一直接受价值观教育。根据 SHU 的记述，其有专门的政治学习经历："1950 年暑期参加本里（春阳里）民防队后转入里弄青年学习班，学习三个月，于 11 月时遂正式由榆林区人民政府和本区青年团联合主办榆林区政治学习班一学员。"③ SHU 对此予以专门记述，可

① 参见复旦发展研究院当代中国社会生活资料中心，日记扫描：D13S007-10。
② 《上海高等学校中对马列主义理论、文学、历史学、政治经济学方面较有研究的专家、学者名单》部分内容，上海档案馆：A26-2-344-1。
③ 参见复旦发展研究院当代中国社会生活资料中心，日记扫描：D13S007-10。

见其对于政治学习是非常重视的。

　　1951年上半年，SHU尚在上海南京工业专科学校读书。据其记载，学校也有政治会议、政治讲座等各种活动。如1951年3月13日，SHU记述："十时开始开会，是由新政治教授何满之先生所主讲的，他分析了校中的近况及种种不合理现象、私人之误会等，所以他的眼光的确不差，把些毛病都找出，但我希望他不但是个能把毛病找出的医生，还希望他是个会开刀动手术的内外兼施的名医。以后便是王超然老师讲那些人事问题，如校长等，又报告了些关于经济近况，希望同学能帮助校方紧紧团结。再后缪凤仪同学说明了明天的游行及欢送人民志愿（军）等。"①这次会议涉及内容较多，但对政治教授何满之的主讲陈述比较多。从其表述可以看出，何教授的讲解非常吸引SHU，以致他希望何教授能够将所述付诸实践。同月23日记载："下午政治讲座，由何满之先生到校外聘请来的一位什思什德编辑，他讲的是朝鲜新战局，说得很好且精简，所以成绩也很好，很静的。"②对于这次政治讲座，SHU的评述虽然比较简短，但也述及政治讲座时所有的学生反映，从其描述来看，效果非常好。

　　SHU对于政治学习有着极高的热情，平日里经常买一些政治时局的书籍。根据日记所述，1951年3月26日记录："中午买本 *People's China*，价为四千元。因为这是仅仅的一本，所以很贵，而感到假使我不用心读的话，算对不住这四千元。"③从前面分析可知，四千元相当于普通工人一日的工资，因此四千元的书对于SHU而言，也是比较贵的，因而他也有必须认真阅读该书的感慨。1951年4月23日，上海南京工业专科学校是期中考试，国文考试的作文题是论十月革命。SHU在日记中记录："我为了机警，所以之前大概的看了一遍，但这对成绩没关系，而是参考罢。但据修教师说，这篇作文我做得很好，他更说可能本班中最好的。又说我对文学很有修养。呀，我真的是担当不起这责任啊！"④作文得到老师的高度评价，一方面说明SHU写作能力强，另一方面也反映SHU对于十月革命等这些政治内容是有一定的认识的，这和其日常学习的用功程度以及课外大量阅读政治书籍也应有比较

　　① 参见复旦发展研究院当代中国社会生活资料中心，日记扫描：D13S007-10。
　　② 同上。
　　③ 同上。
　　④ 同上。

大的关系。9 月 16 日，SHU 记录："我又到新华书店买了三本很便宜的参考书，即有关于朝鲜停谈和国际形（势），反对美帝武装日本及关于本年度之棉农储棉、购棉问题。"① 这次 SHU 买了三本，前两本是有关国际政治的，后一本是有关国内棉业经济政策的，既可以说和专业相关，也可以说属于国内政治经济范畴。

　　政治讲座一般会请校外社会知名人士或教授讲授。根据 SHU 的反映，效果不一。如 1951 年 9 月 27 日，SHU 在日记中记录："早上的小组是讨论几个切实的问题，所以是成绩比以前好了。这的确是本组的好现象。下午听取华东纺管局的陈副局长给我们的指教，当然我们应当很用心的听的，但是这题目是'目前形势和青年学生任务'而难免重复，同时再加上是在二时整开始的，所以我竟昏昏欲睡，而不得已一半溜了，到宿舍中睡了一会，而这样比较好些。"② 关于这次讲座，讲授人是华东纺管局的副局长，对于时势的宣讲应该有一定的权威性，SHU 自己也承认应该"用心的听"。但此次讲座主题和其他讲座内容有重复，因而大家听讲效果未能达到理想的层面，或者说有点差。11 月 2 日下午的政治讲座，SHU 直言"我一些都没听进去，我认为这现象也是不必要的事"③，说明政治讲座的实际效果颇有问题，当然也有可能是学生学习态度的问题。同月 16 日下午的政治讲座，SHU 的学习态度完全不一样，效果也有差异。他称："我不知道在什么力量的驱使下竟会从教室中搬了个凳子，拿了本（和）笔，而到那时却是很用心的全心全意的听。今天也算是第一次很精细的听广播了。大概今天讲得特别清楚罢，所以我记得特别多；不过呢，我想也是有作用的。"④ 为了能让学生更多地接受时事教育，上海市规定自 1951 年 10 月 12 日起，大专学校一律通过广播听时事讲座，且须固定每周一次。对于这个规定，SHU 虽然没有直接表示不喜欢，但字里行间表示不太接受这种安排："下午本来是钳二实习而是停止的，但今天却是次全校的，也是全市性的听广播，因为昨天报载大专学校今日一律收听收音机，听取时事讲座，而以后得永远的每星期五下午二至三、五时收听，以后四点钟接着又是次讲座，由纺管理工作科洪沛然主任来做专题报

---

① 参见复旦发展研究院当代中国社会生活资料中心，日记扫描：D13S007-10。
② 同上。
③ 同上。
④ 同上。

告。"① 讲座本来因为人多，讲授人与学生的互动明显不足，影响学生的理解与吸收；广播效果无疑更弱。

政治讲座的内容可能主题过于宏大，学生听时容易产生距离感。但学校在考试时会将政治讲座的内容放入考题中，学生不得不重视。如 SHU 在 1951 年 12 月 2 日记述："早上九时开始时事测验，所以我免不了的将以前的各种政治讲座所摘录下来的来一次从头至尾的复习。而我相信这的确是并不好的现象，且我还向另外同学借一记每日报载的重要新闻来个强记，而为了应付这次考试，但现在我还有个感觉，就是报载的东西要每条都记，这的确不是好办法，且很难的事。"如果平时没有认真听政治讲座的话，考前突击背诵是非常困难的事情。因而对于成绩 SHU 表示毫无信心："在正九时开始考了，而成绩我也不希望罢了。终于我是很糊的。"②

前面章节叙及，政治讲座在高校价值观教育中扮演着重要角色，但由于听讲人数过多，难免不能顾及学生个体的受教感受和效果。但是根据 SHU 的记叙来看，好学如 SHU 者或者对政治感兴趣的学生必然能从中受益。国家和教育大事以及学校的发展，学生都可以从政治讲座中获知。如 1951 年 11 月 30 日下午的政治讲座，即均提及这些方面："今天也仍是我们的黄副院长报告了同传达了这次工学院院长会议的主要精神和决议。首先他先说明了这次会议的到会人数，而就也这里叙述了这次会议的重要性。首先有教育部马叙伦部长致开幕词，而另有国内每部分的有关工作的首长和代理人，如中央重要工业部、轻工业部、燃料工业部、水利部、交通部和我们的纺织工业部等九个重要部门、全国各大学工学院及独立工学院之院长及苏联之专家、教育部副部长和各地区教育部的负责人及代理人，而主要的决议却是从现在起大学中工学院部分要独立起，院系科仍继续的要调整。另外，还有我们的专修科要尽量的发展而下学期招生专修科在占据百分之五十五以上，最后他还告诉我们，我们的学校在那边非常的吃香，而最后教育部还要我们作典型学校报告等。"③ 从这次政治讲座，学生能清楚地明了教育政策、学科发展的方向和学校在全国院校中的地位，对于专业和个人的发展树立了非常大的信心。

---

① 参见复旦发展研究院当代中国社会生活资料中心，日记扫描：D13S007-10。
② 同上。
③ 同上。

四、价值观教育重要渠道之二：政治课

相较政治讲座，政治课的讲授更为系统，师生还可以进行面对面的交流和讨论，对学生价值观的塑造更为直接。总体而言，学生上政治课的基本态度是端正的，非常重视学习。SHU 在 1951 年 10 月 9 日的日记里这样评述社会发展史课程："社会发展史，我本学期认为很怕的东西。但当今天我上了这门课政治（政治课）后，到（倒）有了些新感觉，即是既喜又怕。喜的是我们有个很好的名教授作为我们的老师，很可能通过这学期后，我的政治理论会空前提高的。怕的是本学期的书本可能是太深了，全是一些马克思主义的历史唯物主义和辩证唯物主义。可能这些我吃不消，因为我从来没有这样有系统的政治理论学习。同时本学期我还担任组长之职，所以又很苦闷。不过我抱着是学习的主义，反正我现在还在求学时代，是正当着学习的时候，所以这倒反而是个好机会，是一个唯一的机会，我应当尽量掌握着。"[①]如 SHU 所述，他是非常期待自己可以通过政治专业课的学习获得理论水平的提升。

马克思主义理论本身是一个非常复杂的体系，有些教学内容比较理论化、生涩，对学生而言有相当大的难度。在实际学习过程中，SHU 直言自己学习非常吃力且有倦怠心。如 1951 年 10 月 16 日的日记所述："今天的政治社会发展史可真的上课够了。第一节到颇有劲且是很用心的记笔记，第二第三课就不然了，因为实在使得我太倦了。同时也有些要嗜睡，不过笔记我到仍是很好的记的。"同年 12 月 4 日，SHU 表示政治课的理论性太强，学习吸收的难度很大，以至于没有复习的兴致："三个政治所教的全是些社会意识形态基础与上层建筑等新名词。唉，这东西，我真的有些搞不清。……下午本当我是应当看社会发展史、唯物主义的，但后来为了要更好锻（炼）我们的身体而将来成为祖国称职的建设者、全面发展的人才，所以我积极的参加体育活动而参加排球比赛，这样的便将一个大好的下午就消磨了。"从整体

---

① 参见复旦发展研究院当代中国社会生活资料中心，日记扫描：D13S007-10。

的学习态度来看，SHU 并不是消极学习型，之所以会让体育活动取代政治学习，和课程本身有关。不过随着学习的深入，SHU 也积极主动地去加强自我学习。在 1951 年 11 月 6 日的日记中，SHU 称："政治仍旧是讲的社会发展史，而我发现我得去买几本有关的书籍以作参考。"①

政治课授课效果还受教师理论水平、教授方法等因素的影响。有些政治课由于授课教师讲授方式或能力的限制，没能发挥应有的效果。如 1952 年 3 月 1 日，SHU 记述对社会发展史课程的看法，表达了对授课教师的不满："下午三课社会发展史也许是教得进度太慢了吗？也许我感到洪教授及不到冯契教授。因此我始终引不起兴趣，简直想打瞌睡。唉，这学期的理论政治学习前途也许很暗淡的罢。"同月 20 日，SHU 对洪教授的讲授表示完全失望："社会发展史，我对（和）洪教授的缘份（分）已经完全的断绝了。因此关于新民主主义论的理论，我只得依赖自己的课外的自学了。"②与冯契教授相比，洪教授的教学方法和教学能力没能得到学生的认可。

当然，政治课并不意味着纯粹的理论灌输，如果教师在教学方法上有所变化，对学生的价值观教育则是非常成功的。如 1951 年 12 月 18 日的政治课，结合人物事迹讲述道德观念和宗教观念等，SHU 认为非常真实有趣："所以终是感到真人真事的比以前有趣味得多了。"再如 1951 年 12 月 11 日冯契的政治课上，应学生们的要求，冯契叙述了当时"一二·九"运动的经过。因为他是直接行动者之一，所以讲述非常生动。SHU 在日记中写道："真的再说下去，同学们的眼泪都熬不住了。真是，这是年青（轻）人的特点，富情感、血气方刚的青年，是的确具有着独到的、任何人不能及到的勇气。唉，假使我处于这个时代，我没有家庭包袱的话，我绝对会参加这运动，绝对会参加敢死队。"③

冯契教授给 SHU 以深刻的影响，不仅仅是在课堂，还影响到其日常生活的思考。如 1951 年 10 月 28 日，SHU 在日记中记载："人是情感的动物，的确我们的冯契教授说得不错，掌握社会科学比任何东西都难。因为它的对

---

① 参见复旦发展研究院当代中国社会生活资料中心，日记扫描：D13S007-10。
② 参见复旦发展研究院当代中国社会生活资料中心，日记扫描：D13S007-11。日记有记录洪教授的全名，在此隐去。
③ 参见复旦发展研究院当代中国社会生活资料中心，日记扫描：D13S007-10。

象是人，人是不可经实验室中求得的，尤其是家庭关系是很难用客观条件去处置的，而我在今天也深深地体味到了。真的一个家庭是最难处置了，就现在言，叫我用什么法呢，唯一的办法就是希望释枷（迦）牟尼、上帝保佑了。"① 虽然 SHU 的家庭问题未能因为上政治课而得到解决（事实上，也不可能由此解决），但是很显然 SHU 已经在认真思考问题。根据 SHU 的记叙，同学对冯契教授的教学非常认可。如 1952 年 1 月 8 日的政治课："真的冯契教授好像已经是好久没见到了。因此同学们多感到特别的亲热。但今天所教的内容是实践论，所以又是个绝对陌生的名字。又为了今天是最后的一次课，即最后三小时了，所以又不得不尽量的发挥扼要的谈，而终算是冯教授讲授得好，所以不但是沟（通）得很精彩，而且正好三小时教完，还多二分钟便早退了。"② 对于这次课的收获，SHU 在日记中也进行了详细的记述，主要是实践与认识、感性认识和理性认识的关系。

在日常学习活动中，SHU 有着自主将政治课学习的理论应用于实践的意识和行动。如 1951 年 10 月 12 日，SHU 在画图室工作，想依着冯契教授的讲授在政治上有所长进："不过虽然我一人单独的靠着窗很安静的尽了一个下午。但我的初衷却真的有些副作用。因为我想通过了这次画图的一个下午，谈话来更好的使我明确有着政治上及团上之关系，务使很好的把威信建立起来。真的冯契教授说得不错，打铁乘（趁）热，但结果是没有达到。"③ 虽然如 SHU 所述，没有达到理想效果，但 SHU 确实有此意识和行为。

教师的知识结构、理论水平和授课方法对教学效果有直接影响，政治课也不例外。冯契教授学生非常有激情、有责任心，在很多人的回忆中对冯教授多表感激。如陈崇武回忆在华东师范大学读书时："冯契教授的中国哲学史，历史唯物主义和辩证唯物主义也听了很长时间，他非常有学问，深入浅出，厚积薄发，使我受益匪浅。"④ 政治课教师的素养和教学直接影响着学生价值观教育的效果，SHU 对于授课教师的不同反映即是如此，应能代表其时部分学生。

---

① 参见复旦发展研究院当代中国社会生活资料中心，日记扫描：D13S007-10。
② 参见复旦发展研究院当代中国社会生活资料中心，日记扫描：D13S007-11。
③ 参见复旦发展研究院当代中国社会生活资料中心，日记扫描：D13S007-10。
④ 汤涛：《丽娃记忆：华东师大口述实录（第二辑）》，上海：上海三联书店，2016 年版，第 147 页。

五、思想之波动：团课和入团

SHU 是一名积极追求进步的青年学生，入团、成为共青团员是其在校学习生活非常重要的一部分。其在日记中，详细记述了上团课和入团过程中思想的波折，突显了其价值观塑造过程。张乐天教授结合入团和思想改造对SHU 的思想变化进行深入的分析[①]，本部分仅仅关注价值观进行个案解析。

1951 年 10 月 27 日，SHU 第一次上团课，SHU 称之为"有历史价值的一天"："我相信我以后的环境也许就为了这一天而是跟着发展的、转变的。今天的团课给我的影（印）象太好了。在这里，我找到了我们年青（轻）人的归宿，我知道了青年团的任务，知道了入团前须有的必要认识。的确，我以前想入团的动机太不正确了。（1）作落后分子是耻辱的。（2）要求进步想改造自己。（3）知道了今后之方向。……唉，我一定要把这缺点纠正了。我要为全人类彻底解放而斗争，我要争取入团，一定要争取入团。这以上一段是我刚上毕团课回来时候写的，所以是比较富情感一些。也为了上团课，所以今天破例没回家。"[②] 从 SHU 的记述来看，他将青年团视为自己的归宿，并树立了要为全人类解放而斗争的志愿。我们可以相信，他的这种表述是非常真诚、极其单纯的。

后来，SHU 认真地去上团课，还积极地与同学进行思想交流。如 1951年 11 月 8 日的日记所述："晚上正七时又是团课，而是第二讲团课。地点在总院礼堂。所以我真的很诚意的和晚上很多的同学一起去的。沿途我们 JBL同学谈起了关于课代表问题。的确他供给我很多的提纲，我得很好的记住看，以后 XHP 又给我说了很多话，而说我最近进步了。唉，我希望这话永久的在我周围盘转。同时我还争取更多的人和我说这样的话。以后团课便开始了。今天讲的是青年团是共产党领导的以马列主义毛泽东思想为教育基础的学校，以后又讲了爱国公约的政治意义和革命意义。的确，这时我初步的对爱国公约有的认识。再后当茶会时，为了天很冷，情绪很高，所以我们个

[①] 张乐天：《两面性的人：思想改造形塑的自我图像——一个大学生日记的文化解读》，未刊文。

[②] 参见复旦发展研究院当代中国社会生活资料中心，日记扫描：D13S007-10。

个年青（轻）的小伙子结成了一支铁的队伍手携着手的向校内猛进。"①SHU
追求进步之急切在日记中有完全的披露。得到别人的夸赞，SHU很受鼓励，
以至于团课后的茶会后依旧情绪高涨。这应是当时追求进步学生的真实思想
写照。

当然，SHU的入团思想出现了多次波动，很多事情都会成为其思想波
动的因素，这和其时年龄、社会阅历乃至社会环境都有很大的关系。如1951
年12月11日晚上有团课测验。SHU原本不想参加测验，因为没有做好充分
准备，后经同学ZBS说服参加了测验。②由此可见，SHU对于团课成绩之重
视。但对于到底是否入团，SHU还是颇为犹豫，原因有二：一是入团条件，
SHU的家庭出身如前所述，反而成为劣势；二是班上团员的表现没能达到
其期望。据其1952年1月4日记述："我对班上的团员表现得实在太不满意
了。唉，怪不得我今天写条子问ZBS说当我在上团课的时候，我就想入团，
但一下团课至教室内便不想入团了。晚上团课第五讲，我听后又感觉到关于
入团的条件问题。的确，也许我太主观。不过这真是我衷心的问题呀！"③在
思想上积极追求进步，而现实上却有着直接的困难，且这个困难看似难以解
决，加之对现状的不满，导致SHU在入团上颇为犹豫。其非常典型的思想
波折是：上团课想入团，下团课不想入团。以至于在是年2月15日晚上团
课时，恰好大风夹雨，很是映合了SHU的心境。他称："但这次团课可上得
不容易。首先是老天刮着无情的大风，且风中还夹着雨，真所谓风雨交迫。
继之是段又泥泞又长的路。唉，真的是太苦了。我为什么呢？"④该日记颇能
反映其思想之迷离。

庆幸的是，SHU班上还有优秀团员一直和其进行深入的思想交流。1952
年2月21日下午，SHU和ZBS一直在谈话，但是并没能有很好的改变，在
日记中SHU进行了详细的记述：

　　下午整整的一个下午和ZBS谈话。的确，他是个团员，是个比较优秀的
团员，也为了他的政治理论较高，所以我更是喜欢发（现）问题、解决我的

---

①　参见复旦发展研究院当代中国社会生活资料中心，日记扫描：D13S007-10。
②　同上。
③　参见复旦发展研究院当代中国社会生活资料中心，日记扫描：D13S007-11。
④　同上。

思想问题。的确，他批评我的话很不差。一切事情主观，在班委上发言不够多，想一会（即出发点为个人）及多说不必要的话。唉，对极了。这好比是面镜子，照透了我的心，使我见到真正的自己的缺点。但最近我并不是自己不觉得，叫我怎样改正呢？的确，小资产阶级的思想改造是长时期的，是一个痛苦的过程，而我当然不能例外。因此我也得服从这个规律，好好的忍耐罢。终有一天，我会把这思想包袱全丢掉，而目前的知识分子思想改造，我不是好机会吗？但现在呢？的确我的思想混乱得很。哎，简直到极限了。因此我又下了个主观的决心。团课证决定在最短期内退还给团。而我起誓，在这学期内即以后我绝对再不想起青年团、提到青年团。因为我给我的痛苦即刺激太严重了，且我更决定在这学期好好的安分守己罢。①

　　如 SHU 所言，他在努力进行思想改造，纠正自己的小资产阶级思想，但过程无疑是痛苦的，因此也造成了思想的混乱。这是当时思想改造的心境，以至于 SHU 产生了不敢想、不敢提青年团的想法，只得后退，安分守己。在第二天，即 2 月 22 日，SHU 直言自己思想问题越来越严重，乃至于发展至不正常的阶段："思想问题越来越严重了。同时，我也越来越不正常，表现得非常差的了。但这些何苦呢？我何必弄得如此呢？照这样的发展下去，我要变成了刘左道第二。我要走向自己毁灭自己的道路了。因此，这里我决定了几点：1. 不谈青年团。2. 不任意发言、发牢骚，经常保持沉默。3. 不搞校内及班内任何一件工作，专心业务。4. 决心参加思想改造运动，不积极带头，不落后畏缩，始终保持中间。"② 在这篇日记里，SHU 意识到思想问题之严重，因而有自我纠正的意愿，避免走向自我毁灭。他选择的是中间路线，接受思想改造，但是不带头也不落后，这符合其真实情况，也是其时最恰当的选择。

　　做出符合自身实际的调整之后，SHU 的情绪反而趋于平稳。是月 26 日，他当选为工程画课代表，这对他是极大的鼓励："班上今天改选本班课代表，而我当选了工程画课代表，而这的确是次满堂彩。但我的想法是第一，这一类课程我可以胜任，且对我本身的工程画也有进步。第二这学期正接着思想

---

① 参见复旦发展研究院当代中国社会生活资料中心，日记扫描：D13S007-11。
② 同上。

改造时期而我也应当稍为在班上担任一些称职的工作，以发挥我的增有力。因此这学期我一定要把本班的工程画水准提高，同时发挥我所有的工作强度。"①SHU 的想法越来越趋于现实，或者说聚焦于可行性强的学习，因而学习的劲头也颇足。同日下午在学校看到华东教育部的通知，学校里有 8 个到苏联留学的名额，SHU 是极其希望获得的，以至于又有了思想波动："一个消息，即我们可以出国了。下午我们校内贴着张布告。据华东教育部人事部通知，本校有八个名额出国留苏，条件是政治条件、业务条件和健康条件三类。而虽然是指着有二年级的水平才可以报名，但我却可以依着交专的同等学力的证明而报告。唉！这是场激烈的思想斗争的严重考验。叫我如何解决呢？怪不得在晚上今天我没睡几小时。"②虽然此次 SHU 称是"激烈的思想斗争的严重考验"，但正是基于积极学习、争取进取的态度，才会有思想斗争。

后来 SHU 比较多地接受了思想改造，思想又慢慢变得积极上进。对于思想改造运动而造成的课程调整也能接受了，如 2 月 28 日所述："今天起课程表又修改了，但这一次不是无缘故的。第一，思想改造，首先从知识分子开始，这句毛主席所说的话究竟是领到我们了。因此我们校内部定每周减少约十小时的课，以迎接这一个轰轰烈烈的思想改造运动。第二，一年三学期制的成功终究成了泡影，所以不得不尽量的减少课程。"③SHU 承认思想改造的必要性，也能接受其带来的负面影响。3 月 5 日，SHU 参加政治小组第一次小组会议，感觉"满意"，并认为可能会对他的政治理论提升有所帮助。3月 20 日，SHU 第一次参加了团小组会议，重新树立了争当团员的意愿："晚上开了一次生平第一次的团小组会议，而给我感想和影响也是很好。同时又受了 ZBS 和 TZY 的影响，所以我最后一次的决定听团课了。同时还准备在这次三反运动中很好的争取个模范来争取入团。这是我最后一次的同时大胆的出口了。因此我也决定了一辈子再不收回这个成命。好好的努力和争取罢，而我更有坚强的信心在几月后的今天，我一定要参加这个年青（轻）人所应当参加的革命队伍。同时，我也一定要把我所有的力量贡献给祖国，完成新民主主义革命罢。"④此次会议，给予 SHU 的影响是非常积极、正向的，

---

① 参见复旦发展研究院当代中国社会生活资料中心，日记扫描：D13S007-11。
② 同上。
③ 同上。
④ 同上。

他又如以前般有了激昂的进取思想，表示争做模范、积极入团，还要奉献自己的力量投入国家的事业。

当然，此后在思想改造深入进行时，SHU 在思想上又出现了颇大的矛盾、动摇。张乐天教授在其文中都有具体剖析，此处不再重复讨论。从 1951 年 10 月第一次上团课，至 1952 年 3 月参加团小组会议，将近半年的时间里，SHU 的思想有非常大的变动，积极—消极—积极的思想波动中，其价值观的塑造亦是非常波折的，这是青年大学生思想的真实反映。正是因其真实性，积极中有消极，消极中还存在着进取，我们对其价值观的评价亦不可过于武断。如学者所言，镇反运动给上海带来的一个巨大的好处，是社会治安环境的全面提升；各阶层民众都被有形无形地组织起来。[①]

六、仪式与价值观塑造：课堂之外[②]

SHU 的大学生活是丰富多彩的，表现在课外活动上也非常多样。根据 SHU 的记述，有许多活动非常有教育意义，或者说我们可以看到 SHU 对学校价值观教育的认同。

前面章节提及，抗美援朝开始后，上海积极动员高校学生参加军事干部学校。SHU 在日记中也有记述。1951 年 1 月 4 日，SHU 记录："军干校录取的名单，也在今天上午揭晓，所以同学们手中拿着重爆仗，一等喜讯至，立即发动，而是怪闹猛的。结果全校报名考共五十五人，而录取考仅三人，备取二人。其名单为黄英、万如昌、胡嘉暖，备取孙锡才、赵国秀。所以有好些同学都不高兴。而记得有一个女生为了它，哭了整整的一个上午。下午为了 Huang 同学已回家，而身边连一个钱也没有，所以心里越不高兴才就非常沉闷地在宿舍里誊写了好多的工作法[③]，而又似受了个刺激，所以我将又要恢复正常了。"[④]从 SHU 的记述来看，他和同学对于参军都是非常积极的，可以

---

①　杨奎松：《中华人民共和国建国史研究 1》，南昌：江西人民出版社，2009 年版，第 249 页。
②　张乐天教授在《两面性的人：思想改造形塑的自我图像——一个大学生日记的文化解读》一文中，具体分析了 SHU 笔下的新中国，为避免重复，本部分不再赘述，只讨论和本章内容关系极其密切者。
③　SHU 当时学习的一门课程名为工作法。
④　复旦发展研究院当代中国社会生活资料中心，日记扫描：D13S007-10。

说他们都很积极主动地想用自身的力量保家卫国，因而对于未能被军干校录取，SHU 的感受是非常沉闷，而没有录取的同学都是非常失望，有的甚至是痛哭流涕。

1950 年 12 月 9 日，上海 10 万多名学生（占上海大中学校学生总数的80%）参加了抗美援朝保家卫国示威大会。纪念"一二·九"大会和第三届学代会后，一场声势浩大的参加军干校的运动迅速在全市学生和青年工人中展开。据统计，在 1950 年 12 月至 1951 年 1 月初第一、二期参加军干校的热潮中，上海共有 2 万余名学生和青年工人报名参加，5193 人被批准参加军干校。其中党员 85 人、团员 2757 人，党、团员占参干总人数的 54.7%。由于报名参加军干校的人数太多，军干校上海市招生委员会决定把原定于第二期招收的军干校学生提前招生。① 因此，在参加军干校的热情被充分调动起来后，没有被录取的同学自然极其失望和难过。

1951 年 1 月 26 日，SHU 又一次记录了军干校录取之事，只是地点有所转变，是居住的里弄里有人被录取，SHU 表示出无比的羡慕之情："晚上正在吃晚饭的时候，弄中锣鼓喧天，这时理智立刻告诉我这是报喜队，我们弄中约有人考取了军干，所以也非常兴奋的，立刻放下了饭碗到门外去看，结果是 7 号内的 SBK。我真佩服他有勇气、新中国的好儿女。但是他有的是哥哥，一个可靠的哥哥，且据说他的职位现由他哥哥担任，而他的妹妹也因此进了厂而担任了做书记的职，所以说他的家庭包裹（袱）已全部打消。而这样的若换了个我，也不是早就现在到了军干校了。所以在这里我羡慕着，我羡慕着他有个哥哥，而是可靠的哥哥。"② 这里，SHU 分析 SBK 被军干校录取的原因是有个可靠的哥哥。SHU 也有哥哥，是不是说自己哥哥不可靠？根据日记内容不能作此推测。1951 年 6 月，据统计，第二次报名参加军干校的学生共有 11497 人，被批准参加的有 3615 人，录取率为 31.4%。前面述及两次报名共 2 万余人，5193 人被批准参加，录取率低于 26%。③ 军干校录取应是优中选优，因而 SHU 不能入选也算情理之中。

---

① 闵小益：《抗美援朝时期参加军事干部学校活动》，载李玉琦主编《青运春秋 第四辑》，北京：中国青年出版社，2007 年版，第 3—5 页。

② 复旦发展研究院当代中国社会生活资料中心，日记扫描：D13S007-10。

③ 闵小益：《抗美援朝时期参加军事干部学校活动》，载李玉琦主编《青运春秋 第四辑》，北京：中国青年出版社，2007 年版，第 3—6 页。

1951 年 2 月 2 日 SHU 记述："上午约十点被徐朝儒拉着看免费电影'思想问题'，而我却看过了，也没票了。结果想反正左右无事，也就没有票子的混了进去，而觉得片子是断得不像话，且也没有第一次紧张。"① 电影《思想问题》是 1950 年摄制的。电影描写 1949 年上海获得解放后，许多知识分子进入华东人民革命大学，在这所革命的大熔炉里学习和改造的故事。电影以近乎舞台剧的场景设置、大量的对白与"口头教育"，号召大家接受思想改造："我们都是从旧社会上来的，思想上问题很多，我们应该配合着学校的学习，一个一个去解决。广大的人民，等着我们去服务呢，人民的中国，等着我们去建设呢。"② 在闲暇时间，SHU 第二次看《思想问题》，电影因为制作技术和手法问题，对 SHU 的震撼力减小，感觉没有"第一次紧张"。混票也要看《思想问题》这部电影，反映出 SHU 对于新中国的思想改造和价值观塑造的态度和行动是非常积极主动的。

1951 年 4 月 15 日，星期天，SHU 上午即去电影院看早场电影《两家春》。影片根据谷峪的小说《强扭的瓜不甜》改编，批判了封建旧习俗，展示了土改后农村的新面貌，格调清新明朗，富有生活气息。此片获文化部 1949—1955 年优秀影片三等奖。SHU 记录："主要的是说明了过去不合理婚姻的缔结，结果终由妇会（妇女会）主任的帮助下，解脱了这婚约而成全了这理想中美满的一对。在里面中一些农村的镜头，倒是真值得看的。"③SHU 对于这部电影表示高度认可，同时也反映出该影片与当时的社会状况、人们的思想状况相适应，对于学生的价值观教育有现实意义。④《人民日报》用"一种表现人民内部斗争的新艺术"来评价这部电影。⑤

1951 年 9 月 16 日，SHU 观看了电影《白毛女》。该片于是年 3 月 11 日在中国上映，同年获得第六届卡罗维发利国际电影节特别荣誉奖。这部电影给予 SHU 以深刻的印象，他在日记中写道："片名白毛女，是一个由舞台

①　复旦发展研究院当代中国社会生活资料中心，日记扫描：D13S007-10。

②　任明：《光影叙事与时代风云：上海城市电影六十年变迁（1949—2009）》，上海：上海文艺出版社，2014 年版，第 73—74 页。

③　同上。

④　《上海电影志》，第三编第二章第一节《五、六十年代影片》，上海市地方志办公室网站：http://www.shtong.gov.cn/newsite/node2/node2245/node4509/node15254/node15327/node63936/userobject1ai11559.html。

⑤　《一种表现人民内部斗争的新艺术——评〈两家春〉》，《人民日报》，1951 年 3 月 24 日。

搬上银幕布的，曾得过国际荣誉奖的一部名贵的电影。当然啰，内容是够紧凑，真的使得我的情感冲动得太厉害了。地主的可恶的确形容得并不过火，但这里主要的却是描写一对顽强勇敢的青年，尤其是一个女的喜儿，的确他是代表着数千万受压迫的人之一，但是她的勇气，她的坚强不屈的精神真令人佩服之至，对的，她要活着，她要报仇，虽然她是过着非人的生活。"① 这部电影形象反映了"旧社会把人变成鬼，新社会把鬼变成人""没有共产党就没有新中国"的主题。SHU 被深深地感动，尤其是喜儿坚持复仇的精神。正如李焕征所言："编导对爱情和复仇母题的改写，民间传统叙事与'五四'文艺新潮的合谋才是这部红色经典成功的根本原因。"② 毋庸讳言，中国共产党的价值观教育方式是非常灵活而多样的，不仅仅是文艺主题要与党的政策相切合，编剧内容和方式方法都尽可能地去改革和创新，因此对于 SHU 这样的大学生而言，是非常生动的价值观教育，使得 SHU 非常认同党和国家的政治主题。

　　SHU 对于价值观教育的认同在日记中有非常多明显的表现，尤其在一些特殊纪念日，更有详细的记录。如 1951 年 10 月 1 日，中华人民共和国成立两周年的国庆之日，SHU 在日记中详细地记录了自己的感受，十分清晰地阐述了自己价值观的改变：

　　当着这样伟大的日子，我思前顾后真起了莫多感想。记得在二年前的今天罢，我还是个满怀着鬼胎、全身多是顾虑彷徨的青年，不知道什么是我的人生观，不知道读书是为的什么，更不信任人民政府和人民的力量。但现在呢，当然的是和以前不同啰。现在我深深的体会到人民政府和人民的力量，更感到我们的祖国是可爱的，而做个中国人，尤其是生长在毛泽东时代的中国人是光荣的，值得骄傲的。为什么呢？因为在这短短的二年，活生生的事实摆在我的眼前，祖国的国际地位空前的提高了，国民党的军人是打垮了。我们的志愿军在朝鲜的战场上表现着无比的力量，表现着中国人民的英勇，表现着中国人民的崇高的品质。无疑的也使帝国主义者吓断了魂。的确帝国主义到现在才知道中国的人民是真的站起来了。毛主席说得对"现在的中国

① 参见复旦发展研究院当代中国社会生活资料中心，日记扫描：D13S007-10。
② 李焕征：《爱情、复仇与革命——论电影〈白毛女〉的文化密码及其正典化叙事》，《当代电影》，2015 年第 10 期。

人民是站起来了，她不似过去国民党时代的中国，一个懦却（怯）的殖民地的中国，而是一个壮大起来的国家，一切帝国主义再不能侵犯我们，也是永远不能再侵略我们。"一切侵略及殖民地等耻辱，只成为历史上的名称，而历史是永远不会及不许再重演了。她好比一个刚发育的孩子，是没有力量阻止她长大的。所以在早上我很早的就起身了，看到了天，真使我高兴，一个碧青晴朗的天。①

此时 SHU 对于新旧中国的表述，是有自己的切身感受的，因为有了明确的读书目标。前文述及，在新生开学典礼上，学校会有专门的报告为学生讲明学习任务、学习方法和学习目标，这对于年轻学子而言无疑是非常重要的。因此，SHU 不但消除了自己人生的顾虑，进而对新中国也满怀热情、信任和希望。同时，基于学校一系列形势政策的报告以及 SHU 自己对政治形势的学习和观察，他对于新中国的发展、国际形势和历史地位与国家的定位有了高度的认同，当然这也是国家价值观教育的成功表现。新中国价值观教育之所以会迅速获得年轻学子的认同，与中国共产党非常重视通过重要节庆进行宣传教育有密切关系。SHU 在日记中详述了自己参加国庆游行的过程和感受：

唉，还用说什么呢，唯有拿出我所有的一切热忱来庆祝这伟大祖国的诞生二周年。我急忙准备了一切，排列在我们的队伍中准备游行，因为这是示威游行，所以我总是带着严肃及饱满的态度。虽然太阳是这样的猛烈的射在每个人脸上，但是我们毫不惧怕畏缩，相反的却每个人多（都）到齐了，而是准七时半出发的，一直向总院出发。集合后再加入国庆的巨大的游行洪流中。今天我是参加华东纺院的单位，所以毫无问题的是属于长宁区一个工人阶级集中的区域。我担任了小队纠察的职务，所以总是排在小队的最旁边，这样的一直走了五个钟头才又回到了我们的学校——总院。这次的次序的确比前次进步得多了。路上没有停，因此二个腿也感到特别的沉重。因为我还步行至分院，所以到家后真得感到腿很酸了，但是我不后悔，相反的感到高兴，因为我已尽了一些力量、一些在求学时代微薄的力量。②

---

① 复旦发展研究院当代中国社会生活资料中心，日记扫描：D13S007-10。
② 同上。

　　秋天的上海天气还是非常热的，从 SHU 的记录来看，学生都准时参加游行活动，对国庆游行活动十分重视。国庆游行时间长达 5 个小时，且中间没有长时间停留，对学生而言既是体力的考验，也是精神和毅力的考验。身体并不十分健壮的 SHU，对于 5 小时的国庆游行也没有怨言，反而是高兴的；其态度是严肃而饱满的，认为参加国庆游行是为国家尽了自己的微薄之力。才华指出，节庆日、纪念日是中国共产党宣传工作的重要资源。才华研究指出，在新民主主义革命时期，党充分利用"五一""五四""七一""七七"等丰富的节庆日、纪念日资源开展宣传工作，积累了宝贵的经验和策略，在形势教育、传播主义、宣传斗争、服务中心工作等方面发挥了重要作用。[1]

　　鉴于强大的宣传影响，国庆游行活动对于 SHU 的影响不是即时性的，而是有延时教育意义的。国庆第二天全市休假，休息一上午的 SHU，却不想把下午的时间荒废。他一开始是想去跳舞，因为为了专心读书已经四个月没有跳舞了。舞场要在五点半才开始营业，所以他逛至新城区的图书阅览室，于是观看了抗美援朝图片展览，"在这里我不但消磨了好多时光，且得到了休息机会，同时也获得不少知识，更进一步的见识到祖国的伟大及美帝的可耻、纸老虎"。[2] 之所以会把无意中的参观看作具有延时教育意义的活动，是因为当晚 SHU 得知邻居自杀的消息，这样评论："唉，这真是现在社会所不应当的事，他究竟是廿岁了，什么事都可以做，为什么要自杀呢？到朝鲜去多好，真想不通。"[3] 可以看出，其时 SHU 对周围事件的评述都会受到价值观教育的影响，无论是校内还是校外。

　　1951 年 11 月 5 日，SHU 观看土改展览会，认同了共产党的阶级教育："看土改展览会，而这里我深深的体味到地主们的可恶和过去的农民是怎样的痛恨地主而是敢怒而不敢言，几件曾经被地主们损害的血衣不是很好的例子吗？所以土改的确是件大事情。地主们是应当斗争的同时枪毙的，而农民们这样的翻身也的确是为了中国出了共产党，出了毛主席才如此的。"[4] 在 20

　　① 才华：《节庆日、纪念日：中国共产党的重要宣传资源——以新民主主义革命时期为研究中心》，《河北大学学报（哲学社会科学版）》，2013 年第 3 期。
　　② 复旦发展研究院当代中国社会生活资料中心，日记扫描：D13S007-10。
　　③ 同上。
　　④ 同上。

世纪40年代中后期的中国社会语境中，"人民政治"本身是能动地构建出来的领导权的具体实践。它一方面强调了四个不同阶级的共同政治权利，另一方面也没有否认它们之间的差异性。①20世纪50年代，新生的政权沿用了这种话语体系，并通过各种宣传方式强化这种政治理念。SHU作为在校大学生，通过校内外的教育活动，完成了价值观的塑造。

七、价值观的构建：自我与他者

对一地一校一人进行个案分析，我们会发现更多细节，也更能深入考察新中国初期价值观塑造的过程和效果。民国时期，尽管上海地区高校招生在理论上是面向各地和各阶层的，但几乎只有具有较高资产支持和有限地区的家庭能够负担高昂学费，大学教育绝非普通人成功的阶梯。②这些学生也是新中国成立后的重点塑造对象。通过对SHU的生活、学习和课外活动进行多方面的分析，我们很清晰地看到新中国初期上海高校价值观教育方式是多样化的，也非常能体现出学生的自我。SHU在自我与他者思想的交锋中，比较多地认可了国家的价值观教育。

自我和他者看似是相对的，实则是密切相连的。如海德格尔所述："唯当我们思考区分之际，我们才能说同一。在区分之分解中，同一的聚焦着的本质才得以显露出来。同一驱除每一种始终仅仅想把有区别的东西调和为相同的热情。同一把区分聚焦一种原始统一性。相反，相同则使之消散于千篇一律的单调统一中。"③正是有了各种不同的家庭出身、各种不同思想的区别，才可以更深入地认知自我与他者之别。SHU对学校活动的赞扬和批评、对教师的认可和不认可、对思想转变的迷茫和坚定，都非常清楚地体现出自我与他者的相互联系和相互统一。

---

① 贺桂梅：《人民文艺的"历史多质性"与女性形象叙事：重读〈白毛女〉》，《文艺理论与批评》，2020年第1期。

② 梁晨、任韵竹、王雨前、李中清：《民国上海地区高校生源量化刍议》，《历史研究》，2017年第3期。

③ ［德］马丁·海德格尔著，孙周兴译：《演讲与论文集》，北京：生活·读书·新知三联书店，2005年版，第202页。

结　语

一、价值观教育：基于上海的总结和反思

本书以 1949—1956 年上海市高校政治课为中心，主要研究新中国成立初期上海高校价值观的发展情况、价值观教育的措施和效果，并对作为主体的教师和学生进行群体研究和个案研究，以期更全面地解析该时期价值观教育的整体情况，进行更客观的分析和评价。概言之，1949—1956 年间上海市高校价值观教育取得显著成效，主要经验可概括为三个方面：

第一，国家相关部门高度重视价值观教育，尤其是政治课课程建设和教师队伍建设。鉴于价值观教育的主要渠道是政治课课程，主要依赖对象是政治课教师，因而课程和教师成为发展重点。课程是逐渐扩充的，教师也是慢慢由原来的"杂牌军"变成"正规军"。在这个过程中，教育部积极展开各种研讨活动，在对现实情况进行分析和讨论的基础上，积极调整政治课和政治课教师的相关政策和要求，并不遗余力地要求各校推进，使得各学校的政治课和政治课教师的建设都有突出进步。

第二，政治课教师队伍建设方式多样，成效显著。教育部及各省市分别有各种层次、各种方式的培训。有的学校还提出教师培训要侧重于内部培训，即在职教师本身素质的提升，无论是政治教授还是助教都给予相应的关注和培养。在各项要求的推进过程中，上海市相关部门的努力是非常关键的，这也是我们看到许多内培性措施能够在上海市各高校推进的原因。上海市各高校的内部教师队伍建设成效显著。既然主要措施在于内培，着手点就在于各学校教师。虽然最初各学校尤其是理工科学校不太重视，最终在相应要求和检查中，都有了很大提升。

第三，通过学校课程、讲座以及各类课内外活动，国家的价值观教育在

各学校得以成功体现，其显著特点在于课程和活动的开放状态。政治课程虽然在新中国成立初期一直处于新开、新建状态，但在重点进行政治课建设的学校，许多课程、组织活动在学校之内都处于公开状态，政治讲座和课外活动更是如此。这种公开状态无疑对政治课的质量提升、教师和学生视野的开阔以及理论学习与实践相结合等等都有非常大的帮助。

以上三点在以后思政课建设中有些被很好地继承，个别在现在看来仍旧需要加强，或者说反而未有突出表现。吴小妮对新中国成立初期的思想政治理论课建设的具体做法总结为三个方面：一是构建以马克思主义为核心的思想政治理论课程体系，二是建立党政齐抓共管、各方共同负责的工作机制，三是建设政治过硬、理论扎实的思想政治理论课师资队伍。[①] 如果我们进行细致考察，会发现新中国成立初期价值观教育存在的问题也是非常明显的，可以概括为以下三大方面：

首先，鉴于课程的政治性特征突出，且为新设课程，因而师资力量严重不足，使得除了重点建设学校以外的大多数学校疲于应付上级要求，而无力去从更深层次提升师资；政治课看起来方法多样，实际上没有建立起相应的制度规范和保障，以确保政治课和政治课教师的发展。即便相关部门有诸多培训，教育部门一再强调政治课的重要性，也是隔靴搔痒。1955 年 4 月 25 日，教育部副部长刘子载讲道："我们在高等学校进行马克思列宁主义理论教育的基本任务，不仅要教育学生懂得马克思列宁主义基本原理，更重要的是教育学生知道如何在具体条件下正确去运用它们，也就是要教育学生善于运用马克思列宁主义的立场、观点、方法去分析和观察具体事物和现象，去阐明实际问题和解决实际问题。要达到上述要求是有困难的，为此第一必须切实加强学校对马克思列宁主义理论教育的组织领导和教学领导，校长和副校长中必须有一人亲自领导马克思列宁教研组的工作，负责审查马克思列宁主义教研组的教学工作计划、科学研究工作计划和在职教师培养进修计划，切实执行教学计划具体的指标和帮助。"[②] 如果学校层面可以切实做到这点，则该校的政治课和政治课教师的发展可以得到大力促进。

---

① 吴小妮：《新中国成立初期的思想政治理论课建设》，《光明日报》，2019 年 9 月 6 日第 11 版。
② 《关于高等学校的政治思想教育工作——刘子载副部长在高等工业学校综合大学院校长座谈会上的发言》，载教育部社会科学司组编：《普通高校思想政治理论课文献选编（1949—2008）》，北京：中国人民大学出版社，2008 年版，第 21 页。

其次，在知识分子思想改造运动中，批判方法应用于各处，学生地位上升而教师地位严重下降，对于教师过于关注于党派、其对政策的拥护等等，虽然时时强调讲课、研究等基本素质要求，但吹毛求疵的批评和建议实际上严重限制了教师的正常发展。这个问题在全国是普遍存在的。事实上，早在1953年9月北京市委致中央关于高校工作的报告中就提出，要培养出大批政治与业务都优秀的共产党员教授专家，要把党的工作重点由学生转向教师，在教学工作中起主导作用的应是教师而不是学生；并提出要纠正理论学习中沿用多年的"三反"式思想批判的做法。① 这个问题在实践中并没有被很好地纠正，也是学术界颇多批评的重要原因。

再次，与学生数量相比，政治课师资力量一直未能达到理想要求，这在一定程度上影响了价值观教育的效果。政治课在高校开设之初，就因为上课人数众多而被称为"大课"，相应组织称为"大课委员会"。这种状况不仅仅上海高校存在，在全国高校都是如此，并且在相当长时间都没有得到完全改善。至1956年、1957年重点高校师资情况有所改善，除了部分新设课程，其他能基本满足需求；但重点高校数量极其有限，其余高校未能根本解决问题。这是价值观教育为何要常抓不懈的现实原因。

一切历史真理无不受到限定，因为历史真理并非体现过去的全部真相，而只体现对事实有足够根据的一组有限陈述。② 中国中心观的建构在于对于中国历史和中国问题的综合考察。就中国价值观教育而言，根据上海市高校政治课的考察，我们可以发现足够有效的成绩和经验，也能正视其中存在的问题和不足，这些成绩和问题，都为当前高校教育的发展提供有意义的借鉴。新中国初期政治课教师培训方式和价值观教育的方法，至今仍在沿用；当时暴露的问题在现在的实践中仍然难以避免。因而，在个体发展呼声不断强化的今天，价值观教育爆发新问题的同时，老问题仍会不断涌现；价值观教育不仅仅在于夯实基础，还在于练就不断发现问题并解决问题的能力，才可以真正实现求同存异的目标。总体而言，新中国以来我们的价值观教育一

---

① 《北京市委致中央关于高校工作的报告草稿》，转引自陈徒手：《北京高校五十年代对教授入党的态度》，《南方都市报》，2011年12月6日。

② ［美］柯文著，林同奇译：《在中国发现历史——中国中心观在美国的兴起》，北京：社会科学文献出版社，2017年版，第329页。

直在求同和存异并存的情况下发展，因而我们的评价也需要建立在更为立体的历史场景基础之上，对问题的反思亦需更为辩证且切合实际。

二、国家建设和价值观构建：个体发展过程

在文本解析的基础上，本书重点提出以下三个观点：第一，新中国成立初期加强社会主义价值观教育是十分必要和迫切的，这不仅是新中国成立初期国家面临的国际形势和国家建设任务所需，也是和当时高校内部教师和学生的价值观表现有密切关系的。第二，新中国成立初期上海高校的价值观教育在很大程度上是相当成功的，是与当时新型社会主义国家建设的规划相切合的。高校价值观教育在很大层面上成功塑造了社会主义建设人才，日后国家建设的成功无不与此时的人才建设有密切关系。第三，新中国成立初期高校价值观教育的一些方法和措施存在相当的不足，这些问题在教师和学生群体的深层认知上造成了长远的负面影响，这些负面影响一直延续至今，并且在一定程度上走上另外一个层面的极端。因而我们既要正确认识新中国初期价值观教育的正面作用，同时要深刻反思新中国初期价值观教育存在的问题，更应认识历史时期负面影响在当前的演化和变异。

有些研究关注到新中国成立初期中国共产党进行青年教育的特点。肖志伟总结毛泽东青年教育的思想和工作有：毛泽东发表"青年团的工作要照顾青年的特点"的指示，引导青年团的工作；重视青年的学习，要求青年努力学习文化知识和马克思主义；关心青年的健康，鼓励青年人加强体育锻炼；鼓励青年人将知识与实践相结合，积极参加社会主义建设。[①] 李世江认为新中国成立初期中国共产党的青年教育特征有突出思想政治教育、注重群众运动方式，存在非均稀化发展格局和呈现出"主体性"自觉态势。[②] 这些研究较多地从宏观方面进行总结和分析。

中国共产党早期领导人在早期革命工作中就非常重视对青年的争取、团

---

① 肖志伟：《新中国成立初期毛泽东的青年工作思想与实践》，《湘潭大学学报（哲学社会科学版）》，2014 年第 3 期。

② 李世江：《建国初期中国共产党青年教育理论与实践研究》，广西民族大学硕士学位论文，2017年，第 23 页。

结和教育。1921 年 7 月，中国社会主义青年团书记俞秀松在报告中指出："我们必须把中国的学生作为一个特殊的集团从所有对我们有敌意的社会集团中分离出来，并通过在学生中建立核心、宣传和介绍我们的思想，努力赢得这个特殊集团对我方的同情，因为在中国绝大多数的现有学生组织有着革命的特性。一般来说，他们没有确定的倾向，但有朦胧的革命斗争的观念、方法，特别是还有在以前规定和委派的任务中所采取的行动策略。"① 俞秀松注意到大多数学生都有革命特性，并能付诸行动，因此要主动通过宣传和组织等活动赢得学生这一特殊群体。

　　新中国成立初期，党和国家领导人同样重视对青年的教育，尤其重视对大多数青年的教育。1953 年毛泽东在接见中国新民主主义青年团第二次全国代表大会主席团时指出："青年团的工作，要照顾多数，同时注意先进青年。这样，可能有些先进分子不过瘾，他们要求对全体团员都要严一些，这就不那么适当，要说服他们。团章草案规定的义务多了，权利少了，要放宽一点，使多数人能跟上去。重点放在多数，不要只看到少数。"② 毛泽东明确指出青年团的工作要灵活、宽松，重视对大多数青年的教育。对于有进步要求的但同时有"小资产阶级思想"的青年而言，自然也属于要团结的大多数之一，也是可以争取进入青年团的。如夏莹所述，历史唯物主义其实是一种在当下具体事件的分析中既彰显历史的整体性，又打破历史的连续性的方法论原则。历史唯物主义通过"真理即创造"的原则实现了认识论与存在论的统一，带有一种总体性倾向，但是，它也强调特定的历史条件和形势对人的限定，因此又弱化了总体性倾向。历史唯物主义方法是这两方面的一种双重变奏，且在实际操作中，事实性又优先于总体性。因此，历史唯物主义不提供对救赎的承诺，而只提供具体形势下社会变革的可能性条件。③ 新中国教育是积极进行社会变革，党和国家也意识到其时的形势和条件，教育目标定得非常宏大，但具体措施却是着眼于现实、力求脚踏实地。

---

① 俞秀松：《中国代表团在青年共产国际第二次代表大会上的报告》（1921 年 7 月），载上海市中共党史学会编《俞秀松文集》，北京：中共党史出版社，2012 年版，第 89 页。
② 毛泽东：《青年团要照顾青年的特点》，载《毛泽东选集　第 5 卷》，北京：人民出版社，1977 年版，第 86 页。
③ 夏莹：《历史唯物主义的方法论原则及其与救赎历史观的差异》，《马克思主义与现实》，2019 年第 2 期。

新中国成立初期，国家关于青年教育的政策不侧重于宏观，而恰恰是具体而务实。1951年7月13日，周恩来在政务院第九十三次会议上发言，提出要重视青年一代的健康："改变这种不良状况的工作重点应放在哪些方面呢？应该着重放在减轻课程负担和减少社团活动方面，不应该只放在改善伙食营养和改善卫生设备方面……这个决定的六项具体规定中有些地方要修改一下，这不是因为写得太具体了，而是不要把不能实现的口号写上，否则，这些不能实现的空口号会使我们陷入被动，失去威信，并会因为不能实现而使人失望……要切实注意卫生和加强锻炼……关于本决定，原则通过，由文委、教育部根据讨论意见研究修改，必要时，可邀请北京市各学校座谈，征求意见，再加修改。总之务求切实可行。"① 新中国初期，国家对青年的关怀体现在各项政策和文件的落实，关怀既要细致入微和全面，也要具有可操作性，避免沦为口号而不切实际的文件下发；重视党和国家的威信，不是一意的宣传，而是重视政策的务实和基层的意见。这从思想而言是非常辩证的，并最终赢得了青年的认同，实现了价值观的塑造。

对于以青年学生为对象的价值观教育，树立正确的、宏大的目标非常重要，工作方法和实现过程也同样重要。换另外一个视角来看，新中国初期许多高校的知名教授何以极其认真深入地学习马克思主义？自然不是单单拥护新生政权如此肤浅，而是深刻认识到马克思主义这一理论工具的重要性和可探索性。我们翻阅他们的回忆、日记、传记，会发现他们其时是非常热忱地去进行学习、探索和应用马克思主义理论。夏东元于20世纪50年代在华东师范大学任教，最初即是在政治系教授政治经济学。他回忆说："马列主义让我掌握了正确研究中国经济史的方法。在解放区的时间里，我开始接触马克思列宁主义。在马克思列宁的著作中，我读得最透彻的是《资本论》，在这本书中我了解了政治经济学，还接触到逻辑思维、哲学等多种学科内容。之后开始采用马克思列宁主义的经济学观点来研究中国近代史上具有资本主义性质的洋务运动，在客观评价这个问题上做出了我的一点贡献。个人的亲身经历，和在解放区学习的马克思列宁的经济观点，应该说，是我能够对近

---

① 周恩来：《重视青年一代的健康——一九五一年七月十三日在政务院第九十三次会议讨论〈政务院关于改善各级学校学生健康状况的决定〉时的发言》，载高影君编《青少年体育卫生教育资料》，北京师范大学教育科学研究所，1983年版，第76—77页。

代史上的经济问题提出一些个人见解的主要原因。"① 作为接受中国传统教育和现代教育的知识分子，夏先生将马列主义方法与个人研究相结合，即使后来政治氛围浓于学术，也能专心于学术研究，将辩证唯物主义和历史唯物主义真正地作为理论而学以致用。

20 世纪五六十年代，高校的许多知识分子都在认真地学习马列主义，深入思考其中要义，并积极付诸实践。如顾准在 1955 年 9 月日记中多次详细记叙了学习相关课程的认知，认真思考辩证法的要义在于不教条，仔细分析恩格斯在自然辩证法与反杜林论之间的取舍，读《物种起源》、读巴尔扎克、读黑格尔、读杜德的《英国与英帝国危机》、读《国家与革命》，还结合各种新闻时事进行思考。② 同时，顾准积极参与了国家的各种运动，将理论与实践相结合。这一点，并不是顾准所独有，梁漱溟、谭其骧、侯仁之等等知名知识分子都是如此。1949 年 8 月 19 日，梁漱溟自觉中国建国和文化转化是其一代人的责任，而不能为其他人所代。③ 20 世纪 50 年代初，冯契也表示："我们这批人在学术上是承先启下的，老一辈的年纪大了，新的东西学不进去，而年轻一辈的历史文化知识又比较缺乏，我们应当努力。"④ 足见其一代知识分子之风骨与强大的责任意识。谭其骧在日记中详细记述了参与土改的过程，高校知识分子深入农村、走进贫农家里进行土改工作，其认真和细致得到当地老百姓的深深认可。1952 年 1 月，谭先生奉命返回，不能再继续参与乡村土改工作，村民签名致愿于乡公所，一再挽留。后谭先生赴京工作之余，仍关心国家时事，积极参与各项建设事务。⑤ 从其后期著述以及后人回忆来看，他们将培养人才和服务国家与社会紧密结合，并将这种理念和实践付诸终生。

1962 年 11 月 20 日，侯仁之"写给青年同学们的话"对学生满怀鼓励和

---

① 汤涛主编：《丽娃记忆：华东师大口述实录（第三辑）》，上海：上海三联书店，2018 年版，第 4 页。

② 顾准：《顾准日记》，北京：中国青年出版社，2002 年版，第 2—6 页。

③ 其日记记载："一切法中佛法最胜，我岂有疑，然从人类文化发展说，当前需要则在中国文化，而非佛法之时机。同时我于当前中国建国问题及世界文化转变问题，自觉有其责任，更无第二代代得，在我心中亦可说除此事更无事在，所为皈依者，自感慧力不足。"梁漱溟：《梁漱溟日记》，上（1932—1965），上海：上海人民出版社，2014 年版，第 60—61 页。

④ 程应镠：《我和冯契的关系》，《文汇报》，2016 年 10 月 28 日。

⑤ 葛剑雄编：《谭其骧日记》，广州：广东人民出版社，2013 年版，第 13、16—69 页。

期待："青年人应该往前看，要看到未来，要看到在党的引导下我们将要用自己的双手所创造经营的美好的未来。但是也不能忘记，我们之所以有今天，正是过去的人们世世代代辛勤创造的结果，是值得我们非常珍惜和爱护的。话不必说得太远，我们这座校园，就是一个很好的见证。……伟大的祖国新生了，亲爱的年轻人，你、作为人民的好子弟，才能在这里——在这风景如画的环境里，努力学习，锐意前进，培养自己成为建设伟大祖国的接班人。"[1] 这段写于20世纪60年代的话有其历史背景，但其时知识分子读书育人的强烈责任感是毋庸置疑的。其时成长起来的大学生尤其是师范类学生，确实受国家理念和价值观教育的引导，成为国家各学科的教师和人才。如生态学教授宋永昌回忆，1951年他至华东师范大学读书时，生物系和体育系师生便被安排到安徽涡阳参加土改运动，通过土改这第一堂课，原本不想做教师的人有了改变，后来许多人留校成为教师。[2] 从学生到教师的思想和身份的转变，恰恰证实了其时国家和学校价值观教育之成功。

英国教育家纽曼强调大学教育在于"训练社会的良好成员"："大学教育是通过一种伟大而又平凡的手段去实现一个伟大而又平凡的目的。它旨在提高社会的益智风气，旨在修养大众身心，旨在提炼民族品味，旨在为公众的热情提供真正的原则，旨在为公众的渴望提供固定的目标，旨在充实并约束时代的思潮，旨在便利政治权利的运用和净化私人生活中的种种交往。"大学理念和国家建设能否更紧密地结合，在于能否培养合格的公民，人才建设能否满足国家建设要求。对于这一点，新中国的党和国家领导人是非常清楚的；对于从事教育的高校教师而言，亦有十分坚定而深入的认识。如施平回述："1951年，华东师范大学成立之初，以'培养人民教师'为己任，那是由当时新中国百废待兴，亟待需要教师发展教育的特殊历史任务决定的。……教育要尊重人、启发人的思想和潜在能量。……老师要培养学生的自治能力，激发他们的创新与独立，要培养他们的自信。"[3]

---

① 侯仁之：《燕园史话》，北京：北京大学出版社，2008年版，原序，第4—5页。
② 汤涛主编：《丽娃记忆：华东师大口述实录（第二辑）》，上海：上海三联书店，2016年版，第162页。
③ 汤涛主编：《丽娃记忆：华东师大口述实录》，上海：上海三联书店，2015年版，第26—27页。

三、价值观教育发展：高校和教师的责任

价值观教育的良好效果需要长期有效机制作保障。2005 年 12 月，马克思主义理论一级学科的增设，为加强高校思想政治理论课建设提供学科建设支撑，同时促进了思想政治理论课教师队伍建设。2008 年《中共中央宣传部 教育部关于进一步加强高等学校思想政治理论课教师队伍建设的意见》（教社科〔2008〕25 号）提出，大力加强马克思主义理论学科建设。根据马克思主义理论学科的性质、特点和要求，进一步凝练学科方向，把为思想政治理论课教学服务作为学科建设的重要任务，做好硕士生、博士生和专业学位研究生的培养及教师培训工作，为马克思主义理论研究和思想政治理论课教育教学培养高水平的人才；完善二级学科体系，为思想政治理论课提供对应支撑；进一步汇聚学科队伍，建设优秀教学团队，使思想政治理论课教师工作有条件、干事有平台、发展有空间，增强责任感和归属感。[①] 习近平总书记在《在哲学社会科学工作座谈会上的讲话》中强调，哲学社会科学要大力繁荣，要加强马克思主义学科建设。[②] 这表明国家对哲学社会科学和马克思主义学科发展的重视，也表明两者必须发展的迫切性。

近年来在高校中推广落实马克思主义学院建设，对马克思主义理论学科、科学研究和思想政治理论课教师都提出一系列的标准要求。为建好马克思主义理论学科作为马克思主义学院的核心竞争力，教育部将启动实施马克思主义理论学科领航计划，主要任务是推动各高校结合本单位实际情况，把服务思政课教学科研、加强马克思主义理论整体性研究、培养培训思政课教师队伍、培养马克思主义理论学习研究宣传教育的专门人才作为马克思主义学院建设的重要任务；坚持以马克思主义为指导，以推进中国马克思主义理论创新和理论武装为主线，研究学科发展中带有基础性、导向性和战略性的

---

① 《中共中央宣传部　教育部关于进一步加强高等学校思想政治理论课教师队伍建设的意见》，中华人民共和国教育部：http://old.moe.gov.cn/publicfiles/business/htmlfiles/moe/moe_772/201001/xxgk_80380.html。

② 《习近平：在哲学社会科学工作座谈会上的讲话》，新华网：http://www.xinhuanet.com/politics/2016-05/18/c_1118891128_4.htm。

重要问题；凝练学科研究方向，准确把握马克思主义理论学科内涵和特点，自觉把学科研究方向凝聚到服务思政课教学上来；鼓励和引导大家研究马克思主义在当代发展中的重大问题，研究中国特色社会主义理论与实践中的重大问题，研究学生关心的理论和实践问题，将研究成果运用到思政课教学中，用科学理论说服学生、教育学生。[1] 郝立新提出马克思主义学院建设的"三目标"与"三向度"，"三目标"是指培养合格人才的教学基地，推出科研精品的学术高地，引领社会进步的思想阵地；"三向度"是指马克思主义学院的教学和科研要有高度、厚度和角度。[2]

当前思政课教师队伍建设与马克思主义学科发展密切相关，思政课教师队伍建设、马克思主义学科建设与马克思主义学院建设都极其紧迫。对于马克思主义学院和马克思主义学科建设，国家和学术界都有大概一致的方向和目标，重点在于如何去执行和实现。新中国成立以来马克思主义学科和思政课教师队伍的发展在相当长时间内远远滞后于其他学科的发展，并落后于国家和现实的需求。在当前大力进行马克思主义学院建设和马克思主义理论学科建设之时，作为学校和国家发展中的核心层面——人的培育就极其重要。因此只有国家、学校以及学院将学科发展的着眼点重点放在思政课教师身上，先有效激发出他们的自主性和能动性，再加之短期培训和长期孵化，夯实教师队伍的梯队发展，才能够建设一支教得好、研得精的思政课教师队伍，也才能够促进学科发展，进而才能实现马克思主义理论学科领航。

在现代社会，知识分子担负四重功能，至成熟期现代性阶段，主流是批判向建设的转化。[3] 从这个角度我们才可以全面深入地解读新中国初期党的知识分子政策。党和国家提出，务必通过各种方式使知识分子更快地加入社会主义建设之中。1956年1月知识分子问题会议上，毛泽东提出要进行技术革命、文化革命，革技术落后的命，革没有文化、愚昧无知的命，号召全党努力学习科学知识，同党外知识分子团结一致，为迅速赶上世界科学先进水平而奋斗。[4] 1957年毛泽东再次强调："为了充分适应新社会的需要，为了同

① 《坚持立德树人　办好高校马克思主义学院》，《光明日报》，2014年12月22日。
② 郝立新：《马克思主义学院建设的"三目标"与"三向度"》，《光明日报》，2015年1月8日。
③ 邹吉忠：《试论现代性与知识分子的命运》，《学术界》，2004年第3期。
④ 中共中央党史研究室著，胡绳主编：《中国共产党的七十年》，北京：中共党史出版社，1991年版，第343—344页。

工人农民团结一致，知识分子必须继续改造自己，逐步地抛弃资产阶级的世界观而树立无产阶级的、共产主义的世界观。"① 除了对知识分子阶级性质的改造，我们还必须深刻认识到：对于新中国而言，要求知识分子服务国家建设的期望异常强烈。同样，新中国成立后高校知识分子担负着国家建设和社会进步的使命，这种使命既是国家的愿望，也是民族和社会的需求。

现代国家发展中，大学与政府、国家已形成密不可分的关系。当前中国国家发展需要哲学社会科学的大力发展，而哲学社会科学的知识体系除了关注知识本身的真理和规律外，还必须建构国家和社会发展对应的内容，其核心是价值观的教育要与国家建设相适应。

经过近代以来百余年来几代人的探索和奋斗，尤其是新中国成立 70 年来国家、地方和个人的努力和发展，个体活力和集体力量均显现出理性发展的状貌。新中国成立初期上海高校的实践表明，价值观教育和国家建设结合的重心在于教师，其重点场域是学校。今后价值观教育的发展，关键环节在于高校和教师的发展，这也是高校和教师的责任。

---

① 《毛泽东选集　第 5 卷》，北京：人民出版社，1977 年版，第 405 页。

参考文献

文集汇编

安树芬、彭诗琅主编：《中华教育通史》，第十一卷，北京：京华出版社，2010年版。

董必武著，《董必武法学文集》编辑组编：《董必武法学文集》，北京：法律出版社，2001年版。

董明传、毕诚、张世平：《成人教育史》，海口：海南出版社，2002年版。

方晓东等：《中华人民共和国教育史纲》，海口：海南出版社，2002年版。

复旦大学校志编写组编：《复旦大学志　第二卷　1949—1988》，上海：复旦大学出版社，1995年版。

《高等教育文献法令汇编》（1949—1952），高等教育办公厅，1958年版。

高放、高哲、张书杰主编：《马克思恩格斯要论精选》，增订本，北京：中央编译出版社，2016年版。

高影君编：《青少年体育卫生教育资料》，北京师范大学教育科学研究所，1983年版。

郝维谦、龙正中主编：《高等教育史》，海口：海南出版社，2000年版。

教育部社会科学司组编：《普通高校思想政治理论课文献选编（1949—2008）》，北京：中国人民大学出版社，2008年版。

教育部思想政治工作司组编：《加强和改进大学生思想政治教育重要文献选编（1978—2014）》，北京：知识产权出版社，2015年版。

教育科学研究所筹备处编：《老解放区教育资料选编》，北京：人民教育出版社，1959年版。

金长泽、张贵新主编：《师范教育史》，海口：海南出版社，2002年版。

李晋裕、滕子敬、李永亮主编：《学校体育史》，海口：海南出版社，

2000 年版。

《刘少奇选集》（上卷），北京：人民出版社，1985 年版。

刘玉祥主编：《上海高校招生考试发展史纲》，上海：上海交通大学出版社，2014 年版。

马克思、恩格斯著，苏联教育科学院编，华东师范大学《马克思恩格斯论教育》（两卷本）辑译小组译：《马克思恩格斯论教育　上卷》，北京：人民教育出版社，1985 年版。

马克思、恩格斯著，苏联教育科学院编，华东师范大学《马克思恩格斯论教育》（两卷本）辑译小组译：《马克思恩格斯论教育　下卷》，北京：人民教育出版社，1986 年版。

马克思、恩格斯著，中共中央马克思恩格斯列宁斯大林著作编译局编译：《马克思恩格斯选集　第一卷》，北京：人民出版社，1995 年版。

马克思、恩格斯著，中共中央马克思恩格斯列宁斯大林著作编译局译：《马克思恩格斯全集　第四十六卷》，上册，北京：人民出版社，1979 年版。

《毛泽东书信选集》，北京：人民出版社，2003 年版。

《毛泽东选集　第 5 卷》，北京：人民出版社，1977 年版。

全国普通高校"两课"教育教学调研工作领导小组组编：《普通高校思想政治教育课程文献选编（1949—2003）》，北京：中国人民大学出版社，2003 年版。

《上海电影志》，第三编第二章第一节《五、六十年代影片》，上海市地方志办公室网站：http://www.shtong.gov.cn/newsite/node2/node2245/node4509/node15254/node15327/node63936/userobject1ai11559.html。

《上海高等教育志》编纂委员会编：《上海高等教育志》，上海：上海社会科学院出版社，2010 年版。

上海交通大学校史编纂委员会编：《上海交通大学纪事　1896～2005》，上卷，上海：上海交通大学出版社，2006 年版。

上海市高等教育局研究室、华东师范大学高校干部进修班、教育科学研究所合编：《中华人民共和国建国以来高等教育重要文献选编（上册）》，上海市高等教育局研究室，1979 年版。

上海市学生第一届代表大会秘书处编：《上海学生运动的当前任务》，上海市学生联合会印行，1949 年版。

上海市中共党史学会编：《俞秀松文集》，北京：中共党史出版社，2012年版。

《上海通志》，《第三十五卷　教育》，上海市地方志办公室网站：http://www.shtong.gov.cn/Newsite/node2/node2247/node4592/index.html。

上海新闻社编：《1933年之上海教育》，上海：上海新闻社，1934年版。

中共上海市委党史研究室编：《陈毅在上海》，北京：中共党史出版社，1992年版。

中共上海市委党史研究室编：《接管上海　下卷·专题与回忆》，北京：中国广播电视出版社，1993年版。

中共上海市委组织部、中共上海市委宣传部、上海市地方志办公室编：《上海通志　干部读本》，上海：上海人民出版社，2014年版。

中共中央文献研究室编：《建国以来重要文献选编　第二册》，北京：中央文献出版社，1992年版。

中共中央文献研究室编：《毛泽东文集　第7卷》，北京：人民出版社，1999年版。

中共中央文献研究室编：《毛泽东文集　第5卷》，北京：人民出版社，1996年版。

中国纺织编辑部编：《纺织工业光辉的十年》，北京：纺织工业出版社，1959年版。

中国学生社编：《全国大学图鉴》，上海：良友图书印刷公司，1933年版。

中华人民共和国教育部人事司、高等学校教师队伍建设研究课题组：《中国高等学校教师队伍建设研究报告》，北京：高等教育出版社，1999年版。

中央档案馆编：《中共中央文件选集　第十四册（一九四八——一九四九）》，北京：中共中央党校出版社，1987年版。

中央教育科学研究所编：《中华人民共和国教育大事记（1949—1982）》，北京：教育科学出版社，1984年版。

中央教育科学研究所编：《周恩来教育文选》，北京：教育科学出版社，1984年版。

中央税务公报编辑部：《工商业税解释例案汇编》，中央人民政府财政部税务总局，1952年版。

学术专著

DEST. *National Framework for Values Education in Australian Schools*. Canberra：Department of Education，Science and Training，2005.

Kuckhohn C. *Values and Value-orientations in the Theory of Action：An Exploration in Definition and Classification*. Cambridge：Harvard University Press，1951.

Lifton R. J. *Thought Reform and the Psychology of Totalism：A Study of "Brainwashing" in China*. University of North Carolina Press，1989.

Perry R. B. *Realms of Value*. Cambridge：Harvard University Press，1954.

［法］阿尔都塞著，陈越编译：《哲学与政治：阿尔都塞读本》，长春：吉林人民出版社，2003 年版。

［以］S. N. 艾森斯塔德著，张旅平等译：《现代化：抗拒与变迁》，北京：中国人民大学出版社，1988 年版。

［美］鲍里斯、［美］季亭士著，李锦旭译：《资本主义美国的学校教育》，台北：桂冠图书股份有限公司，1989 年版。

陈进主编：《思源籍府　书香致远——上海交通大学图书馆馆史（1896—2012）》，上海：上海交通大学出版社，2013 年版。

陈平原、夏晓虹主编：《触摸历史——五四人物与现代中国》，广州：广州出版社，1999 年版。

陈永明等：《教师教育研究》，上海：华东师范大学出版社，2003 年版。

崔晓麟：《重塑与思考——1951 年前后高校知识分子思想改造运动研究》，北京：中共党史出版社，2005 年版。

［加］大卫·杰弗里·史密斯著，郭洋生译：《全球化与后现代教育学》，北京：教育科学出版社，2000 年版。

费孝通：《费孝通文集　第六卷》，北京：群言出版社，1999 年版。

费孝通：《乡土中国》，北京：北京出版社，2004 年版。

冯建辉：《命运与使命：中国知识分子问题世纪回眸》，北京：华文出版社，2006 年版。

冯虞章、李崇富主编：《毛泽东人生价值理论研究》，北京：中共中央党校出版社，1993 年版。

复旦大学当代国外马克思主义研究中心编：《当代国外马克思主义评论

（第3辑）》，上海：复旦大学出版社，2002年版。

葛剑雄编：《谭其骧日记》，广州：广东人民出版社，2013年版。

顾颉刚：《顾颉刚日记》，第六卷，北京：中华书局，2011年版。

顾颉刚：《顾颉刚书信集》，卷三，北京：中华书局，2011年版。

顾准：《顾准日记》，北京：中国青年出版社，2002年版。

郭建宁主编：《社会主义核心价值观基本内容释义》，北京：人民出版社，2014年版。

侯仁之：《燕园史话》，北京：北京大学出版社，2008年版。

胡建华：《现代中国大学制度的原点：50年代初期的大学改革》，南京：南京师范大学出版社，2001年版。

［德］胡塞尔著，李幼蒸译：《纯粹现象学通论》，北京：商务印书馆，1992年版。

黄光国、胡先缙等：《人情与面子：中国人的权力游戏》，北京：中国人民大学出版社，2010年版。

姜朝晖：《民国时期教育独立思潮研究》，北京：中国社会科学出版社，2008年版。

金耀基：《从传统到现代》，北京：中国人民大学出版社，1999年版。

［法］K.S.卡罗尔著，刘立仁、贺季生译：《毛泽东的中国》，贵阳：贵州人民出版社，1988年版。

［美］柯文著，林同奇译：《在中国发现历史——中国中心观在美国的兴起》，北京：社会科学文献出版社，2017年版。

李纪岩：《当代大学生社会主义核心价值观培育研究》，济南：山东人民出版社，2013年版。

李德顺：《新价值论》，昆明：云南人民出版社，2004年版。

李玉琦主编：《青运春秋　第四辑》，北京：中国青年出版社，2007年版。

李泽厚：《中国现代思想史论》，北京：生活·读书·新知三联书店，2008年版。

梁漱溟：《梁漱溟日记》，上（1932—1965），上海：上海人民出版社，2014年版。

廖其发主编：《新中国教育改革研究》，重庆：重庆出版社，1996年版。

廖小平：《价值观变迁与核心价值观体系的解构和建构》，北京：中国社会科学出版社，2013 年版。

林蕴晖、范守信、张弓：《凯歌行进的时期》，郑州：河南人民出版社，1989 年版。

刘训华：《困厄的美丽——大转局中的近代学生生活（1901—1949）》，武汉：华中科技大学出版社，2014 年版。

刘云杉：《学校生活社会学》，南京：南京师范大学出版社，2000 年版。

罗志田：《权势转移：近代中国的思想、社会与学术》，武汉：湖北人民出版社，1999 年版。

[德] 马丁·海德格尔著，孙周兴译：《演讲与论文集》，北京：生活·读书·新知三联书店，2005 年版。

马嘶：《百年冷暖——20 世纪中国知识分子生活状况》，北京：北京图书馆出版社，2003 年版。

[美] 迈克尔·W. 阿普尔著，黄忠敬译：《意识形态与课程》，上海：华东师范大学出版社，2001 年版。

[美] R. 麦克法夸尔、[美] 费正清编，谢亮生等译：《剑桥中华人民共和国史　上卷，革命的中国的兴起：1949—1965》，北京：中国社会科学出版社，1990 年版。

[法] 米歇尔·福柯著，刘北成、杨远婴译：《规训与惩罚：监狱的诞生》，北京：生活·读书·新知三联书店，1999 年版。

彭华：《马寅初的最后 33 年》，北京：中国文史出版社，2005 年版。

[法] 皮埃尔·布迪厄、[美] 华康德著，李猛、李康译：《实践与反思——反思社会学导引》，北京：中央编译出版社，1998 年版。

朴胜一、程方平：《民族教育史》，海口：海南出版社，2001 年版。

钱理群：《1948：天地玄黄》，济南：山东教育出版社，1998 年版。

乔健、潘乃谷主编：《中国人的观念与行为》，天津：天津人民出版社，1995 年版。

全国高等学校师资管理研究会编：《高校师资管理研究》，上海：华东师范大学出版社，1986 年版。

任明：《光影叙事与时代风云：上海城市电影六十年变迁（1949—2009）》，上海：上海文艺出版社，2014 年版。

沈志华主编：《俄罗斯解密档案选编　中苏关系》，第二卷（1949.3—

1950.7），上海：东方出版中心，2015年版。

施扣柱：《青春飞扬——近代上海学生生活》，上海：上海辞书出版社，2010年版。

［美］史景迁著，尹庆军等译：《天安门：知识分子与中国革命》，北京：中央编译出版社，1998年版。

孙崇文：《学生生活图景：世俗内外的教育冲突》，北京：教育科学出版社，2008年版。

孙绵涛等：《教育政策论——具有中国特色的社会主义教育政策研究》，武汉：华中师范大学出版社，2002年版。

［美］塔尔科特·帕森斯著，张明德、夏翼南、彭刚译：《社会行动的结构》，南京：译林出版社，2003年版。

汤涛主编：《丽娃记忆：华东师大口述实录（第二辑）》，上海：上海三联书店，2016年版。

汤涛主编：《丽娃记忆：华东师大口述实录（第三辑）》，上海：上海三联书店，2018年版。

汤涛主编：《丽娃记忆：华东师大口述实录》，上海：上海三联书店，2015年版。

王炳照、周玉良、宋荐戈主编：《中华人民共和国教育历史传统与基础》，海口：海南出版社，2000年版。

王红岩：《20世纪50年代中国高等学校院系调整的历史考察》，北京：高等教育出版社，2004年版。

王立诚：《近代中外关系史治要》，上海：上海人民出版社，2012年版。

［美］魏斐德著，李君如等译：《历史与意志：毛泽东思想的哲学透视（典藏本）》，北京：中国人民大学出版社，2013年版。

闻友信、杨金梅：《职业教育史》，海口：海南出版社，2000年版。

吴振标、吴芝麟、王捷南主编：《文汇讲演录（第一辑）》，上海：文汇出版社，2003年版。

夏秀蓉、兰宏生主编：《工读教育史》，海口：海南出版社，2000年版。

谢泳：《逝去的年代：中国自由知识分子的命运》，北京：文化艺术出版社，2000年版。

许德馨、张成明、穆向群主编：《少年宫教育史》，海口：海南出版社，

2000 年版。

燕爽主编:《复旦改变人生 近思录》,上海:复旦大学出版社,2005 年版。

杨春茂、陈保和:《教师队伍法制管理研究》,沈阳:沈阳出版社,2000 年版。

杨凤城:《中国共产党的知识分子理论与政策研究》,北京:中共党史出版社,2005 年版。

杨奎松:《中华人民共和国建国史研究 1》,南昌:江西人民出版社,2009 年版。

杨业华:《当代中国大学生核心价值观研究》,北京:人民出版社,2011 年版。

余伟民、刘昶主编:《文化和教育视野中的国民意识——历史演进与国际比较》,上海:上海辞书出版社,2012 年版。

余英时:《中国知识分子论》,郑州:河南人民出版社,1997 年版。

[美] 约瑟夫·S. 奈著,郑志国等译:《美国霸权的困惑——为什么美国不能独断专行》,北京:世界知识出版社,2002 年版。

曾绍元、李建平主编:《新世纪中国高校师资管理研究》,青岛:青岛海洋大学出版社,2002 年版。

曾绍元主编:《中国高等学校教师队伍建设和发展》,北京:航空工业出版社,1996 年版。

张岱年等:《中国知识分子的人文精神》,郑州:河南人民出版社,1994 年版。

张向阳:《西汉留侯张良故里文集》,许昌市委文印中心,2013 年版。

张泽贤:《中国现代文学散文版本闻见录 1921 ~ 1936》,上海:上海远东出版社,2009 年版。

章诒和:《往事并不如烟》,北京:人民文学出版社,2004 年版。

中共中央党史研究室著,胡绳主编:《中国共产党的七十年》,北京:中共党史出版社,1991 年版。

《中华教育改革编年史》编写组编著:《中华教育改革编年史》,第三卷,北京:中国教育出版社,2009 年版。

朱正:《1957 年的夏季:从百家争鸣到两家争鸣》,郑州:河南人民出版社,1998 年版。

［日］佐藤慎一著，刘岳兵译：《近代中国的知识分子与文明》，南京：江苏人民出版社，2014年版。

学术论文

Bourdieu P. Universal Corporatism: The Role of Intellectuals in the Modern World. *Poetics Today* 12, no. 4 (Winter 1991): 655—669.

Hofstede G. The Cultural Relativity of the Quality of Life Concept. *Academy of Management Review*, 1984, 9 (3): 389—398.

Johnston C. S. The Rokeach Value Survey: Underlying Structure and multidimensional scaling. *The Journal of Psychology*, 1995, 129 (5): 583—597.

Samuel V. Review: Minority Education and Caste: The American System in Cross-Cultural Perspective by John U. Ogbu. *Explorations in Ethnic Studies*, 1980 (3): 50—52.

School Curriculum and Assessment Authority. *The National Forum for Values in Education and the Community*. Final Report and Recommendations. London: SCAA, 1996.

Schwartz S. H., Bilsky, W. Towards a Universal Psychological Structure of Human Value. *Journal of Personality and Social Psychology*, 1980, 53 (7): 550—562.

Schwartz S. H. Value priorities and behavior: Applying a theory of integrated value systems. In C. Seligman, J. M. Olson, & M. P. Zanna (Eds.), *The psychology of values: The Ontario symposium*, Vol. 8. Lawrence Erlbaum Associates, Inc., 1996: 1—24.

Super D. E. A life-span, life-space approach to career development. *Journal of Vocational Behavior*, 1980, 16 (3): 282—298.

才华：《节庆日、纪念日：中国共产党的重要宣传资源——以新民主主义革命时期为研究中心》，《河北大学学报（哲学社会科学版）》，2013年第3期。

曹树基：《国家形象的塑造——以1950年代的国家话语为中心》，《上海交通大学学报（哲学社会科学版）》，2008年第3期。

柴松霞：《建国初期私立学校改造措施的考察——以北京地区为例》，

《当代中国史研究》，2007 年第 5 期。

陈红：《1949—1952 年高校教学改革研究——以上海私立大同大学为例》，华东师范大学硕士学位论文，2011 年。

陈红：《一九四九年至一九五二年上海地区高校思想政治教学研究》，《中共党史研究》，2012 年第 3 期。

陈洪涛、张耀灿：《新中国成立以来高校思想政治理论课教师队伍建设相关政策发展研究》，《学校党建与思想教育》，2009 年第 19 期。

陈辉：《建国初期〈红楼梦〉研究的批判运动》，《江苏大学学报（社会科学版）》，2006 年第 4 期。

陈明远：《人民币的历史和购买力演变》，《社会科学论坛》，2011 年第 1 期。

陈小兵：《民国时期教育救国派知识分子价值观研究》，陕西师范大学硕士学位论文，2011 年。

褚娇娇：《建国初期上海高校党的建设研究（1949—1956）》，华东师范大学硕士学位论文，2011 年。

顾来红、刘丽华：《建国初期我国私立大学的国家策略分析》，《南京理工大学学报》，2006 年第 6 期。

顾晓英：《建国初期高校思想政治理论课课程政策述评》，《大家》，2010 年第 10 期。

管蕾：《建国初期院系调整研究——以上海为中心》，复旦大学硕士学位论文，2006 年。

郭晓明：《影响红卫兵政治心理塑造的政治环境因素》，《兰州学刊》，2006 年第 9 期。

韩华：《建国初期大学生思想政治教育的历史考察及其启示》，《思想教育研究》，2010 年第 8 期；《建国初期中国共产党加强主导价值观建设的历史分析》，《贵州社会科学》，2014 年第 4 期。

韩戌：《北伐前后的校园政治与学生运动——以上海光华大学为中心》，《史林》，2018 年第 1 期；《战后私立大学校长的治理困境——以朱经农执掌光华大学为例》，《安徽史学》，2018 年第 5 期。

韩亚光：《中国共产党对知识分子阶级属性认识的曲折过程》，《当代中国史研究》，2006 年第 3 期。

贺桂梅：《人民文艺的"历史多质性"与女性形象叙事：重读〈白毛女〉》，《文艺理论与批评》，2020 年第 1 期。

蒋宝麟：《学人社团、校董会与近代中国私立大学的治理机制——以上海大同大学为中心（1912—1949）》，《华中师范大学学报（人文社会科学版）》，2005 年第 1 期；《国民政府时期的国家权力与上海私立大同大学的治理模式》，《中山大学学报（社会科学版）》，2018 年第 3 期。

靳道亮：《抗美援朝运动与乡村社会国家意识的塑造》，《史学月刊》，2009 年第 10 期。

李焕征：《爱情、复仇与革命——论电影〈白毛女〉的文化密码及其正典化叙事》，《当代电影》，2015 年第 10 期。

李慧：《建国初期大学生思想政治教育工作研究》，北方工业大学硕士学位论文，2011 年。

李靖：《建国初期私立大学变迁——以上海大同大学为个案的考察（1949—1952）》，复旦大学硕士学位论文，2010 年。

李立匣：《建国初期教育制度变迁与私立高等教育消亡过程》，《清华大学教育研究》，2005 年增 1 期。

李梁：《浅述建国初期思想政治理论课程教材建设的基本历程》，《考试周刊》，2010 年第 22 期。

李世江：《建国初期中国共产党青年教育理论与实践研究》，广西民族大学硕士学位论文，2017 年。

李晓波、速成：《基于政策视角的高校教师发展研究现状及趋势》，《贵州师范大学学报（社会科学版）》，2015 年第 2 期。

李孝迁：《"制造国民"：晚清历史教科书的政治诉求》，《社会科学特辑》，2011 年第 2 期。

李玉莲：《上海圣约翰大学教师群体研究》，河北师范大学硕士学位论文，2013 年。

李玉莲：《上海圣约翰大学教师群体研究》，河北师范大学硕士学位论文，2013 年。

梁晨、任韵竹、王雨前、李中清：《民国上海地区高校生源量化刍议》，《历史研究》，2017 年第 3 期。

廖中武：《建国初期社会主义政治文化的特点与成因分析》，《洛阳师范学院学报》，2010 年第 1 期。

刘岸冰：《解放初期上海军管会接管交通大学述论》，《都会遗踪》，2018年第 4 期。

刘超：《民族主义与中国历史书写——清末民国时期中学中国历史教科书研究》，复旦大学博士学位论文，2005 年。

刘辉：《中国人民大学与建国初高校"新民主主义论"、"中国革命史"课程的开设》，《教学与研究》，2008 年第 11 期。

刘礼文：《民国早期大学训育研究》，南京邮电大学硕士学位论文，2014 年。

刘立志：《高校教师队伍建设政策发展的理论研究》，华东师范大学博士学位论文，2003 年。

刘松林：《浅析 1949—1952 年我国对私立学校的政策》，《当代中国史研究》，2004 年第 3 期。

骆军：《民国时期的大学生公民意识教育研究》，《武汉大学学报（哲社版）》，2011 年第 2 期。

满永：《文本中的"社会主义新人"塑造》，《安徽史学》，2013 年第 4 期。

牟德刚：《建国初期的马克思主义理论教育及其启示》，《东岳论丛》，2007 年第 6 期。

庞龙斌：《试析人民公社化运动中党对农民政治心理的塑造》，华南师范大学硕士学位论文，2004 年。

任志宏、赵平：《美国高校学生工作的借鉴与启示——〈学生工作中的关键问题——挑战与机遇〉述评》，《北京教育（德育）》，2010 年第 5 期。

沙煜博：《解放初期中共对上海高等教育的接管》，复旦大学硕士学位论文，2012 年。

尚季芳、靳帅：《师生冲突与南北博弈——1926 年同济大学"誓约书"风潮再探讨》，《历史教学》，2017 年第 9 期。

申秀清：《论邓小平知识分子思想与高校师资队伍建设》，《毛泽东思想研究》，2007 年第 1 期。

沈壮海、徐海蓉、刘素娟整理：《中华人民共和国学校德育大事记》，《新德育 思想理论教育（综合版）》，2005 年第 11 期。

石长林：《中国教师政策》，华中师范大学博士学位论文，2005 年。

舒文：《建国初期清华大学政治课研究》，《长春工业大学学报（社会科学版）》，2008 年第 1 期。

隋云：《三中全会以来邓小平关于知识分子的思想》，《马克思主义研究》，1998 年第 6 期。

童锋、夏泉：《接管与归并：1949 年国立暨南大学走进新时代》，《暨南学报（哲学社会科学版）》，2016 年第 12 期。

涂怀京：《新中国中小学教师法规（1949—2000）》，华东师范大学博士学位论文，2003 年。

王海燕：《新中国国家形象塑造——建国 17 年绘画题材研究》，上海大学博士学位论文，2010 年。

王红岩：《新中国对教会大学接受与改造述评》，《许昌学院学报》，2004 年第 3 期；《20 世纪 50 年代初期高等院校政治课改革述评》，《世纪桥》，2006 年第 11 期。

王建华：《乡村社会改造中“公民塑造”的路径研究》，《江苏社会科学》，2008 年第 4 期。

王立诚、管蕾：《建国初期上海高等院校院系调整研究》，《上海档案史料研究》第 1 辑，2006 年 3 月。

王全林：《“知识分子”视角下的大学教师研究》，南京师范大学博士学位论文，2005 年。

王全林：《“知识分子”视角下的大学教师研究》，南京师范大学博士学位论文 2005 年。

王儒年：《20 世纪初期上海报纸广告对市民的身份塑造——以二三十年代的〈申报〉为例》，《郑州大学学报（哲学社会科学版）》，2005 年第 3 期。

王素莉：《二十世纪五十年代中期党的知识分子政策的历史演变——以什么是社会主义、如何建设社会主义为背景》，《中共党史研究》，2008 年第 4 期。

吴文华：《刘湛恩任职沪江大学校长期间的救国理念与实践》，华中师范大学硕士学位论文，2017 年 5 月。

席富群：《十年建设时期中国共产党对知识分子政治态度的演变》，《史学月刊》，1997 年第 1 期；《建国初期中国共产党的知识分子政策述论》，《史学月刊》，1998 年第 5 期。

夏莹：《历史唯物主义的方法论原则及其与救赎历史观的差异》，《马克思主义与现实》，2019 年第 2 期。

肖艳梅、高德华：《试析建国初期我国高校思想政治教育状况》，《新西部（下旬刊）》，2007 年第 10 期。

肖志伟：《新中国成立初期毛泽东的青年工作思想与实践》，《湘潭大学学报（哲学社会科学版）》，2014 年第 3 期。

徐向东：《建国初期高校思想政治教育工作方法的借鉴运用》，《高教探索》，2011 年第 2 期。

杨国枢：《中国人的社会取向：社会互动的观点》，《中国社会心理学评论》，2005 年第 1 辑。

杨俊：《新中国成立初期的一场思想政治教育课——关于批判〈武训传〉事件的研究与思考》，《政治学研究》，2011 年第 1 期。

叶张瑜：《建国初期教会大学的历史考察》，《当代中国史研究》，2001 年第 3 期。

苑晓杰、郑东升：《民主革命时期中国共产党的价值观教育》，《东北师大学报》（哲学社会科学版），2010 年第 4 期。

翟学伟、屈勇：《中国人的价值观：传统与现代的一致与冲突》，《江苏社会科学》，2001 年第 4 期。

张乐天：《两面性的人：思想改造形塑的自我图像 ——一个大学生日记的文化解读》，未刊文。

张胜军：《1949 年以来我国农村中小学教师队伍建设的历史考察》，南京师范大学博士学位论文，2009 年。

张文清：《接管上海的特点与历史经验》，《上海党史研究》，1997 年第 1 期。

张映波：《陈毅在 1949 年（纪事）》，《扬州大学学报（人文社会科学版）》，1994 年第 4 期。

章莹：《塑造"国民"：清末民初中小学历史教科书中的国民教育》，扬州大学硕士学位论文，2013 年。

周良书：《"清华模式"建国初高校"创先争优"的一个成功案例》，《新视野》，2011 年第 6 期。

周良书、王玉：《"大潮"中的"细流"——对 1978 年前后中共知识政策转变的考察》，《北京党史》，2015 年第 2 期。

周仲海：《建国前后上海工人工薪与生活状况之考察》，《社会科学》，2006 年第 5 期。

邹吉忠：《试论现代性与知识分子的命运》，《学术界》2004 年第 3 期。

档案资料

《大同大学关于聘请校长、各系科主任、委员会委员、政治课教师及校董、系科主任辞职和解聘职员等与华东教育的来住函件、名单》，上海档案馆：Q241-1-48。

《大同大学年刊》，上海档案馆：Q241-1-351。

《大同大学政治教育研究室组织规程草案》，上海档案馆：Q241-1-141。

《复旦大学、交通大学关于政治理论课师资及教学基本概况的综合汇报》，上海档案馆：A26-2-391。

《高等教育处三个月工作综合报告及今后四个月工作计划》，上海市档案馆：B1-2-782。

《各高等学校政治课教师简况表与本部的通知》，上海档案馆：A23-2-1602。

《关于讲课后收集的各校反映》，上海档案馆：A26-2-308-52。

《关于加强华东区高等学校助教的学习和研究工作的意见（草案）》，上海档案馆：B105-5-152-8。

《关于上海市 16 个高等学校的政治师资情况及意见的报告》，上海档案馆：A23-2-47。

《关于政治课师资情况的调查报告》，上海档案馆：A23-2-1629。

《国立复旦大学政治课学期总结》，上海档案馆：B1-1-2199。

《国立专科以上学校概况》，《上海市私立大专院校概况》，上海市档案馆：B1-1-2160。

华东纺织工学院机织科学生 SHU 日记，复旦发展研究院当代中国社会生活资料中心：D13S007-10、D13S007-11、D13S007-12。

《华东区高等学校教授进修暂行办法（草案）》，上海档案馆：B105-5-152-10。

《华东区高等学校一九五三年暑期政治经济学讲习班工作总结》，上海档案馆：A26-2-188-10。

《华东区高等学校政治理论课教师师资培养计划》，上海档案馆：A26-2-290。

《华东师大、政法学院、体育学院三校关于政治理论课情况汇报》，上海档案馆：A26-2-391。

《交通大学政治理论课程教学工作情况》，上海档案馆：A26-2-391-1。

《交通、同济等校政治理论课程教学工作总结》，上海档案馆：A26-2-287。

《上海高等学校中对马列主义理论、文学、历史学、政治经济学方面较有研究的专家、学者名单》，上海档案馆：A26-2-344-1。

《上海市大专院校政治教学进行办法及政治教授助教聘请暂行办法》，上海档案馆：Q241-1-126。

《上海市高等学校教师学习"中国革命史"的计划》，上海市档案馆：A26-1-216。

《上海市公私立大专学校政治教学概况》，上海档案馆：B1-1-2198。

《上海市人民政府高等教育处公函》，上海档案馆：Q241-1-47。

《上海美术专科学校一九五零年度第二学期政治学习总结报告》，上海档案馆：Q250-1-75。

《私立大同大学 77 期第一次政治课教授座谈会》，上海档案馆：Q241-1-141。

《震旦大学政治教师聘任》，上海档案馆：Q244-1-153。

《政治教学委员会》，上海档案馆：Q241-1-143。

《政治教育工作计划》，上海档案馆：B1-1-2198。

《政治课师资稀缺》，上海档案馆：A23-2-126。

《政治理论课程师资及教学基本情况综合汇报》，上海档案馆：A26-2-391-12。

《中央高教部、本部与复旦大学有关师资进修问题的通知、批复》，上海档案馆：A23-2-61。

《1955 年暑期高等学校毕业生分配任政治理论课助教的分配方案》，上海档案馆：B243-1-47。

报刊资料

《帮助同学贯彻学代决议　大专院校主任教授座谈　一致认为开展新民主主义学习是师生共同的任务》，《文汇报》，1949年11月27日第3版。

《北大师生上大课》，《文汇报》，1950年3月5日第3版。

北大通讯组、师大通讯组：《学习辩证唯物论与历史唯物论　北大师大正积极进行》，《人民日报》，1949年10月15日第4版。

北大通讯组：《总结学习经验巩固学习成果　北大师生代表会议闭幕》，《人民日报》，1949年12月20日第4版。

《北大怎样总结政治课？》，《文汇报》，1950年2月2日第3版。

《本报高教改进教学座谈昨举行第一次会议　唐守愚李正文分作报告　会期预定廿六日结束》，《文汇报》，1950年2月22日第3版。

本报讯：《师大同学重视政治学习　改进学习组织和学习方法》，《人民日报》，1950年4月16日第3版。

本报讯：《团结全校师生开展政治教育　武汉大学气象一新》，《人民日报》，1950年7月7日第3版。

陈徒手：《北京高校五十年代对教授入党的态度》，《南方都市报》，2011年12月6日。

程应镠：《我和冯契的关系》，《文汇报》，2016年10月28日。

《大专院校主委教授座谈》，《文汇报》，1949年11月27日第3版。

邓华：《北大的政治课》，《新建设》，1949年第12期，上海市档案馆藏。

《第七届全国高校马克思主义学院院长论坛在北京大学召开》，中国教育新闻网：http://www.jyb.cn/rmtzcg/xwy/wzxw/201904/t20190404_222605.html。

《俄媒文章：疫情令世界各国重塑价值观》，参考消息网：http://column.cankaoxiaoxi.com/2020/0420/2408025.shtml。

费孝通：《我们的大课——清华大学政治课的经验》，《文汇报》，1950年3月21日第2版。

《复旦大学师生座谈学习问题》，《文汇报》，1949年12月3日第3版。

《复旦精简课程　有步骤有计划的进行课程的改革，逐步提高新民主主义的学习运动》，《文汇报》，1950年2月24日第3版。

《改进教学座谈结束　唐处长作总结报告》，《文汇报》，1950年2月28日第3版。

《改进教学座谈结束　唐处长作总结报告》，《文汇报》，1950 年 2 月 28 日第 3 版。

《高等教育部一九五四年的工作总结和一九五五年的工作要点（摘要）》，《人民日报》，1955 年 8 月 22 日第 3 版。

《高等教育部一九五四年的工作总结和一九五五年的工作要点（摘要）》，《文汇报》，1955 年 8 月 22 日第 2 版。

《高教工作者联席会议　加紧学习来完成任务》，《文汇报》，1949 年 11 月 22 日第 3 版。

高明华：《真的轻视了政治课吗？》，《文汇报》，1956 年 11 月 23 日第 2 版。

宫敬才：《试论邓小平的经济价值观》，《光明日报》，1998 年 7 月 17 日。

谷岚：《清华政治课的教与学》，《文汇报》，1949 年 11 月 3 日第 3 版。

郝立新：《马克思主义学院建设的"三目标"与"三向度"》，《光明日报》，2015 年 1 月 8 日。

胡适、蒋梦麟：《我们对于学生的希望》，《新教育》，第 2 卷第 5 期。

胡锡奎：《介绍中国人民大学》，《人民日报》，1951 年 1 月 23 日第 3 版。

胡锡奎：《介绍中国人民大学》，《人民日报》，1951 年 1 月 23 日第 3 版。

《华北高教会常委会第三次会议讨论改革大学课程订定辩证唯物论与历史唯物论　新民主主义为各大学必修课》，《人民日报》，1949 年 8 月 12 日第 2 版。

《纪念五四运动 100 周年大会在京隆重举行　习近平发表重要讲话》，求是网：http://www.qstheory.cn/yaowen/2019-04/30/c_1124440187.htm。

《加强高等学校经常思想工作　继续帮助教师进行自我改造　曾昭抡提出高等学校当前的一项重大任务》，《文汇报》，1957 年 3 月 17 日第 2 版。

《坚持立德树人　办好高校马克思主义学院》，《光明日报》，2014 年 12 月 22 日。

江隆基：《北京大学开展学术思想批判的经验》，《人民日报》，1955 年 5 月 6 日第 3 版。

《交大政治课大考试题公布》，《文汇报》，1950 年 1 月 17 日第 3 版。

《交通大学政治课考试公布了民主评卷办法》，《文汇报》，1950 年 1 月 22 日第 3 版。

《教学相长师生互动的学习——政治课学习在清华》，《进步青年》，1950

年第 219 期，上海市档案馆 藏。

《教育部召开华北京津十九院校负责人会议讨论高等教育改造方针》，《人民日报》，1949 年 11 月 22 日第 4 版。

金凤：《京津各大学文法学院课程改革获初步成绩　部分学校有因人设课及新开课程名实不符的缺点，亟待纠正》，《人民日报》，1950 年 4 月 2 日第 3 版。

金凤：《纠正思想改造中的过急偏向　严格遵守共同纲领教育方针　全国高等学校政治课稳步展开》，《人民日报》，1950 年 11 月 12 日第 3 版。

《京津各大学开哲学教学座谈会　检讨政治课教学问题》，《人民日报》，1949 年 12 月 30 日第 3 版。

《京市二届学代会上　团北京工委副书记张大中关于学习问题报告》，《人民日报》，1950 年 3 月 20 日第 4 版。

静远：《学习新民主主义论（一）》，《文汇报》，1950 年 3 月 9 日第 3 版。

静远：《学习新民主主义论（中）》，《文汇报》，1950 年 4 月 6 日第 3 版。

李纯一：《爱智者的本色——纪念哲学家冯契先生百年诞辰》，华东师范大学新闻中心：https://news.ecnu.edu.cn/ee/8b/c1835a61067/page.htm。

李会滨：《没有阐明精减政治课的深切意义》，《文汇报》，1956 年 12 月 14 日第 2 版。

马叙伦：《五年来新中国的高等教育》，《文汇报》，1954 年 10 月 1 日第 6 版。

潘静远：《京津高等学校教师学习的第一阶段》，《文汇报》，1951 年 11 月 29 日第 1 版。

浦熙修：《访中国人民大学》，《文汇报》，1950 年 6 月 27 日第 2 版。

钱俊瑞：《当前教育建设的方针》，《人民教育》，1950 年第 1 期，第 10—16 页。

《清华大学积极培养新师资》，《文汇报》，1953 年 11 月 22 日第 3 版。

《认真展开高等学校教师中的思想改造学习运动》，《人民日报》，1951 年 10 月 23 日。

《上海的教育问题》，《文汇报》，1949 年 6 月 26 日，第 2 版。

《市政府关于印发〈上海市教育改革和发展“十三五”规划〉的通知》，上海市人民政府：http://www.shanghai.gov.cn/nw39327/20200821/0001-

39327_49535.html。

陶治：《我们怎样开展政治课的学习》，《文汇报》，1949 年 11 月 23 日第 5 版。

《团中央召集各地团委学生部长座谈　交流领导学习的经验》，《人民日报》，1950 年 3 月 2 日第 3 版。

吴大琨：《高等学校里可以轻视政治课吗？》，《文汇报》，1956 年 10 月 23 日第 2 版。

吴小妮：《新中国成立初期的思想政治理论课建设》，《光明日报》，2019 年 9 月 6 日第 11 版。

吴玉章：《中国人民大学三年来工作的基本总结》，《人民日报》，1953 年 10 月 4 日第 3 版。

《西北大学和西安师范学院批判资产阶级唯心主义》，《人民日报》，1955 年 3 月 20 日第 3 版。

《习近平全国教育大会重要讲话金句速览》，人民网：http://edu.people.com.cn/n1/2018/0911/c1053-30286259.html。

《习近平谈全国高校思想政治工作要点》，央视网：http://news.cctv.com/2016/12/09/ARTIpLqQSZCLXX17PuXFYw3J161209.shtml。

《习近平：向全国各族青年致以节日的祝贺和诚挚的问候》，新华网：http://www.xinhuanet.com/politics/leaders/2020-05/03/c_1125938927.htm。

《习近平：在哲学社会科学工作座谈会上的讲话》，新华网：http://www.xinhuanet.com/politics/2016-05/18/c_1118891128_4.htm。

《习近平总书记在学校思想政治理论课教师座谈会上的重要讲话引发热烈反响》，央广网：http://china.cnr.cn/news//20190320/t20190320_524548769_3.shtml。

《校史》，《1951 年大同大学年刊》，上海市档案馆：Q241-1-351。

新华社：《长春大专学校和中等技术学校政治课教师暑假中到各地学习实际知识》，《人民日报》，1954 年 7 月 21 日第 3 版。

新华社：《高等学校教师代表七十多人　讨论如何讲授马克思列宁主义基础课程》，《人民日报》，1956 年 8 月 12 日第 7 版。

新华社：《为高等学校培养政治理论教师》，《人民日报》，1956 年 6 月 9 日第 3 版。

新华社：《武汉地区各大学 改革教学制度精简课程 保证了学生业余独立思考和独立操作的时间》，《人民日报》，1956年10月14日第7版。

新华社：《中央人民政府高等教育部 举行中国人民大学教学经验讨论会》，《人民日报》，1954年4月23日第3版。

新华社：《中央人民政府所属各机关 一千六百多名干部准备投考中国人民大学 中国人民大学今年暑期将有二百二十多个研究生毕业》，《人民日报》，1954年7月2日第3版。

杨建林：《南京大学的同学是如何使自己重视政治学习的》，《文汇报》，1949年12月18日第3版。

杨樾：《怎样认识和运用小组讨论》，专门讨论思政课讨论小组如何运用问题，《复旦大学校刊》，1950年第23期，上海市档案馆 藏。

余叔通：《改制中的北大法律系》，《人民日报》，1949年11月15日第5版。

袁贵仁：《论邓小平的价值观思想》，《光明日报》，1999年7月23日。

《约大交大师生集会研讨提高学习效率》，《文汇报》，1949年11月22日第3版。

张黎洲：《轻视政治课的现象确实存在》，《文汇报》，1956年12月7日第2版。

张腾霄：《中国人民大学的教学工作》，《人民日报》，1951年1月24日第3版。

张宗麟：《关于高等教育的成就和几个问题的商讨》，《人民日报》，1956年9月4日第7版。

政治教学委员会：《新民主主义教学计划》，《复旦大学校刊》，1950年第36期，上海市档案馆 藏。

政治助教小组：《一月来的政治助教工作和同学们底学习情况》，《复旦大学校刊》，1950年第20期，上海市档案馆 藏。

《中共中央办公厅 国务院办公厅印发〈关于构建现代环境治理体系的指导意见〉》，中国文明网：http://www.wenming.cn/ziliao/wenjian/jigou/zhonggongzhongyang/202003/t20200303_5454595.shtml。

《中共中央关于坚持和完善中国特色社会主义制度 推进国家治理体系和治理能力现代化若干重大问题的决定》，中国政府网：http://www.gov.cn/

zhengce/2019-11/05/content_5449023.htm。

《中共中央　国务院印发〈新时代公民道德建设实施纲要〉》，中国文明网：http://www.wenming.cn/ziliao/wenjian/201910/t20191027_5297706.shtml。

《中共中央宣传部　教育部关于进一步加强高等学校思想政治理论课教师队伍建设的意见》，中华人民共和国教育部：http://old.moe.gov.cn/publicfiles/business/htmlfiles/moe/moe_772/201001/xxgk_80380.html。

《中共中央宣传部　教育部关于进一步加强和改进高等学校思想政治理论课的意见》，中华人民共和国教育部：http://old.moe.gov.cn//publicfiles/business/htmlfiles/moe/moe_772/201001/xxgk_80415.html。

《中共中央宣传部　教育部关于印发〈《中共中央宣传部　教育部关于进一步加强和改进高等学校思想政治理论课的意见》实施方案〉的通知》，中华人民共和国教育部：http://old.moe.gov.cn/publicfiles/business/htmlfiles/moe/moe_772/201001/xxgk_80414.html。

《中国人民大学的函授专修班》，《人民日报》，1953 年 10 月 17 日第 3 版。

朱崇儒：《"政治经济学"不可不学》，《文汇报》，1956 年 11 月 23 日第 2 版。

朱钧侃：《江苏高校政治理论教师座谈　交换改进理论教学意见》，《文汇报》，1957 年 2 月 5 日第 2 版。

后 记

在复旦读书时，我立志于从事乡村研究。2006年从复旦毕业进入上海大学作博士后，因导师陶飞亚先生的介绍，跟从忻平先生做课题，逐渐接触上海史。鉴于上海史是研究高地，我一直很忐忑。在与忻平先生的合作中，对上海史的学习和认识越来越多，也颇觉兴趣浓郁。可以说，忻平先生是我做上海史研究的领路人。

博士后出站后进入上海大学社会科学学院工作，其时兴趣点在于乡村教育。时任院长的王天恩先生曾建议做上海高校教育研究，我当时是犹豫的。听先生们的建议，我在乡村教育研究过程中，也有意识地关注上海教育。后以新中国初期上海政治课教师为研究对象申报了2012年度上海市阳光项目，慢慢展开了研究。项目申报和结项时，专家针对研究内容都提出过一些意见，加强了我对一些问题的认识。2016年参加上海市中青年理论骨干学习研讨班，经过专题培训和学习，并向上海市委宣传部理论处"老法师"李明灿先生请教，还与同班同学赵勇等人时时商讨，从价值观教育的视角继续进行研究，也有幸得到上海市哲社规划中青班专项课题"新中国初期高校价值观教育及当代启示"的资助。2020年，又相继获得中宣部宣传思想文化青年英才自主选题项目"共产党价值观教育政策和实践"、上海市马克思主义理论教学研究中青年拔尖人才项目"价值认同和专业发展：1949—1966年上海价值观教育经验研究"等的支持，促使我不断深入思考中国共产党价值观教育研究的各种相关问题，以期进一步拓展研究视角和研究深度。

除了查阅档案报刊等资料外，本人在复旦大学张乐天教授处获得了大学生日记；并应上海大学徐有威教授指点和帮助，对余子道先生进行了访谈。本书部分章节在一些学术刊物上予以发表，一些编辑也给予了修改意见。学林出版社吴耀根老师非常认真地和我讨论书名，使我进一步思考本书的框架和逻辑。以上各位都给予我特别大的帮助；还有其他未提及的老师、同事和朋友，都给予非常多的关心，不一一言明！

粗算了，我开始上海教育史研究也将十年，颇盼能有所进步。近几日在修改书稿时，部分内容意欲重写，但又因不够勤奋，修改也未能尽如人意。加之学识所限，错讹之处难以避免，还请同行批评指正。本书的出版离不开学林出版社编辑老师的辛苦编辑和校对，谨致以深深的感谢！我的工作和研究一直得到家人的理解和支持，感恩你们的陪伴和爱护！

丰箫

2020 年 12 月 18 日于百合花苑